As Repercussões Tributárias dos Acordos e Decisões da Organização Mundial do Comércio

Gilson Wessler Michels

As Repercussões Tributárias dos Acordos e Decisões da Organização Mundial do Comércio

2019

EDITORA *Jus*PODIVM

www.editorajuspodivm.com.br

EDITORA
*Jus*PODIVM
www.editorajuspodivm.com.br

Rua Território Rio Branco, 87 – Pituba – CEP: 41830-530 – Salvador – Bahia
Tel: (71) 3045.9051
• Contato: https://www.editorajuspodivm.com.br/sac

Capa: Ana Caquetti

M623r Michels, Gilson Wessler
As Repercussões Tributárias dos Acordos e Decisões da Organização Mundial do Comércio / Gilson Wessler Michels – Salvador: Editora JusPodivm, 2019.
304 p.

Bibliografia.
ISBN 978-85-442-2996-5.

1. Direito Tributário. 2. OMC. 3. Comércio Internacional. 4. Direito Internacional Público. I. Michels, Gilson Wessler. II. Título.

CDD 341.11327

Ao Théo, meu filho, com os votos de que os desafios da vida continuem a instigá-lo e a estimulá-lo. É um privilégio ser seu pai!

SUMÁRIO

SIGLAS E ABREVIATURAS

AA – Acordo sobre Agricultura

Acordo OMC – Acordo que Institui a Organização Mundial do Comércio

ASMC – Acordo sobre Subsídios e Medidas Compensatórias

BM – Banco Mundial

Caso *FSC* – Caso *"United States – Tax Treatment for Foreign Sales Corporation"*

CE – Comunidades Européias

CJUE – Corte de Justiça da União Européia

Cláusula NMF – Cláusula da nação mais favorecida

Cláusula TN – Cláusula do tratamento nacional

CMO – Convenção-Modelo da OCDE para evitar a dupla tributação internacional da renda

COFINS – Contribuição para o Financiamento da Seguridade Social

DI – Direito Internacional

DISC – Domestic International Sales Corporation

ESC – Entendimento Relativo às Normas e Procedimentos de Solução sobre Controvérsias

ETI – Extraterritorial Income Exclusion Regime

EUA – Estados Unidos da América

FMI – Fundo Monetário Internacional

FSC – Foreign Sales Corporation

GATS – Acordo Geral sobre o Comércio de Serviços

GATT 1947 – Acordo Geral sobre Tarifas e Comércio 1947

GATT 1994 – Acordo Geral sobre Tarifas e Comércio 1994
ICMS – Imposto sobre a Circulação de Mercadorias e Serviços
IPI – Imposto sobre Produtos Industrializados
IVA – Imposto sobre Valor Agregado
JOBS – American Jobs Creation Act
MSC – Mecanismo de Solução de Controvérsias
OAp – Órgão de Apelação (do MSC da OMC)
OCDE – Organização para a Cooperação e Desenvolvimento Econômico
OIT – Organização Internacional do Trabalho
OMC – Organização Mundial do Comércio
OMPI – Organização Mundial da Propriedade Intelectual
ONU – Organização das Nações Unidas
OI – Organização internacional
OSC – Órgão de Solução de Controvérsias (da OMC)
PIB – Produto Interno Bruto
PIS – Contribuição para o Programa de Integração Social
RI – Regime internacional
SPS – Acordo sobre Aplicação de Medidas Sanitárias e Fitossanitárias
TPRM – Mecanismo de Exame de Políticas Comerciais
TRIMS – Acordo sobre Investimentos
TRIPS – Aspectos dos Direitos de Propriedade Intelectual
TS – Territorial System (sistema de tributação da renda)
TUE – Tratado da União Européia
UE – União Européia
UNCTAD – Conferências das Nações Unidas para o Comércio e Desenvolvimento
WS – Worldwide System (sistema de tributação da renda)
WTaxO – Organização Mundial da Tributação

INTRODUÇÃO

Esta obra é uma versão adaptada de minha tese de doutorado, defendida junto ao Programa de Pós-Graduação em Direito da Universidade Federal de Santa Catarina - PPGD/UFSC. A ideia central é demonstrar que a Organização Mundial do Comércio - OMC, apesar de ser uma organização internacional destinada à disciplina do comércio internacional, tem vocação e legitimidade para atuar como importante indutor no processo de aproximação dos sistemas tributários nacionais.

Não se trata de defender a ideia de que a OMC é uma instância tributária internacional formal ou de que tem vocação para se transformar, mesmo que apenas de fato, numa verdadeira organização internacional da tributação, mas sim de afirmar que, em razão das inúmeras inter-relações entre comércio internacional e tributação e da própria tendência dos Estados de se utilizarem de tributos com fins protecionistas comerciais, a OMC tem legitimidade não apenas para demandar o expurgo de regras tributárias nacionais incompatíveis com os acordos que compõem seu marco normativo (atribuição esta que ela já tem em face do mandato que lhe foi concedido por seus Membros), mas também para servir como uma verdadeira instituição harmonizadora de legislações (*law-harmonizing institution*), contribuindo para a aproximação das ordens tributárias nacionais.

Do ponto de vista jurídico, o papel aqui proposto para a OMC se justifica em razão de que a Organização já conta, em seu conjunto normativo (que é comumente denominado pela expressão genérica "acordos abrangidos"), com várias disposições tendentes a evitar o uso da tributação como mecanismo protecionista na esfera do comércio internacional, e que, pelas suas abrangências, conformam-se como importantes restrições à liberdade dos Estados de exercerem, unilateralmente, aquela que é tida como uma de suas principais prerrogativas soberanas: o "poder de tributar". Ademais, seu Mecanismo de Solução de Controvérsias (MSC), hoje tido, em face do poder que detém de impor suas decisões, como a mais efetiva das cortes internacionais, não tem hesitado em se manifestar sobre questões de natureza tributária de grande impacto para seus Membros.

Para além, porém, dos fundamentos precipuamente jurídicos, há circunstâncias contextuais que corroboram a atuação da OMC no sentido aqui defendido.

O poder e a posição de proeminência, carreados pela Organização na cena internacional, vêm tendo um impacto estrutural e normativo em outros regimes internacionais, que acaba se traduzindo na tendência de muitos destes regimes de acomodar as condicionantes da OMC em seus contextos específicos. Tal tendência, entretanto, não se restringe ao âmbito dos regimes internacionais, estendendo-se à esfera dos Estados que, nos processos de formulação de suas políticas públicas e de sua produção normativa, tendem a, progressivamente, incorporar valores ou normas adotados pelo sistema multilateral do comércio. Tal realidade se justifica, do ponto de vista dos outros regimes internacionais, porque a acomodação serve à amenização das externalidades negativas associadas à atuação num contexto assimétrico (dominado por um ator específico, os Estados), e também porque permite estabelecer vínculos com um regime que possui um poder de imposição sem precedentes. Do ponto de vista dos Estados, considerado o fato de que a não adesão ao arranjo multilateral do comércio já não é mais uma opção estratégica plausível, a acomodação serve aos objetivos de evitar litígios e retaliações comerciais e de colocar suas ordens jurídicas em consonância com a intensificação das relações comerciais internacionais.

O que se quer demonstrar no âmbito deste estudo é que esta tendência contextual também concorre para que a OMC atue no sentido da aproximação das ordens tributárias nacionais. É que apesar da já identificável tendência dos Estados à acomodação das condicionantes da OMC não se referir às matérias associadas às prerrogativas mais típicas do poder estatal – entre tais, em especial, a tributação –, se buscará demonstrar que a Organização, pela amplitude jurídica e política de sua atuação, acabará induzindo os Estados a estenderem às suas ordens tributárias as condicionantes do sistema multilateral do comércio.

Deste modo, se buscará demonstrar que a OMC pode ocupar um importante papel no processo de aproximação das ordens tributárias nacionais, exercendo-o não apenas de modo formal e direto, monitorando e eventualmente demandando pelo expurgo de medidas tributárias específicas distorsivas do livre comércio, mas também de modo informal e indireto, difundindo um modo de pensar os sistemas tributários nacionais que serve para aproximá-los, ao menos do ponto de vista do objetivo de que não sirvam à obstaculização do comércio internacional (tarefa que não é de pequena monta, ao ter-se em conta que as medidas tributárias de caráter protecionista não apenas ensejam a concessão de benefícios fiscais irregulares diante dos acordos da OMC, como por vezes contribuem para a definição das próprias feições dos sistemas tributários). A OMC, como se verá, tem legitimidade, influência e afetação tributária suficientes para bem exercer este papel (mesmo que o fazendo de forma concorrente com outros regimes ou organizações tributárias dedicadas à matéria).

Com o fim de dar maior clareza ao conteúdo do presente estudo e tendo em vista as múltiplas inter-relações entre as várias questões a serem nele abordadas, o conteúdo metodológico será a seguir abordado de forma tópica.

As justificativas para a escolha do tema giram em torno de sua atualidade, ineditismo e relevância.

A atualidade está evidenciada pelo fato de que os acordos abrangidos da OMC possuem várias disposições de amplo alcance em matéria tributária – muitas delas ainda não aplicadas concretamente –, que deram, e têm dado gênese a inúmeras controvérsias atualmente em discussão na doutrina internacional acerca de seus conteúdos e de suas repercussões sobre as legislações tributárias domésticas. Ademais, a OMC tem se manifestado progressivamente sobre matéria tributária nas decisões de seu MSC, o que tem demandado ajustes de diferenciados graus nas ordens tributárias nacionais e justificado um crescente número de estudos na doutrina internacional, destinados estes à aferição das relações recíprocas entre comércio e tributação na cena internacional.

O ineditismo está no fato de que apesar de já não ser escassa a literatura internacional sobre os efeitos dos acordos e decisões da OMC sobre a matéria tributária, os estudos têm se concentrado, de um lado, na questão do acirramento entre o poder dos Estados de conformarem soberana e unilateralmente seus sistemas tributários e o poder da OMC de manifestar-se sobre questões tributárias, e, de outro lado, sobre os efeitos concretos de acordos e decisões específicos sobre legislações tributárias nacionais também específicas. E uma das áreas em que os estudos ainda não se detiveram com mais profundidade é, justamente, a do papel que os acordos abrangidos e as decisões do MSC da OMC têm, ou poderão vir a ter, no processo de aproximação das ordens tributárias nacionais.

A relevância do tema fica demonstrada pelo fato de que a OMC, que é tida como uma das mais efetivas OIs atuantes na cena internacional, tem progressivamente se manifestado, em suas tratativas e decisões relacionadas com o comércio internacional, sobre matéria tributária, demandando por alterações, nem sempre de pequena monta, sobre as legislações tributárias nacionais. Entender os efeitos e limites desta atuação da OMC, buscando identificar seu potencial para transformar-se numa via legítima de aproximação das ordens tributárias nacionais, é tema que se reveste de inegável importância para o correto balanceamento entre as medidas vinculadas ao comércio internacional e àquelas vinculadas à matéria tributária.

Quanto à estrutura, a obra está organizada em seis capítulos distintos.

No capítulo 1 serão abordadas a importância dos regimes e organizações internacionais e suas vocações para a abordagem de temas transnacionais. Importa aqui demonstrar que os regimes e organizações internacionais, apesar de terem de conviver com a predominância dos Estados na cena internacional, são sujeitos de direito internacional e têm importante papel no condicionamento das condutas na cena internacional e na abordagem de temas de interesse coletivo da sociedade internacional contemporânea (o que se fará com base nos estudos sobre a efetividade dos RIs e das organizações internacionais encontrados na doutrina internacional).

No capítulo 2 será feita a abordagem do sistema multilateral de comércio, buscando-se explicitar a estrutura, funções e objetivos da OMC e evidenciar o poder e posição de proeminência alcançados pela Organização OMC no contexto da atuação dos sujeitos de direito internacional: os Estados e as demais organizações internacionais.

Já no capítulo 3, serão abordados os meios de aproximação das ordens tributárias nacionais, buscando-se situar o papel que mesmo as organizações internacionais não especificamente envolvidas em matéria tributária podem vir a ter naquela esfera. Para tanto, tratar-se-á das repercussões que as alterações nos conceitos de soberania e de "poder de tributar" trazem para a atuação das organizações internacionais. A seguir, buscar-se-á evidenciar a existência de um regime internacional da tributação, incorporado ao direito internacional consuetudinário, com fins de demonstrar os espaços que a fragmentação do direito internacional abre para a atuação das OIs em matéria tributária. Na sequência, são abordados os meios formais e informais de aproximação das ordens tributárias nacionais, à luz do uso extrafiscal dos tributos e da proliferação das organizações internacionais com objetos e lógicas diferenciados.

Os capítulos 4 e 5 são dedicados à identificação e análise dos marcos normativos da OMC que possuem afetação tributária. No âmbito da OMC, disposições referentes às questões tributárias estão postas tanto nos acordos abrangidos quanto nas decisões de seu MSC.

No capítulo 4 a fonte serão os acordos abrangidos, ou seja, buscar-se-ão as disposições que afetam a tributação que constam dos acordos negociados no âmbito da OMC. Importa advertir, porém, que a análise feita neste capítulo não é exaustiva. O vasto, e amplamente controverso arsenal normativo da OMC não permitiria isto no âmbito dos limites deste trabalho. De qualquer modo, a amostra escolhida serve ao objetivo aqui proposto, que é evidenciar, na medida do necessário, que os acordos abrangidos possuem repercussão para as ordens tributárias nacionais.

No capítulo 5 é completado o quadro iniciado com o capítulo 4, com a abordagem da jurisprudência do MSC da OMC. Tal Mecanismo, além de ser tido hoje como um dos mais importantes tribunais internacionais (inclusive com um grau de cumprimento de suas decisões sem precedentes em qualquer outra corte internacional), é o foro com responsabilidade de interpretar o conteúdo dos acordos abrangidos, a partir de litígios concretos propostos pelos Membros. Assim, nenhuma análise do marco regulatório da OMC ficaria completa sem a abordagem da jurisprudência do MSC. Importa observar, porém, que apesar de se falar em abordar a jurisprudência do MSC, o conteúdo do capítulo se concentrará especialmente sobre aquele que é considerado o caso paradigmático em matéria tributária: o Caso *Foreign Sales Corporation*.

No capítulo 6, é abordado o tema central, qual seja o de que a OMC, por meio de sua atuação concreta (evidenciada por seus acordos e decisões) e por conta da própria evolução das relações internacionais, possui um importante papel no processo de aproximação das ordens tributárias nacionais. No capítulo, depois de analisada a impossibilidade de abordagem da matéria tributária num âmbito internacional único (por meio, por exemplo, de uma Organização Mundial da Tributação), passa-se à demonstração de que o papel proposto para a OMC – funcionar como instância de aproximação das ordens tributárias nacionais – resulta da confluência de seis fatores : (i) a evolução do papel das organizações internacionais na disciplina da ordem mundial; (ii) o próprio conteúdo dos acordos abrangidos, que demonstra a disposição dos Membros da OMC de neles incluir disposições de natureza tributária; (iii) a evolução do sistema multilateral do comércio em termos de atuação tendente à harmonização das leis nacionais; (iv) o cruzamento de lógicas distintas no direito internacional e a interdisciplinarização da atuação da OMC; (v) as inter-relações entre comércio internacional e tributação, traduzidos em questões de competência concorrente entre as duas esferas; e (vi) as mudanças nos conceitos de soberania, que desvigoram a ideia de um "poder de tributar" inalienável, indisponível.

Capítulo 1

A SOCIEDADE INTERNACIONAL CONTEMPORÂNEA E A GÊNESE E IMPORTÂNCIA DOS REGIMES E ORGANIZAÇÕES INTERNACIONAIS

1.1 CONSIDERAÇÕES INICIAIS

Neste primeiro capítulo serão abordadas a gênese e a importância dos regimes e organizações internacionais e suas vocações para a abordagem de temas transnacionais. Importa aqui demonstrar que os regimes e organizações internacionais, apesar de terem de conviver com a predominância dos Estados na cena internacional, são atores nesta cena e sujeitos de direito internacional e têm importante papel no condicionamento das condutas ao redor do mundo e na abordagem de temas de interesse coletivo da sociedade internacional contemporânea (o que se fará com base nos estudos sobre a efetividade dos regimes e organizações internacionais encontrados na doutrina internacional).

Tratar-se-á de demonstrar aqui, também, que tal contexto ampliado de atuação dos regimes e organizações internacionais está fundamentado tanto na superveniência de temas de alcance transnacional, não passíveis de serem abordados na esfera estrita dos Estados, bem como nas transformações operadas nas formas de exteriorização das soberanias estatais no contexto de uma "sociedade internacional contemporânea".

1.2 A GÊNESE E AS FEIÇÕES DOS REGIMES E DAS ORGANIZAÇÕES INTERNACIONAIS

O século XX viu surgir, na esteira da intensificação das relações entre os Estados, a proliferação daquilo que se convencionou chamar de "regime internacional" (RI). A expressão, cunhada por Stephen D. Krasner e que tem seu conteúdo acatado quase à unanimidade na doutrina internacional, representa o conjuntos de princípios, normas, regras e procedimentos de tomada de decisão, expressos de forma explícita ou implícita, em torno dos quais as expectativas dos atores internacionais convergem dentro de uma específica área das relações internacionais.[1-2] Em verdade, os regimes internacionais, que depois se transformaram, muitos deles, em versões devidamente institucionalizadas – as organizações internacionais" (OIs) –, nasceram da constatação de que a estruturação da sociedade internacional, em sua formulação clássica unissubjetiva (ou seja, composta apenas por Estados), não dava cabo da complexidade dos problemas enfrentados por um mundo cada vez menor e cada vez mais interdependente. As relações internacionais típicas da sociedade internacional clássica, lastreadas em arranjos bilaterais baseados "na existência de relações diplomáticas ou missões, se revelaram inadequadas para lidar com situações mais complexas, derivadas de problemas que afetavam não apenas dois, mas muitos Estados".[3]

Importante deixar caracterizado, desde já, o que se entende por "organização internacional", dado que tal definição servirá à evidenciação de que muito embora uma OI represente, muitas vezes, a ins-

1. Krasner, 1995, p. 2.
2. Para Stephen D. Krasner (1995, p.2-3), normas são padrões de conduta definidos em termos de direitos e obrigações; regras são prescrições e proibições específicas dirigidas ao disciplinamento das ações; e procedimentos de tomada de decisão são práticas prevalentes destinadas à produção e implementação de escolhas coletivas. Como se vê, para Krasner a distinção entre norma e regra não se dá no plano do grau de abstração, determinabilidade ou fundamentalidade de uma e de outra, o que pode tornar, em situações específicas, difícil a diferenciação. Neste sentido, de melhor utilidade e cientificidade é a clássica distinção entre normas, regras e princípios formulada por J. J. Gomes Canotilho (2003, p.1160-1162). Para o autor português, regras e princípios são duas espécies de normas. E regras e princípios diferem em termos do grau de abstração (princípios são normas com alto grau de abstração, enquanto as regras possuem abstração reduzida), do grau de determinabilidade (princípios carecem de mediações concretizadoras, enquanto as regras têm aplicação direta), do caráter de fundamentalidade (princípios são normas estruturantes), da proximidade da ideia de direito (princípios são *standards* juridicamente vinculantes radicados nas exigências de "justiça" ou na "ideia de direito", enquanto as regras podem ser normas vinculantes com conteúdo meramente funcional) e da natureza normogenética (princípios são fundamentos de regras).
3. Cretella Neto, 2007, p. 18-19.

titucionalização de um determinado RI, isto não quer dizer que a OI necessariamente abarque integralmente o RI; em outras palavras, uma OI pode "institucionalizar" apenas parte de um RI, não se conformando, portanto, como a única fonte de princípios, regras e procedimentos a reger uma determinada matéria de interesse da sociedade internacional. Assim, muito embora se admita a ideia de que um RI possa estar composto por entes e fontes de variada ordem e natureza (extraestatais), tem-se como OI aquilo que a doutrina jurídica inclina-se por aceitar como tal, com escudo nos trabalhos preparatórios de codificação do Direito dos Tratados, realizada pela Comissão de Direito Internacional, ou seja, "uma associação de Estados estabelecida por meio de tratado, dotada de uma constituição e de órgãos comuns, possuindo personalidade jurídica distinta da dos Estados-membros".[4]

A gênese dos RIs, e das OIs que institucionalizaram vários deles, não se deu, entretanto, sem que importantes divergências acerca de suas naturezas e importâncias surgissem na doutrina internacional. No que se refere à importância dos RIs, três correntes principais podem ser identificadas: (i) primeiro, a chamada "tradição Grociana" (*Grotian tradition*), que vê os RIs como uma característica essencial do sistema internacional e que defende a ideia de que nenhum padrão de conduta pode ser consistente no tempo se não estiver vinculado a um regime (regimes e condutas estão intimamente ligados); (ii) segundo, a "estruturalista" (*conventional structural view*), de tradição realista, que contraria frontalmente a primeira, e que afirma que "regime" é um conceito equivocado e ilusório, que serve apenas para obscurecer os mais básicos relacionamentos econômicos e de poder (o mundo é composto por atores que atuam buscando seus próprios interesses, não havendo impacto significativo de normas, regras, princípios e processos de tomada de decisão nos resultados e condutas da cena internacional); (iii) terceiro, a "estruturalista modificada" (*modified structural view*), que aceita alguns dos pressupostos do enfoque realista (em especial os de que o sistema internacional é funcionalmente simétrico e de que os Estados atuam na busca da maximização de seus poderes dentro de um ambiente anárquico), mas entende que sob certas circunstâncias, o alcance de resultados desejados em algumas áreas específicas só é possível por via da coordenação das condutas

4. Cretella Neto, 2007, p. 41.

dos Estados soberanos (os regimes podem ter significativo impacto em um mundo crescentemente complexo, no qual cálculos individuais de interesse não são suficientes para assegurar o necessário nível de coordenação).[5]

À evidência, a opção que melhor espelha o quadro atual das relações internacionais é a estruturalista modificada. Com efeito, a ideia de soberania estatal ainda está longe de ser superada como realidade das relações internacionais (como ainda se abordará com mais detalhes neste trabalho), mas não se pode, também, deixar de reconhecer que, mesmo a partir da aquiescência e sob os auspícios dos principais atores da cena internacional (os Estados), os RIs, que como visto incluem versões devidamente institucionalizadas (as OIs), possuem hoje grande relevância no âmbito internacional, muito embora tal relevância varie muito em importância, de acordo com o tema das relações internacionais que se tenha em conta.

Para evidenciar isto, James P. Muldoon faz um inventário panorâmico da atuação das principais OIs ao longo, em especial, da segunda metade do século XX, para demonstrar que, não obstante o papel dos Estados como "grandes arquitetos" da ordem internacional e o inegável desnivelamento das OIs em termos de importância, estas têm tido um crescimento expressivo tanto em termos de números de entidades e temas abordados (economia, tecnologia, meio-ambiente, direitos humanos, segurança etc.), quanto em termos de influência sobre as condutas no âmbito internacional.[6]

Com esta mesma orientação, Ernst-Ulrich Petersmann enfatiza a necessidade de regras e organizações internacionais, afirmando que de outra forma não seria possível alcançar e manter cooperação pacífica entre mais de cinco bilhões de indivíduos inseridos em aproximadamente duzentos Estados soberanos, com inteiro respeito pelos direitos humanos destes indivíduos e pela soberania destes Estados. Argumenta que apenas por via das OIs se pode ter em conta as constantes mudanças de preferências e planos destes entes.[7]

Deste modo, os RIs – e as OIs, portanto –, têm importância no cenário internacional, conformando-se como variáveis intervenien-

5. Krasner, 1995, p. 5-10.
6. Muldoon, 2004, p. 211-258.
7. Petersmann, 1995, p. 4.

tes entre as variáveis causais básicas (poder e interesses, principalmente) e as condutas e resultados relacionados[8]. Por certo que nem sempre tais condutas e resultados são consequência da intervenção de um RI ou de uma OI (o unilateralismo ainda está longe de ser expurgado, como o evidencia a atuação norte-americana nos dias atuais), mas isto frequentemente acontece. A expressiva evolução do comércio internacional no pós-Segunda Guerra e a drástica redução das tarifas que gravam as trocas comerciais, resultados estes que são majoritariamente creditados ao multilateralismo protagonizado pelo regime do GATT e da OMC, bem evidenciam esta afirmação.[9]

Entretanto, da constatação de que os RIs e as OIs importam para o curso das relações internacionais, uma série de questões sobrevêm, relacionadas, grande parte delas, com a tentativa de explicar como se dá tal influência. Em outras palavras, trata-se de tentar entender: como se dá a gênese destas instâncias de cooperação baseada em regras; como elas afetam o comportamento dos Estados e dos atores não estatais nas áreas específicas para que foram criadas; que fatores, a elas internos e externos, determinam seus sucesso e estabilidade; que níveis de formalização são necessários para que cumpram seus objetivos precípuos etc.

Existem várias teorias destinadas a dar respostas a questões desta ordem, e Andreas Hasenclever, Peter Mayer e Volker Rittberger as classificam de acordo com as variáveis que cada uma delas enfatiza. Segundo os autores, tais teorias podem ser divididas em três grupos: (i) as baseadas no poder (*power-based*); (ii) as baseadas no interesse (*interest-based*); e (iii) as baseadas no conhecimento (*knowledge-based*). E a estes três grupos estariam vinculadas três escolas de pensamento dentro do estudo dos regimes internacionais: (i) realistas, que focam suas preocupações sobre as relações de poder; (ii) neoliberais, que baseiam suas análises sobre conjuntos de interesses; e (iii) cognitivistas, que enfatizam a dinâmica do conhecimento, a comunicação e as identidades.[10]

Uma das mais importantes diferenças entre estas "escolas de pensamento" reside no grau de "institucionalismo" que cada uma delas

8. Krasner, 1995, p. 5.
9. Muldoon, 2004, p. 250-254.
10. Hasenclever, Mayer e Rittberger, 2001, p. 1-2.

tende a valorizar, ou seja, na importância que cada uma delas atribui às instituições internacionais (aí entendidos as OIs e os RIs). De modo geral, nenhuma das teorias nega que os RIs ou as OIs tenham qualquer impacto nas políticas mundiais, mas o grau de institucionalismo varia consideravelmente, de acordo com as convicções que realistas, neoliberais e cognitivistas tem acerca da natureza dos atores estatais e suas motivações.

Para as teorias baseadas no poder, o poder é tão importante na cooperação quanto na guerra, sendo que a distribuição de poder entre os atores afeta amplamente as perspectivas de que regimes efetivos nasçam e permaneçam relevantes em suas áreas de atuação.

Já as teorias baseadas no interesse, que representam o principal aporte teórico para a análise das instituições internacionais, apesar de não serem elas insensíveis aos efeitos do poder, enfatizam o papel dos RIs no sentido da ajuda aos Estados para a realização de interesses comuns.

Por fim, as teorias baseadas no conhecimento estão focadas na ideia de que a percepção dos interesses e o significado das capacidades do poder dependem do conhecimento social dos atores, ou seja, a preocupação é com as origens dos interesses, na forma como percebidos pelos Estados, razão pela qual incorporam o institucionalismo de forma mais enfática que os dois outros grupos de teorias.[11]

Centrando-se o olhar por sobre as teorias acima postas, percebe-se, primeiro, que nenhuma delas nega o institucionalismo. Segundo, que elas mostram que na cena internacional atual, poder, interesses e conhecimento são elementos integrantes da produção dos RIs, estando presentes em graus diferenciados segundo o RI que se tenha em conta.

Neste sentido, vale lembrar o que diz Kenneth Boulding acerca de como a ordem é forjada em qualquer nível de agregação social, inclusive no sistema internacional; para ele, tal ordem é obtida do cruzamento de três importantes mecanismos sociais: as relações de troca, os sistemas de imposição e a integração das imagens.[12] Como tais mecanismos possuem enormes afinidades com as respectivas variáveis que guiam neoliberais (relações de troca/interesses), realistas

---

11. Hasenclever, Mayer e Rittberger, 2001, p. 3-5.
12. Boulding, 1978, p. 28.

(sistemas de imposição/poder) e cognitivistas (integração de imagens/conhecimento), fica evidente que nenhuma das três escolas de pensamento é capaz de, por si só, explicar a essência dos RIs.

De qualquer modo, o que tais aportes indicam é que vivemos num mundo onde o institucionalismo, traduzido em versões mais ou menos formalizadas (OIs e RIs), possui importante papel na resolução de problemas caros à sociedade internacional, muito embora variem muito suas formas de exteriorização em face do diferenciado balanceamento entre poder, interesses e conhecimento que se pode encontrar em cada regime específico.

Neste ponto, necessário faz-se complementar a abordagem que se faz neste item, com algumas referências ao que se deve ter sociedade internacional, dado que é muito controverso, na doutrina, o sentido da expressão. Isto importa para o presente trabalho, porque a adoção de uma visão mais ou menos estatocêntrica de sociedade internacional, pode fazer variar em muito a legitimidade da atuação de novos atores na cena internacional.

Em relação a isto, há que se dizer, de início, que são amplas as discussões doutrinárias acerca da existência de novos atores na cena internacional e da emergência de uma "sociedade internacional contemporânea" que, em oposição à noção de sociedade internacional que se poderia chamar de "tradicional" ou "moderna", teria naqueles novos atores uma dimensão que extrapolaria em muito a ideia de uma "sociedade de Estados". A abordagem em profundidade destas discussões foge aos limites do presente trabalho, e mesmo mostra-se aqui desnecessária, até porque já foi objeto de uma tese de doutorado, brilhantemente defendida por Giovanni Olsson, na qual as razões que justificam a afirmação da existência de uma sociedade internacional contemporânea estão lá muito bem expostas.[13] De qualquer modo, alguns elementos precisam ser aqui destacados.

É bem conhecido o processo por meio do qual a sociedade moderna precisou romper vínculos metafísicos, recolocando o homem e seus relacionamentos no centro da vida social e superando a ideia de que poder e autoridade tinham legitimação divina. Pois bem, deste processo resultou a necessidade da busca por novas fontes de

13. Olsson, 2006, p. 116-233.

legitimação para o exercício do poder dentro do contexto próprio da sociedade moderna. Pode-se dizer, porém, que ao longo de boa parte do século XX, a noção de sociedade internacional acabou premida por duas ideias de difícil conciliação: aquela que afirma o homem e seus relacionamentos como centro da vida social e a visão *westfaliana* de Estado soberano. Assim é que, apesar das alterações no modo de ver a sociedade internacional, a legitimação continuou a ser abordada no plano de uma entidade centralizada, com a mera passagem do poder como expressão do "divino" para o poder como expressão da "soberania". Não é de surpreender, portanto, que a ideia de sociedade moderna não tenha conseguido superar um modo de legitimação do poder que, em essência, continuou a deixar o homem e seus relacionamentos de lado.

Ocorre, porém, que da segunda metade do século XX em diante, o quadro se tornou mais complexo. Como bem destaca Giovanni Olsson,

> Recentemente, na emergência da sociedade contemporânea, a complexidade desses problemas referidos aumentou expressivamente por várias razões: relações sociais tornaram-se mais complexas e entrecruzadas em múltiplas configurações (como diversos resultados de processos de diferenciação social sofisticados, por exemplo), novas variáveis foram adicionadas a este cenário (como a globalização, dentre outras), novos atores foram trazidos para o palco (como organizações não-governamentais e corporações transnacionais), e velhos atores passaram a desempenhar novos papéis (como os Estados, por exemplo). Em acréscimo a isso, os meios simbólicos de dominação estão se expressando por intermédio dos notáveis avanços das comunicações e da tecnologia em geral. Todas essas mudanças produzem uma configuração totalmente nova da política. Nessa esteira, é essencial afirmar um conceito amplo de poder político – ao mesmo tempo compreensivo e integrativo – de forma a compreender as expressões de poder no campo político e suas consequências.[14]

O que se passa a ter, portanto, em substituição à sociedade moderna, é uma sociedade internacional contemporânea na qual, para

14. Olsson, 2006, p. 144.

além da dicotomia entre "Estado soberano" e "homem como centro da vida social", agregam-se novas variáveis e confrontações, que só encontram solução na reformulação da ideia de soberania (como será abordada em item posterior) e na atribuição de legitimidade para que novos atores (para além dos Estados) não apenas influenciem a cena internacional, mas dela tomem parte de forma legítima. Neste sentido, entretanto, é importante ter cuidado com a distinção entre "ator" no plano da política e das relações internacionais e "sujeito de direito" no plano jurídico. E é novamente Giovanni Olsson quem bem coloca a questão, fazendo-o nos seguintes termos:

> Em termos gerais, então, na Política Internacional e nas Relações Internacionais, o "ator" corresponde ao seu elemento ou dimensão subjetiva. Nessas disciplinas, realiza função similar a que o "sujeito de direito" perfaz no Direito Internacional Público. Esse conceito de "ator", contudo, é fundamentalmente maior em extensão do que o conceito de "sujeito de direito". Como já desenvolvido em outra pesquisa, a concepção de sujeito de direito no âmbito mundial "[...] é uma projeção da idéia de sujeito de direito nas esferas de soberania jurídico-política de cada unidade estatal, em um primeiro momento, e posteriormente estendida aos organismos internacionais" (OLSSON, 2003, p. 85). De forma sucinta, a diferença essencial no que se refere à definição do elemento subjetivo entre o campo jurídico, de um lado, e os campos político e internacionalista, de outro, é que aquele fundamenta-se na dimensão normativa ou deontológica (isto é: na existência de marcos regulatórios que reconheçam a possibilidade dessa atuação na esfera jurídica), enquanto estes fundamentam-se na dimensão empírica ou ontológica (ou seja: na efetividade da promoção de relações internacionais em qualquer esfera).[15]

Ou seja, tem-se hoje uma sociedade internacional contemporânea complexa e dinâmica, composta por novos atores que, independentemente de legitimação formal para atuação como sujeitos de direito internacional, relacionam-se de formas diversas e interconectadas, influenciando a cena internacional ou sobre ela exercendo pressão através de variados meios de interferência.

15. Olsson, 2006, p. 203.

Dentro deste quadro é que ganham relevo os RIs e as OIs, que passam a ser tidos como instâncias relevantes e importantes de abordagem de temas caros à sociedade internacional contemporânea. Ou seja, colocam-se como entes capazes de suprir a atuação estatal atual que, na visão de Luigi Ferrajoli, está comprimida por duas realidades distintas: primeiro, a de que o Estado é hoje "grande demais para a maioria de suas atividades" (dado que, no âmbito da globalização econômica, por exemplo, precisa desmembrar-se em inúmeros processos descentralizatórios, traduzidos em delegações de competência, criação de agências regulatórias etc.), e, segundo, que é "demasiado pequeno para as grandes coisas" (em razão de que, também com a globalização econômica, há a exigência de Estados cada vez maiores).[16]

Assim, a partir de Ferrajoli pode-se inferir que, para além do direito que emana da soberania dos Estados, há um direito que encontra fundamento na autonomia dos povos ou na sociedade internacional que nasce da intensa integração econômica, política e cultural.

1.3 A ATUAÇÃO DAS ORGANIZAÇÕES INTERNACIONAIS NO CONDICIONAMENTO DE CONDUTAS DA SOCIEDADE INTERNACIONAL CONTEMPORÂNEA

Como se viu no item anterior, há muitas divergências acerca do nível de interferência das OIs na cena internacional. De qualquer modo, predominam as teorias que asseguram um papel relevante para as OIs no curso das relações internacionais e, a partir delas, um outro campo de estudos se abre: a aferição do quão importantes são as OIs no cenário internacional ou, em outras palavras, em que medida cumpre seus objetivos precípuos. E também aqui, são muitos os estudos que versam sobre o tema, cada um privilegiando um determinado enfoque. De modo geral, entretanto, pode-se dizer que a maior parte das tentativas de aferição da importância das OIs se centram sobre dois fatores principais: efetividade e resiliência.[17] A efetividade tem a ver com duas dimensões distintas: uma OI é mais efetiva tanto na medida em que mais condiciona seus membros a aderirem a suas normas e regras, quanto na medida em que alcança certos objetivos ou atinge algum propósito previamente definido (visão está-

16. Ferrajoli, 2002, p. 50.
17. Hasenclever, Mayer e Rittberger, 2001, p. 2.

tica e finalística da atuação, que enfatiza os resultados alcançados). Já a resiliência tem a ver com a capacidade das OIs de se manterem operantes e relevantes diante dos desafios que lhe vão sendo postos (visão dinâmica da atuação, que enfatiza seu poder de recuperação e readequação, sua flexibilidade operacional).

Muito mais encontrados na literatura são os estudos que centram foco sobre a "efetividade" das OIs, ou como se viu, sobre suas capacidades de induzirem ou promoverem condutas no âmbito da sociedade internacional.

Um dos pesquisadores que mais tem se dedicado ao estudo da efetividade das OIs é Oran R. Young. Para ele, "no nível mais genérico, efetividade é uma medida do papel das instituições sociais na modelagem da conduta na sociedade internacional", ou seja, "uma instituição é efetiva na medida em que seu funcionamento obriga os atores a se conduzirem de modo diferente daquele como se comportariam caso a instituição não existisse, ou em seu lugar existisse um diferente arranjo institucional".[18] Para este autor, que comunga firmemente da ideia de que as OIs são forças motoras da cena internacional, "é possível explicar ou prever uma boa parte da variação na conduta individual e coletiva em termos do funcionamento dos arranjos institucionais".[19] Young discorda frontalmente da posição da maior parte dos realistas, para quem as instituições internacionais são meros epifenômenos, podendo os Estados simplesmente ignorá-las quando delas discordarem ou reestruturá-las quando assim os interessar.[20]

Ressalta Young, entretanto, que apesar de a efetividade das instituições internacionais poder ser melhor aferida a partir do sucesso que alcançar na implementação, na persistência e no respeito às suas normas, não se pode perder de vista o fato de que a conduta internacional é também influenciada por outros fatores, como a distribuição de poder entre os membros da sociedade internacional, os sistemas de ideias prevalentes e os interesses de agentes individuais. Assim, as relações multivariadas seriam a regra, e não a exceção, e a importância relativa de cada fator na determinação do conteúdo da conduta individual e coletiva poderia ser investigada por meio de hipóteses

18. Young, 2000, p. 221.
19. Young, 2000, p. 219.
20. Young, 2000, p. 220.

sobre tais relações, a serem aplicadas a casos reais. Como resultado de investigações desta ordem, chega-se à conclusão de que "a efetividade dos arranjos institucionais difere de uma área temática para outra, entre tipos de regimes, segundo o contexto espacial ou temporal".[21]

Young faz também uma importante distinção entre a efetividade em si mesma e outros critérios de "avaliação" das instituições internacionais, como tais a eficiência ou a equidade: "a efetividade é simplesmente uma medida do papel desempenhado pelas instituições como determinantes do conteúdo da conduta individual ou coletiva.[22] Enquanto as instituições muito efetivas podem produzir resultados eficientes ou equitativos, não há qualquer garantia de que esses resultados estarão sempre (ou mesmo frequentemente) de acordo com as exigências da eficiência, da equidade ou de outro critério de avaliação".[23]

Partindo do pressuposto de que as instituições internacionais variam muito em termos de suas importância e efetividade (da mesma forma que ocorre com as instituições nacionais), e que, portanto, algumas delas tornam-se letra morta e outras condicionam o comportamento individual ou coletivo a ponto de imporem práticas coercitivas que não podem ser ignoradas até mesmo pelos membros mais influentes da sociedade internacional, lista Young um conjunto de "variáveis críticas" que diminuiriam ou aumentariam a importância das instituições na determinação do comportamento internacional. Tais variáveis são: (i) transparência ("a efetividade das instituições internacionais varia diretamente com a facilidade do monitoramento ou da verificação do desempenho à luz das suas principais prescrições de conduta"); (ii) resistência ("a efetividade das instituições internacionais é função da resistência dos mecanismos de opção social empregados"); (iii) regras de transformação ("a efetividade das instituições internacionais varia diretamente com o rigor das regras reconhecidas que governam as mudanças nas suas normas substantivas");

---

21. Young, 2000, p. 223.
22. Nas palavras de Young (2000, p. 224), eficiência e equidade ganham as seguintes acepções: "Julgada em termos da optimalidade de Pareto, por exemplo, qualquer situação em que o bem-estar de pelo menos um dos participantes possa aumentar sem trazer prejuízo aos outros é ineficiente, porque deixa de maximizar o bem-estar social. Embora haja menos consenso sobre o significado do critério, a eqüidade é usada muitas vezes para medir o grau em que a conduta coletiva se ajusta a uma certa distribuição preferencial de ganhos entre os membros de um grupo ou a medida em que os processos que levam a essa distribuição dos ganhos obedecem a uma variedade de normas processuais".
23. Young, 2000, p. 224.

(iv) capacidade dos governos ("a efetividade das instituições internacionais varia diretamente com a capacidade que têm os governos dos membros de implementar suas normas"); (v) distribuição do poder ("as assimetrias agudas na distribuição do poder (no sentido material) entre os participantes circunscreve a efetividade das instituições internacionais"); (vi) interdependência ("a efetividade das instituições internacionais varia diretamente com o nível de interdependência dos participantes"); (vii) ordem intelectual ("as instituições internacionais não podem manter sua efetividade por muito tempo depois da erosão ou do colapso das suas subestruturas intelectuais").[24]

Para fins de aferição mais concreta da efetividade em si, Young oferece outra enumeração, esta composta por seis "variáveis da efetividade" que denotariam a multidimensionalidade do conceito. Para ele, a efetividade depende do cruzamento de algumas aferições preliminares: (i) em que grau o regime resolve o problema que motivou sua formação; (ii) em que grau o regime alcança seus objetivos, expressos ou implícitos, ao longo do tempo; (iii) o grau de alteração do comportamento dos atores em consequência direta da atuação da instituição; (iv) em que grau as decisões da instituição são implementadas nos sistemas político e jurídico dos Estados-membros, bem como o nível de aquiescência dos respectivos cidadãos e instituições nacionais; (v) o grau de participação dos Estados-membros no processo, no sentido do gasto de tempo, energia e recursos; e (vi) o grau em que o regime alcança resultados que sejam eficientes, eqüitativos etc.[25]

Outros dois pesquisadores, Tom Cioppa e Hans Bruyninckx, chamam a atenção para uma importante distinção. Ao abordarem a questão da efetividade no âmbito dos regimes institucionais vinculados à proteção do meio-ambiente, ressaltam a diferença entre a efetividade institucional e a efetividade ambiental: "efetividade institucional sugere que o regime está operando segundo critérios acordados entre os membros, enquanto efetividade ambiental está relacionada como uma melhora na qualidade do meio-ambiente natural ocasionada pelas ações do regime".[26] A distinção proposta caminha no sen-

24. Young, 2000, p. 238-259.
25. Young, 1995.
26. Cioppa e Bruyninckx, 2000.

tido daquela também destacada por Detlef F. Sprinz, que afirma que a efetividade tem sido aferida tanto a partir dos objetivos perseguidos pela instituição internacional, quanto a partir de visão meramente operacional, ou seja, do processo de atuação da mesma instituição.[27]

Esta distinção, que aparece expressa nos trabalhos dos estudiosos acima indicados e em vários outros,[28] parece atuar em favor da visão finalística. Afinal, à primeira vista, nada parece mais sensato que privilegiar os resultados do arranjo institucional em termos do cumprimento de seus objetivos específicos. Entretanto, é importante ressaltar que, nas relações internacionais, o processo pode valer tanto quanto o resultado. É que a operação da instituição e sua subordinação às regras processuais estabelecidas, denota a orientação *rule-oriented* do processo decisório no cenário internacional, servindo como um contraponto ao unilateralismo e, até mesmo, como um meio de preservação das sempre buscadas previsibilidade e estabilidade.

De qualquer modo, mesmo acatando-se a ideia de que a efetividade da atuação das OIs é melhor aferida a partir dos resultados dos seus esforços no sentido do cumprimento de seus objetivos institucionais, isto não resolve todo o problema. É que nem sempre é fácil a determinação de qual é, de fato, o objetivo institucional. O caso do MSC da OMC é exemplar, como o evidenciam as considerações de John H. Jackson e Carlos M. Vázquez, a seguir descritas.[29]

Pelos artigos 3.3 e 3.4 do Entendimento relativo às Normas e Procedimentos sobre Solução de Controvérsias (ESC),[30] pode-se ter como objetivo do MSC a simples viabilização de um mecanismo pacífico de resolução de conflitos entre os Membros que imponha su-

---

27. Sprinz, 2000.

28. Sprinz (2000) sumariza as variadas tendências encontradas na doutrina.

29. Jackson e Vázquez, 2002.

30. O Entendimento relativo às Normas e Procedimentos sobre Solução de Controvérsias (ESC) é um dos acordos que compõem o marco normativo da OMC, destinando-se a regular os procedimentos do mecanismo de solução de controvérsias da Organização. O Acordo assim dispõe: "Artigo 3 – Disposições Gerais - [...] 3.3. É essencial para o funcionamento eficaz da OMC e para a manutenção do equilíbrio adequado entre os direitos e obrigações dos Membros a pronta solução das situações em que um Membro considere que quaisquer benefícios resultantes direta ou indiretamente, dos acordos abrangidos tenham sofrido restrições por medidas adotadas por outro Membro. 4. As recomendações ou decisões formuladas pelo OSC terão por objetivo encontrar solução satisfatória para a matéria em questão, de acordo com os direitos e obrigações emanados pelo presente Entendimento e pelos acordos abrangidos." (Redação em português constante da Ata Final da Rodada Uruguai, apensada ao Decreto n.º 1.355, de 30/12/1994).

bordinação aos acordos abrangidos.[31] Já pelo artigo 3.2 do mesmo ESC,[32] o objetivo pode mostrar-se ainda mais amplo: como expresso em seu texto, "o sistema de solução de controvérsias da OMC é elemento essencial para trazer segurança e previsibilidade ao sistema multilateral do comércio" e é ele "útil para preservar direitos e obrigações dos Membros dentro dos parâmetros dos acordos abrangidos e para esclarecer as disposições vigentes dos referidos acordos em conformidade com as normas correntes de interpretação do direito internacional público". Neste caso, a menção à "segurança" e à preservação de "direitos e obrigações (...) dentro dos parâmetros dos acordos abrangidos", sugere que o objetivo do MSC é também o de dar algum grau de eficácia às obrigações básicas contidas nestes acordos; já as referências à "previsibilidade" e à função de "esclarecer" as disposições dos acordos abrangidos pode denotar que um dos caminhos para o MSC dar eficácia às obrigações primárias é a de tornar claras para as partes, e para os atores não governamentais, o que as obrigações dos Membros realmente são.

Entendem Jackson e Vázquez, assim, que o artigo 3.2 do ESC reconhece a grande importância da clareza e confiabilidade para um sistema de comércio baseado em princípios de mercado e na ação de milhões de empreendedores não governamentais, e que se este é mesmo um dos objetivos do MSC, então a avaliação de sua efetividade deve levar em conta: (i) o grau em que as decisões dos Painéis e do OAp estão dirimindo disputas e induzindo ao cumprimento voluntário por meio do esclarecimento do conteúdo das obrigações dos Membros; e (ii) o grau em que estas decisões e a própria existência destes órgãos, estão induzindo ao cumprimento voluntário por parte de Membros que, de outra forma, estariam tentados a violar tais obrigações.

Mas o problema não para aí. Continuando, Jackson e Vázquez advertem que as dificuldades se acentuam em razão de existirem

31. A expressão "acordos abrangidos" (*covered agreements*) é a utilizada no âmbito dos acordos da OMC para designar o conjunto de acordos que compõem o marco normativo da Organização.

32. ESC: "Artigo 3 – Disposições Gerais - [...] 2. O sistema de solução de controvérsias da OMC é elemento essencial para trazer segurança e previsibilidade ao sistema multilateral de comércio. Os Membros reconhecem que esse sistema é útil para preservar direitos e obrigações dos Membros dentro dos parâmetros dos acordos abrangidos e para esclarecer as disposições vigentes dos referidos acordos em conformidade com as normas correntes de interpretação do direito internacional público. As recomendações e decisões do OSC não poderão promover o aumento ou a diminuição dos direitos e obrigações definidos nos acordos abrangidos." (Redação em português constante da Ata Final da Rodada Uruguai, apensada ao Decreto n.º 1.355, de 30/12/1994).

também muitas discordâncias acerca do que as obrigações dos Membros realmente são. Para alguns, as obrigações são um conjunto de comandos que devem ser cumpridos um por um, individualmente. Já para outros, a obrigação dos Membros é manter um equilíbrio geral entre os direitos e obrigações contemplados nos acordos abrangidos *vis-à-vis* os outros Membros (nesta visão, seria lícito aos Membros não cumprir uma determinada obrigação, por julgar mais conveniente aos seus interesses suportar uma suspensão de concessões, como previsto no artigo 22 do ESC).

O confronto destas duas posições motiva os seguintes comentários de Jackson e Vázquez: primeiro, que a primeira posição induz ao "perfeito cumprimento" das obrigações básicas e a segunda a um evidente comprometimento da previsibilidade das decisões do sistema; e, segundo, que os Membros da OMC nunca quiseram e não querem o "perfeito cumprimento", pois sempre temeram e temem que isto venha a reduzir a margem de manobra e ter efeitos colaterais sobre suas soberanias.

À evidência, o quadro posto bem evidencia o nível das dificuldades teóricas associadas ao tema. De qualquer modo, esta é uma área em que os estudos ainda são incipientes. Como afirma Andrew Guzman, "em razão de os procedimentos previstos no 'Entendimento relativo às Normas e Procedimentos sobre Solução de Controvérsias' (ESC) serem únicos e tão recentes, nossa compreensão sobre como o ESC influencia o comportamento dos Estados permanece incompleto".[33]

Não obstante, entretanto, a ainda controversa atuação das OIs, certo é que elas têm importância na ordem internacional. Porém, é preciso ter em conta que tal importância varia de forma proporcional à forma de atuação da OI, ou seja, ao nível de submissão de sua atuação concreta àquelas "variáveis da efetividade" listadas por Oran R. Young, e que se traduzem na legitimação de sua atuação à luz de um mundo predominantemente regido pelos Estados, que são os principais protagonistas da cena internacional. Diz-se isto com o fim de deixar ressaltado que ao se afirmar a importância das OIs para a sociedade internacional contemporânea e para o direito internacional (DI), não se quer dizer que se esteja a acatar a ideia de que a soberania estatal é um conceito superado ou em desuso. Muito embora as OIs te-

33. Guzman, 2003, p. 1-2.

nham conquistado seu papel de sujeitos de DI,[34] verdade é que os Estados mantiveram, neste início do século XXI, sua posição de principais protagonistas da cena internacional.[35] Tal protagonismo, porém, vem passando por algumas mudanças que devem ser tomadas em conta, como tal a que se refere às mudanças no conceito de soberania.

1.4 AS ORGANIZAÇÕES INTERNACIONAIS E A SOBERANIA ESTATAL

Abordando as influências dos processos de integração econômica sobre a soberania estatal, André Lipp Pinto Basto Lupi refuta a ideia de que haveria quebra ou perda do poder soberano dos Estados:

> O que ocorre em fenômenos de integração econômica é uma limitação ao poder de legislar (lembrando Bodin, que colocava nele o traço essencial da soberania), voluntária (por oposição às limitações impostas, de que são exemplo os tratados de paz com os vencidos nas guerras) e pontual (porque a delegação só abrange os poderes correspondentes às matérias abarcadas pela cooperação). Assim, o Estado que delega parte de suas competências soberanas não deixa de ser soberano, nem se subordina a outro, nem a um poder central internacional. Do ponto de vista desta análise, o que há é uma divisão de competências bem definida, politicamente negociada mas juridicamente consolidada e implementada.[36]

34. O reconhecimento de que as OIs são sujeitos de DI, tem sua gênese com a manifestação, em 11/04/1949, da Corte Internacional de Justiça (CIJ) que, em resposta a uma consulta da Organização das Nações Unidas (ONU), afirmou que a ONU possui personalidade jurídica internacional, pois constitui "o tipo mais elevado de Organização internacional, e não poderia corresponder às intenções de seus fundadores caso ela fosse desprovida da personalidade jurídica" (Seintenfus, 2003, p. 52). Na mesma manifestação, a CIJ alegou que o fato de uma OI ter personalidade jurídica não é o mesmo que afirmar que a Organização é um Estado ou que seus direitos e obrigações são os mesmos que os de um Estado, mas sim "que se trata de um sujeito de Direito Internacional, suscetível de possuir direitos e deveres internacionais, e que tem a capacidade de defender os seus direitos através da apresentação de reclamações internacionais" (Brownlie, 1997, p. 709). A ideia de que as OIs têm personalidade jurídica e que são plenamente capazes para assumirem direitos e obrigações na cena internacional, nasce também do fato de que "são criadas originalmente por um acordo internacional entre Estados, são dotadas de órgãos que expressam uma vontade distinta da dos Estados-membros, e possuem determinados propósitos a serem realizados no exercício de suas funções e poderes (Trindade, 2003, p. 12). É de se ressaltar, de outro lado, que muito embora a personalidade jurídica das OIs não apareça expressa de forma literal nos textos dos acordos que as criam e regulamentam, tal *status* lhes é atribuído de maneira implícita, como simples consequência das atribuições que lhes são inerentes (Araújo, 2002, p. 4).
35. Krasner, 2001.
36. Lupi, 2001, p. 283-284.

Ocorre, porém, que muito embora não seja mesmo correto falar em superação da ideia de soberania estatal, o fenômeno da globalização trouxe questões de caráter transnacional e internacional para a linha de frente das discussões no âmbito de várias políticas regulatórias. Falando em termos, por exemplo, das políticas tributárias nacionais, é inegável que as definições acerca da repartição dos benefícios e dos ônus da tributação entre os membros das sociedades devem levar em conta o que os Estados podem ou devem fazer para regular a atividade econômica em uma época em que as fronteiras estatais têm pouco significado para o fluxo da atividade econômica. Para superar as potenciais restrições das fronteiras nacionais sobre a regulação da atividade internacional, os Estados, através de seus formuladores de políticas, estão progressivamente se utilizando de arranjos transnacionais, como a Organização para a Cooperação e Desenvolvimento Econômico (OCDE), como locais para coordenar e forjar consensos sobre práticas tributárias e questões regulatórias conexas. Por via da confrontação dos problemas coletivos postos pelo regime internacional da tributação, estes formuladores de políticas vêm repensando o que a ideia de soberania significa em um mundo globalizado.

Em verdade, este processo tem a ver com o que expressa Luigi Ferrajoli, ao defender que, em face do desenvolvimento do estado de direito dentro dos ordenamentos nacionais e da integração econômica, política e cultural, dissolveu-se o velho conceito de soberania, tanto em sua dimensão interna quanto externa. Para o autor, do mesmo modo que o estado constitucional de direito esvaziou a dimensão interna da soberania, a presença de normas internacionais caracterizáveis como *ius cogens* (exemplos seriam o imperativo da paz e a tutela dos direitos humanos, constantes da Carta da ONU e da Declaração de 1948) esvaziou sua dimensão externa.[37]

A crítica de Ferrajoli não deve ser entendida, porém, como uma negação do Estado, mas sim do Estado nacional unitário, como fonte emanadora de todo poder. Como já se fez referência em item anterior, diz ele que o Estado é, de um lado, "grande demais para a maioria de suas atividades" (já que precisa desdobrar-se em unidades e subunidades com o fim de enfrentar os múltiplos problemas trazidos pela globalização econômica, traduzidos na intensificação e variabilidade

37. Ferrajoli, 2002, p. 27-38.

das relações supranacionais), e, de outro, "demasiado pequeno para as grandes coisas" (em razão de que, a mesma globalização econômica exige Estados cada vez maiores, em face da ampliação do tamanho dos problemas).

Com Ferrajoli, portanto, tem-se que não há mais uma fonte única para o direito. Em complementação ao direito que resulta da soberania estatal, há um outro direito que funda suas bases na autonomia dos povos ou na sociedade internacional que nasce da intensa integração econômica, política e cultural (sociedade internacional esta que se pode equiparar à "sociedade internacional contemporânea" a que se fez menção no item inicial deste capítulo). De qualquer modo, mesmo dentro deste quadro, não há a afirmação de que os Estados tenham deixado ou venham a deixar de ser os principais atores da cena internacional, mas sim a de que há outras fontes de direito para além do Estado soberano.

Contrapõe-se Ferrajoli, assim, à visão de soberania segundo a qual há prerrogativas previamente definidas ao Estado, as quais seriam inalienáveis ou indisponíveis. Subjacente a seu entendimento está a ideia de que, em face do desenvolvimento do estado de direito dentro dos ordenamentos nacionais e da integração econômica, política e cultural, dissolveu-se o velho conceito de soberania, tanto em sua dimensão interna quanto externa. E o que resulta disto é a evidenciação de que a ideia de soberania deixa de estar associada a prerrogativas estanques e pré-definidas, para passar a representar o preceito de que "outros entes não têm autoridade política dentro do território do Estado". Vista por esta ótica, a soberania não exige autonomia econômica ou legislativa como requisito fundamental, o que faz com que seja perfeitamente admissível que um Estado possa rotineiramente abrir mão de parcelas de suas autonomias econômica e legislativa em troca de ganhos econômicos políticos ou geopolíticos em outros contextos.

Esta visão de soberania, calcada na ideia de que ela representa, de forma estrita, que outros entes não detêm competência política dentro do território do Estado, tem a ver com a necessária distinção entre independência e soberania, tão bem ressaltada por Carla Amado Gomes:

> [...] "esta distinção permite superar o dogma da indivisibilidade da soberania e aceitar como facto natural a participação

> dos Estados em organizações internacionais. A independência - no sentido de auto-suficiência do Estado não deve ser encarada como sinónimo de soberania. Ser independente é não ter relações de dependência; ser soberano é ter a capacidade de utilizar a sua independência para tomar as decisões que mais interessam ao seu corpo social, se necessário com limitações de independência". A soberania surge então como divisível e parcialmente alienável, pois já não é de um conjunto rígido de poderes que estamos a falar, mas antes de uma qualidade intrínseca do Estado, da sua possibilidade de optar nos aspectos mais relevantes da sua vida interna, da sua organização política, das grandes directrizes da governação, enfim, da preservação da sua identidade como organismo autónomo. Aliás, além da perda parcial do seu *ius tractum*, um outro aspecto - mais flagrante, até, para as clássicas concepções de soberania - desta mutação é aquele que diz respeito ao *ius belli*: a integração de um Estado na ONU força-o a abdicar do seu "direito" de intervenção armada, da possibilidade indiscriminada de resolver os conflitos pela via bélica.[38]

Como se percebe, por meio da integração de duas noções distintas – a de que a soberania não inclui prerrogativas estanques e pré-definidas e a de que independência e soberania são conceitos com conteúdos diferentes – chega-se à conclusão de que nada há de afrontoso à soberania no fato de os Estados voluntariamente limitarem, por exemplo, suas prerrogativas legislativas no âmbito de arranjos integrativos. Há aqui uma limitação voluntária e pontual da independência, mas que em nada macula a soberania na acepção adotada por Ferrajoli.

Para além do plano jurídico, porém, há um outro aspecto, este de natureza fática, que se não serve para evidenciar científica e teoricamente as alterações no conceito de soberania, pelo menos as justificam em face da realidade internacional hoje posta. Tal aspecto é o fato, ressaltado por Carla Amado Gomes, de que há hoje uma importante dicotomia na forma como são tratados temas distintos nos âmbitos nacional e internacional. Como bem expressa a autora,

> Hoje, no campo social e económico não há questão, qualquer que seja a sua importância, que possa ser resolvida fora da esfera

38. Gomes, 1998.

> internacional. Foi aqui que surgiu uma *civitas maxima*, o que é um facto inegável... Esta «comunidade da humanidade» que na obra de Grotio não tinha, afinal, se não uma existência ideal, tornou-se uma realidade tangível, viva, irrefragável... Mas teria ela sido sempre uma realidade? Certamente, não: pois a organização política do mundo continuou a basear-se no particularismo dos Estados; e daí é que resultou o desequilíbrio que sofremos, a má adaptação que a moderna sociedade tem sentido cada vez mais. Temos uma estrutura económica em escala internacional e uma estrutura política de tipo principalmente nacional.[39]

Do que ressalta a autora, portanto, pode-se inferir que enquanto se tem a superveniência de uma comunidade internacional no plano das relações sociais e econômicas, no plano político as relações continuam baseadas no poder soberano dos Estados, ou seja, num viés estritamente nacional, do que resulta um sério descompasso, que não pode ser resolvido sem que as relações políticas passem a tomar em conta a realidade da transnacionalidade da maior parte dos problemas caros à humanidade como um todo. Ou seja, há necessidade de uma equalização nos planos econômico, social e político, o que não é possível sem que, neste último, se supere a ideia de soberania como elemento de prerrogativas estatais pré-definidas, com a exclusão de outras fontes de irradiação de princípios e normas.

Com tais aportes, percebe-se que apesar de os Estados serem, ainda hoje e por um futuro imprevisível, os principais agentes das relações internacionais, estão eles inseridos num cenário de maior complexidade política, onde determinados temas são melhor abordados, mesmo que em alguns casos por aquiescência estatal expressa, no âmbito de OIs específicas. Como afirma Liszt Vicira, "apesar das tendências à constituição de uma função pública transnacional, o Estado nacional/territorial continua sendo a instância central legítima do poder e o destinatário de demandas da população".[40]

A própria possibilidade de os Estados abandonarem os arranjos integrativos corrobora a sobrevivência da soberania estatal. Como bem observa André Lipp Pinto Basto Lupi, ao abordar a integração dos Estados ao Mercosul e à OMC,

---

39. Gomes, 1998.
40. Vieira, 1998, p. 110.

> É juridicamente possível o desligamento de um Estado do Mercosul e da OMC. As conseqüências jurídicas em ambos os casos não vão além da extinção dos benefícios concedidos pelos outros membros ao denunciante através do tratado. O acordo, sendo multilateral, permanece vigente para as demais partes. Logo, são comprovadamente casos em que não há transferência de poderes soberanos, pois voluntariamente podem ser resgatados os poderes que foram, apropriadamente, delegados, já que os Estados conservam a titularidade dos poderes.[41]

Mesmo no âmbito da "interdependência complexa" de que falam Robert O. Keohane e Joseph S. Nye, os Estados não perdem seu papel de principais atores da cena internacional; apenas estão inseridos num cenário de muito maior complexidade. Para estes pesquisadores, "está em curso a diversificação das relações internacionais e não a inversão da ordem política, com capacidade para destituir o poder dos Estados-Nação. Por esta perspectiva, a política internacional continua ancorada em Estados soberanos, embora as demandas dos novos atores sociais se tenham expandido em grandeza como em nenhuma outra época (...)".[42]

Abordando o MSC da OMC, Matthew S. Dune III demonstra, por uma minudente análise de alguns casos concretos julgados, que o paradigma de John H. Jackson, consistente na afirmação de que com a evolução do GATT para a OMC se teria a gradativa substituição da "orientação pelo poder" (*power orientation*) pela "orientação pelas regras" (*rules orientation*), não se confirmou, e que o que ocorreu, de fato, foi a superveniência de uma ordem onde poder e regras não se excluem mutuamente.[43]

Marc L. Bush e Eric Reinhardt são ainda mais contundentes: para eles, muito embora a literatura difunda, predominantemente, a ideia de que o MSC da OMC representa a adoção de um enfoque *rule-oriented*, a verdade é que não apenas o conteúdo de alguns casos concretos, mas especialmente o próprio texto do "Entendimento relativo às Normas e Procedimentos sobre Solução de Controvérsias" (ESC), mostra que "o intuito básico da instituição é po-

41. Lupi, 2001, p. 286.
42. Santos Júnior, 2003, p. 652.
43. Dunne III, 2002, p. 278-279.

lítico"[44] (referem-se aqueles autores ao conteúdo dos artigos 3.3 e 3.7 do ESC[45]). Alegam os autores que outra evidência disto é o fato, pouco conhecido ou divulgado, de que 3/5 dos litígios levados à OMC são resolvidos antes de uma decisão final dos Painéis.

Dentro deste quadro, tem-se que, para além do atendimento das demandas vinculadas a questões de alcance internacional (que, como se viu no caso da OMC, caminham no sentido da ampliação dos temas nela abordados), um outro grande desafio apresenta-se às OIs: reconhecer sua ainda não exaurida afetação política e, portanto, ter em conta a existência de prerrogativas vinculadas às soberanias estatais que, se não levadas em conta em sua atuação cotidiana, podem levar os Estados a, num julgamento de conveniência e oportunidade, reduzirem o grau de aquiescência às decisões dos arranjos integrativos.

No caso específico do MSC da OMC, suas decisões - por representarem, em regra, determinações para alterações na ordem jurídica interna dos seus Membros - repercutem, muitas vezes, sobre matérias que estão ligadas a um conjunto de interesses dos Estados muito mais amplo que a simples questão, por exemplo, de um subsídio comercial irregular sob a ótica das normas da OMC.

A matéria tributária bem exemplifica a afirmação. Como se abordará posteriormente neste trabalho, por via da tributação os Estados almejam objetivos fiscais (vinculados ao próprio financiamento da atividade pública) e extrafiscais (relacionados com fins de variada ordem: sociais, econômicos, políticos etc.), o que faz com que haja um grande potencial para conflitos entre o conteúdo de uma decisão do MSC que determina o expurgo de um subsídio tributário considerado incompatível com os acordos da OMC (enfoque estritamente ligado ao livre comércio) e o conjunto de objetivos almejados pelo Estado com a instituição daquele subsídio.

Evidência concreta de que a matéria tributária representa um dos campos mais propícios ao surgimento de resistências às decisões

44. Busch e Reinhardt, 2001, p. 158.

45. ESC: "Art. 3.3. É essencial para o funcionamento eficaz da OMC e para a manutenção do equilíbrio adequado entre os direitos e obrigações dos Membros a pronta solução das situações em que um Membro considere que quaisquer benefícios resultantes direta ou indiretamente, dos acordos abrangidos tenham sofrido restrições por medidas adotadas por outro Membro. [...] Art. 3.7. [...] O objetivo do mecanismo de solução de controvérsias é garantir uma solução positiva para as controvérsias [...]." (Redação em português constante da Ata Final da Rodada Uruguai, apensada ao Decreto n.º 1.355, de 30/12/1994).

do MSC da OMC é a de que, mesmo no âmbito dos esforços internacionais especificamente destinados à harmonização dos sistemas tributários, poucos têm sido os avanços no sentido da atenuação das diferenças entre as legislações internas.[46]

À evidência, podem ocorrer situações-limite nas quais os Membros da OMC terão motivação e oportunidade para descumprir decisões do MSC, e isto não porque assim o queiram de forma deliberada. É que, num balanço de custos e benefícios (não apenas de ordem econômica, mas também social e política), a fidelidade ao arranjo comercial multilateral pode ser um preço demasiadamente alto a pagar pelo abandono de algumas prerrogativas do poder estatal ou mesmo de algumas políticas internas de mais largo alcance ou relevância.

O Caso "*United States – Tax Treatment for Foreign Sales Corporation*" (Caso FSC), julgado pelo MSC da OMC, é um exemplo do que acima se afirma. Não se detalhará neste momento o conteúdo do caso, dado que isto será feito com detalhes no capítulo 5, mas o que importa por ora dizer é que a decisão final prolatada demandou reformas tão significativas no sistema tributário norte-americano, que os resultados gerados foram a reação negativa da sociedade norte-americana à decisão e, quase como consequência direta, a recalcitrância dos EUA em acatá-la.

Como se percebe, podem ocorrer situações nas quais, como já se disse, estarão presentes motivação e oportunidade para os Membros da OMC resistirem ao cumprimento voluntário das decisões do MSC. Tais situações podem comprometer a efetividade da Organização e, por consequência, sua sobrevivência futura.

46. Michael J. Graetz (2003, p. 487-489) sumariza as dificuldades enfrentadas pela Organização para a Cooperação e o Desenvolvimento Econômico (OCDE) e pela União Européia (UE) para a harmonização das legislações tributárias dos Estados que compõem cada um destes arranjos integrativos (nestes dois âmbitos é que tem se dado, atualmente, as mais importantes iniciativas de harmonização tributária internacional): "Nos anos recentes, a OCDE e, num espaço geográfico mais limitado, a UE têm tentado preencher este vácuo [o vácuo resultante da falta de compatibilização das regras tributárias internacionais e da inexistência de novos enfoques para a tributação internacional no pós-Segunda Guerra Mundial], buscando, em particular, inibir aquilo que a OCDE chama de "competição tributária nociva". Os EUA têm sido ambivalentes em sua participação neste desafio, apoiando os esforços da OCDE durante a Administração Clinton, mas retirando grande parte deste apoio em 2001, depois da eleição do Presidente Bush". Afirma o autor que o que justifica a dificuldade de progressos nesta área é o fato de que os atores da cena internacional discordam amplamente acerca das circunstâncias que dariam ensejo à caracterização de uma prática tributária nociva, existindo aqueles, inclusive, que negam a possibilidade de caracterização das medidas ligadas à competição tributária internacional como nocivas, em que contexto for (haveria aí, um exercício legal das competências soberanas).

É certo, como lembra Susan Hainsworth, que a adoção de um mecanismo internacional de resolução de controvérsias *rule-oriented* é uma das formas de preservação das soberanias estatais (pela estabilidade e previsibilidade que traz para as relações internacionais).[47] Entretanto, tal afirmação precisa ser temperada com a realidade de que a produção das regras processuais e materiais que, depois, determinarão a solução dos litígios, já pode trazer para alguns países prejuízos em termos de suas prerrogativas soberanas. Ademais, a própria interpretação das regras firmadas pode representar uma extrapolação das obrigações assumidas pelos Estados nos acordos internacionais. Deste modo, só não haverá prejuízo ao efetivo exercício da soberania, desde que tal objetivo esteja implícito tanto na produção quanto na interpretação das normas.

Assim, a ideia de efetividade das OIs não tem como pressuposto a inexistência de soberanias estatais. Pelo contrário, dado o seu caráter multidimensional, as prerrogativas inerentes às soberanias aparecem como importantes condicionantes da atuação das OIs.

Deste conjunto de considerações, pode-se chegar, então, a algumas conclusões relacionadas com a importância e a efetividade das OIs: (i) a efetividade é um conceito multidimensional, cujas variáveis têm seus pesos alterados diante de cada contexto espacial ou temporal e no âmbito de cada área temática das relações internacionais; (ii) as OIs atuam não apenas como determinantes da conduta da sociedade internacional, como também têm seu caráter modelado pela operação de vários fatores (como afirma Young, "na sociedade internacional, os vínculos de causalidade entre instituições, ideias e condições materiais fluem usualmente nos dois sentidos"[48]); (iii) a progressiva interdependência é uma circunstância fundamental à consolidação e efetividade das OIs; (iv) a efetividade, por estar vinculada à ideia de difusão do poder internacional, tem relação direta não apenas com a ideia da "orientação pelas normas", mas também com a noção de que a afetação política grava igualmente a atuação das OIs; (v) a aferição da efetividade das OIs não é incompatível com a ideia de soberania estatal, antes a inclui como condicionante.

E o que estas conclusões induzem a afirmar é que as OIs, como versões institucionalizadas dos RIs que são, têm sim um papel impor-

47. Hainsworth, 1995, p. 621.

48. Young, 2000, p. 220.

tante no condicionamento de condutas na sociedade internacional contemporânea e que tal papel não se restringe à intervenção prescritiva ou normativa (restritiva à atuação legislativa nacional), mas também à difusão de princípios, ideias e filosofias nem sempre expressas de modo explícito, ou seja, na disseminação de um modo coletivo de pensar os problemas mundiais. Mas este modo coletivo de pensar se associa, também, a um outro aspecto importante do direito internacional atual, qual seja o da fragmentação de suas fontes e o cruzamento de lógicas distintas, como se abordará a seguir.

1.5 GLOBALIZAÇÃO ECONÔMICA, LEGITIMIDADE E LÓGICAS DIFERENCIADAS NO ÂMBITO DE ATUAÇÃO DAS ORGANIZAÇÕES INTERNACIONAIS

Com a evidenciação de que, mesmo num mundo protagonizado predominantemente pelos Estados, os RIs e as OIs existem e têm importância para a cena internacional, uma outra questão surge: com a proliferação de instâncias, proliferam-se, igualmente, múltiplas e variadas lógicas distintas, que acabam frequentemente confrontadas no curso das relações que se estabelecem cotidianamente entre tais instâncias. Com isto, tem-se, para limitar-se a questão aqui ao plano jurídico, novos problemas para o direito internacional: como conciliar, na abordagem de temas inter-relacionados, tais lógicas distintas? E como se desdobra a atuação das OIs a partir destas lógicas distintas, sob o ponto de vista dos mandatos que lhes foram outorgados pelos Estados, ou seja, em que plano se coloca a questão da legitimidade das OIs?

Com o fenômeno da globalização,[49] alimentado pelo incremento das relações econômicas, políticas e sociais internacionais, operou-se uma importante transformação no direito internacional, em termos de suas fontes. Em substituição à ideia de que haveria um sistema jurídico internacional estruturado de forma lógica e unitária – mesmo que estruturado em torno de normas consuetudinárias ou a partir de

49. Como bem ressalta John H. Jackson (2006, p. 8), afora as inúmeras divergências acerca do que o termo "globalização" representa, o que ele fundamentalmente denota são as condições de interdependência nos relacionamentos mundiais de ordem econômica e política, que se traduzem no fenômeno hodierno de que eventos e circunstâncias ocorridos em uma determinada parte do mundo têm efeitos amplamente significativos e freqüentemente imediatos em outras regiões.

fontes difusas –,[50] percebe-se a superveniência de uma nova ordem, na qual a regra é a descentralização das fontes do direito internacional, fenômeno este relacionado com a progressiva disseminação de regimes e organizações internacionais dedicados a temas específicos de interesse da comunidade internacional. Esta descentralização acaba se traduzindo em fragmentação da abordagem destes temas, e a fragmentação propicia que regimes e organizações diferentes desenvolvam-se de formas igualmente diferentes, sempre de acordo com as vicissitudes de cada um deles (relações de poder envolvidas, importância relativa do tema etc.).

Como ressalta Marcelo Dias Varella,

> Em vez de um sistema – por definição, um conjunto de elementos harmônicos – cede-se lugar a conjuntos autônomos de normas, com lógicas distintas, muitas vezes contraditórias. Essa evolução vem da descentralização de fontes do direito internacional, da multiplicação dos atores e da globalização no campo do direito em inúmeros aspectos, em um contexto de fragmentação do direito internacional como um todo, acompanhada pela expansão de cada um destes fragmentos.[51]

Um dos efeitos principais deste processo é a criação de lógicas distintas a partir destes diferenciados regimes e organizações, que se tornam críticas para o direito internacional quando os temas que lhes estão associados são confrontados em situações nas quais as soluções demandam a consideração conjunta das demandas e/ou especificidades de cada um deles.

Os efeitos práticos da coexistência destas lógicas distintas mostram-se em vários planos distintos, como por exemplo:

(i) no âmbito específico do que se poderia chamar de "lógicas cruzadas", ou seja, o desenvolvimento de uma cultura interdisciplinar na qual os problemas de alcance interdisciplinar sejam pensados de modo igualmente interdisciplinar; seria, por assim dizer, uma cultura

50. O artigo 31.3.c da Convenção de Viena sobre a Interpretação de Tratados, por exemplo, utiliza critérios para a definição da norma válida, que, à evidência, subentendem a existência de um sistema jurídico internacional, de visão marcadamente kelseniana (na qual o fundamento de uma norma jurídica é sempre outra norma jurídica).

51. Varella, 2005.

da tolerância no plano das ideias, um modo global de pensar os problemas globais;

(ii) no âmbito mais formal da construção dos consensos dentro das OIs, no qual as preocupações com as interfaces entre diferentes temas se mostrem presentes na produção, por exemplo, de acordos internacionais;

(iii) no âmbito dos tribunais internacionais - de ampla proliferação nos dias atuais -, onde os litígios, com frequência cada vez maior, precisam ser julgados a partir da integração de pontos de vista díspares e de interesses, em não raros casos, discrepantes; não se trata apenas de casos de sobreposição de competências entre tribunais internacionais distintos – problema de grande interesse atual –, mas da consideração, por um determinado tribunal, na resolução de um litígio, de questões normalmente externas ao objeto precípuo da OI de que faz parte.

A fragmentação das fontes no direito internacional não é, porém, algo que se possa qualificar, em qualquer contexto, como algo definitivamente positivo ou negativo. É certo que a intensificação das relações internacionais e as inter-relações que se estabelecem entre temas específicos, quando tratados em escala global, tornam difícil o tratamento estanque destes temas no âmbito de uma ou outra OI específica; também é certo que não há estanqueidade entre vários assuntos de importância para a sociedade internacional. Entretanto, apesar de o tratamento de temas interligados ser uma consequência inevitável da acima referida fragmentação do DI, traz ele um importante desafio para a atuação das OIs que, como se disse, são criadas para tratar de temas específicos por meio de óticas também específicas: como tratar destes temas interligados sem extrapolar os limites dos mandatos concedidos pelos Estados para suas atuações.

As OIs têm sido desafiadas por estes novos desafios e demandas. Em outras palavras, trata-se de saber como tratar producentemente seus temas específicos, que muitas vezes repercutem sobre temas que são objeto de outros arranjos, sem extrapolar seus mandatos e sem comprometer a efetividade de suas atuações, mantendo-se relevantes no cenário internacional. Sob este aspecto, entra em questão a legitimidade das OIs, tanto em termos de sua existência em si, quanto em termos de sua atuação na esfera de temas que extrapolam, mesmo que de forma pontual (tratamento de uma questão específica) e em face do referenciado cruzamento de lógicas distintas, seus âmbitos legais de atuação.

Não é objetivo deste trabalho analisar extensivamente a questão da legitimidade das OIs, mas é importante ressaltar que se está aqui diante de um daqueles temas em relação ao quais a doutrina ainda não encontrou justificativas teóricas unânimes para algo que, não obstante, todos admitem a existência. Com efeito, quando se fala da legitimação da atuação das OIs, pode-se afirmar que "Não são somente os Estados que, a partir do interesse, dizem o que é legítimo. Uma outra instância aparece, corre paralela e teria como base a sociedade civil internacional";[52] e, complementarmente, reconhecer que "[...] a própria persistência da desigualdade social e das diferenças culturais, além naturalmente das modalidades de inserção geopolítica, constituem a base de processos conflitivos que perdurarão e se projetarão necessariamente no debate sobre o que é legítimo".[53]

Definir o que é legítimo na cena internacional não é, portanto, tarefa fácil. Do ponto de vista de uma noção de soberania estatal adotada pela teoria realista das relações internacionais, a legitimidade das OIs seria determinada pelos mandatos outorgados pelos Estados (as pretensas únicas fontes legítimas de emanação de poder), mas neste âmbito apenas as organizações intergovernamentais e supranacionais encontram base para suas existências. Já na esfera do paradigma da "interdependência", que se concentra na afirmação da superação da ideia do Estado-nação como instância única de poder, o que "há de novo é o modo de ver a realidade global de nossos dias, diferente daquela que originou o desenvolvimento do paradigma realista, que se apegou ao princípio da segurança nacional, além das influências diplomáticas e das forças militares, pressupostos agora inúteis em face da proliferação dos organismos internacionais, surgimento da interdependência, dos atores não estatais e dos processos das corporações transnacionais".[54]

Seja lá qual for, entretanto, a visão que se tenha da questão, certo é que: (i) como já se viu em item anterior, as OIs já tiveram reconhecido seu papel de sujeitos do direito internacional; (ii) que já existe

52. Fonseca Jr., 1998, p. 164.

53. Fonseca Jr., 1998, p. 164.

54. Oliveira, 2002.

mesmo, hoje, uma sociedade civil internacional, ligada a problemas de alcance igualmente internacional, capaz de dar legitimidade a instâncias internacionais, da mesma forma que as sociedades civis nacionais dão legitimidade às instâncias nacionais; (iii) que a interdependência matiza a ideia de soberania estatal como forma única de emanação de poder, permitindo que valores nacionais sejam permeados por valores transnacionais.

De qualquer modo, não se pode subestimar os efeitos da proliferação das lógicas distintas sobre a atuação, em especial, daquelas OIs que têm sua legitimidade outorgada pelos Estados por via de mandatos específicos. A extrapolação destes mandatos, mesmo num ambiente de interdependência e de ampliação da importância da sociedade civil internacional, continuará a ser, por um futuro imprevisível, um grande problema.

Não obstante tais dificuldades, não são elas, porém, argumentos que sirvam para infirmar o papel que estes novos entes da sociedade internacional estão crescentemente tendo na esfera dos problemas com repercussão transnacional. Pelo contrário, elas impõem enormes desafios às OIs, mas pode-se dizer que no âmbito justamente das OIs é que há um ambiente mais favorável à compatibilização das óticas diferenciadas num ambiente internacional caracterizado pela fragmentação do DI.

1.6 CONSIDERAÇÕES FINAIS

Ao longo deste capítulo demonstrou-se que o institucionalismo, traduzido em versões mais ou menos formalizadas, possui importante papel na resolução de problemas caros à sociedade internacional, muito embora variem muito suas formas de exteriorização em face do diferenciado balanceamento entre poder, interesses e conhecimento que se pode encontrar em cada contexto específico. Neste plano, as OIs têm um papel importante no condicionamento de condutas na sociedade internacional contemporânea, que não se restringe à intervenção prescritiva ou normativa (restritiva à atuação legislativa nacional), mas também à difusão de princípios, ideias e filosofias nem sempre expressas de modo explícito, mas igualmente por via da disseminação de um modo coletivo de pensar os problemas mundiais (modo coletivo este que se associa a outros aspectos importantes do

Direito Internacional atual, qual seja o da fragmentação de suas fontes e o cruzamento de lógicas distintas).

A legitimar todo este quadro está a reformulação do conceito de soberania que, como expressa Luigi Ferrajoli, está fundamentado na ideia de que para além do direito que emana da soberania dos Estados, há um direito que encontra fundamento na autonomia dos povos ou na sociedade internacional que nasce da intensa integração econômica, política e cultural. Os Estados não deixaram de ser os principais atores da cena internacional, mas há outras fontes de direito para além do Estado soberano.

Capítulo 2

O GATT, A OMC E A INSTITUCIONALIZAÇÃO DAS RELAÇÕES ECONÔMICAS INTERNACIONAIS

2.1 CONSIDERAÇÕES INICIAIS

Depois de demonstrada a importância das organizações internacionais no plano das relações internacionais, tratar-se-á agora de abordar aquela que é considerada a mais importante e mais controversa destas organizações na cena internacional atual, a Organização Mundial do Comércio (OMC).

Inicialmente, serão feitas considerações acerca dos fatores que levam a OMC a ter o papel de proeminência que lhe é usualmente atribuído no âmbito das organizações internacionais; como se demonstrará, há uma conjunção de fatores jurídicos e políticos a respaldar a atuação e o *status* atual da Organização, mesmo que tal se dê em um ambiente de flutuações na disposição de seus Membros de intensificar o processo de liberalização do comércio internacional e de presença de muitos opositores tanto do *modus operandi* da OMC quando da ideia que lhe é subjacente (para muitos, as promessas não cumpridas do livre comércio justificam a volta ao protecionismo, à intervenção econômica governamental etc.).

A seguir, a OMC será abordada do ponto de vista institucional, tratando-se de fornecer elementos relativos aos seus antecedentes, sua gênese, sua conformação normativa, sua estrutura interna e meios de atuação, tudo com o fim de evidenciar o potencial da Organização para a consecução tanto do objetivo precípuo que lhe foi atribuído por seus Membros, quanto para aquele que é proposto no âmbito deste trabalho.

De se ressaltar, porém, que não será abordado no presente capítulo o princípio que é tido como um dos pilares fundamentais do marco normativo da OMC, qual seja o da não discriminação (princípio este que se desdobra em duas cláusulas distintas, a da nação mais favorecida e a do tratamento nacional). É que tal princípio será analisado em detalhes no capítulo 4, quando se tratará de abordá-lo à luz, em especial, de suas envolvências com a matéria tributária.

Por fim, uma advertência: não se pretende produzir no âmbito deste trabalho uma discussão ideológica acerca do modelo jurídico-econômico adotado para a OMC e de sua pretensa capacidade de alargar ou estreitar as desigualdades entre os países. O que se intenta é demonstrar que, considerando que este modelo deve prevalecer nos próximos anos (e por um prazo imprevisível, dado que é resultado de décadas de evolução do regime internacional do comércio), é preciso conhecer sua lógica e suas regras de funcionamento, tanto seja para "participar do jogo", quanto para buscar mudanças ou readequações futuras.

2.2 A POSIÇÃO DE PROEMINÊNCIA DA OMC

A OMC tem se mostrado, ao longo de seus poucos mais de dez anos de existência, como uma das mais bem-sucedidas OIs. Muito embora as negociações em seu âmbito tenham sido marcadas por descontinuidades resultantes das flutuações na disposição de seus Membros e de pressões externas oriundas especialmente dos opositores do livre comércio, verdade é que o alcance dos acordos até hoje negociados é bastante significativo, e isto tanto em termos da quantidade de temas negociados, quanto do aprofundamento do processo. Como se verá nos itens seguintes deste capítulo, o arsenal de temas contemplados nos acordos da OMC engloba o comércio de bens e serviços, tratando de matérias tão distintas como propriedade intelectual, subsídios, investimentos, *dumping*, compras governamentais, barreiras técnicas ao comércio etc. E isto sem que se mencione outros temas que, apesar de externos ao comércio internacional, acabam a ele se relacionando direta ou indiretamente em situações específicas, demandando igualmente manifestações da OMC.[1]

1. Como se verá no capítulo 6, são muitos os pleitos pela "interdisciplinarização" da atuação da OMC, ou seja, pela tomada em conta de aspectos relacionados, por exemplo, com o meio-ambiente, a

Ademais, à margem das instabilidades, o MSC da Organização tem alcançado um alto grau de cumprimento de suas decisões, sendo raras as situações em que algum Estado tenha permanecido recalcitrante na adoção das decisões formais dos painéis e do Órgão de Apelação (OAp).

Assim é que, para muitos, a OMC tem tido sucesso na disseminação de seu propósito básico, qual seja a liberalização do comércio em nível internacional.[2]

O desempenho da OMC não deixa de ser surpreendente, dado que num cenário em que o *status* de sujeitos de DI das OIs ainda não é acatado de forma unânime e em que proliferam organizações com objetivos e/ou prerrogativas muitas vezes conflitantes ou sobrepostos, seus significativos avanços representam um singular exemplo de um bem-sucedido esforço de integração econômica multilateral.[3]

Vários fatores concorrem para que a OMC detenha, hoje, no âmbito das relações internacionais, uma influência sem precedentes.

O primeiro destes fatores é o de que a Organização tem o comércio internacional como seu objeto. Com efeito, este é um tema que se coloca na linha de frente dos interesses de Estados, empresas transnacionais, enfim, da sociedade internacional, dado que envolve o fluxo de bens e serviços ao redor do mundo; e fluxo de bens e serviços, para além de envolver a circulação de riquezas, envolve a circulação de alimentos, remédios, bens de produção etc. Ademais, não se pode subestimar os interesses que os países têm, especialmente os desenvolvidos, na liberalização do comércio internacional, e o que isto traz de suporte para a Organização.

Outro fator se refere ao que Celso Lafer chamou de "adensamento de juridicidade".[4] Com efeito, a OMC dispõe de órgãos e regras jurídicas que estabelecem padrões de conduta aos seus Membros e que servem à aceleração do processo de regulação do espaço econômico mundial em termos muito diferentes do GATT 1947. Em outras palavras, passou-se de um sistema "baseado no poder", para um sistema

concorrência internacional desleal e a chamada "cláusula social", esta associada com o reconhecimento de um conteúdo mínimo quanto a normas fundamentais do trabalho.

2. Barral e Prazeres, 2002, p. 45.
3. Merrills, 2002, p. 197.
4. Lafer, 1998, p. 125-130.

"baseado em normas", mesmo que se tenha de reconhecer, como o faz Meinhard Hilf, que não se tem um sistema imune à diplomacia e à política.[5] De qualquer modo, a OMC forma um sistema de regras, com lógica e princípios próprios, que traz maior previsibilidade, transparência e coerência para o sistema multilateral do comércio.

Também contribuiu para o fortalecimento da OMC, a criação de um mecanismo de solução de controvérsias municiado por um eficaz sistema de imposição de suas decisões, baseado no uso de retaliações comerciais. O MSC – formalmente regulado pelo Entendimento relativo às Normas e Procedimentos sobre Solução de Controvérsias (ESC) – é, reconhecidamente, um modelo avançado, efetivo e raro de jurisdição internacional, tendo se transformado em um dos pilares centrais de sustentação da atuação da Organização e passando a ocupar, de forma reiterada, posição de destaque nas negociações multilaterais que se desenrolam neste âmbito. É certo que a atuação do MSC tem trazido tensões que resultam da inserção de um sistema judicializado em um âmbito tradicionalmente ocupado pela diplomacia, mas a verdade é que é hoje impossível subestimar a importância do MSC no cenário do direito internacional.[6] Tanto é assim que, em seus pouco mais de dez anos de existência, o MSC da OMC já julgou quase 400 casos – um número impensável para outras cortes internacionais –, com um alto grau de cumprimento de suas decisões.

Quanto ao MSC é preciso ressaltar, ainda, que seu fortalecimento, e o fortalecimento da OMC por extensão, estão em muito associados ao reconhecimento de que o sistema, apesar do já mencionado "adensamento de juridicidade", não é puramente jurídico, com absoluta neutralidade quanto ao efeito político das decisões ou ao poder econômico dos Membros envolvidos nas disputas. Como ressalta Welber Barral, nenhum sistema de solução de controvérsias é neutro, sendo que "no caso da OMC, esta realidade é expressamente reconhecida, asseverando-se que um acordo entre as partes poderá ser mais vantajoso do que o litígio, e que o objetivo do ESC é, antes de tudo, conseguir eliminar a medida atentatória às regras do livre comércio, e não garantir compensação por eventual responsabilidade internacional de seus Membros". Segundo o autor, o fato de o MSC

5. Hilf, 2001, p. 114-116.

6. Anderson, 2002.

prever meios negociais de resolução dos litígios paralelos ao método jurisdicional (contencioso), faz com que o sistema oscile entre os enfoques legalista e negocial, com isto espelhando o extremo pragmatismo que conduziu a evolução do sistema de controvérsias do comércio internacional e contribuindo decisivamente para a atual e ampla credibilidade do sistema.[7]

À margem de todos estes fatores favoráveis, é inegável que a OMC tem carreado não apenas suporte à sua atuação, mas também muita oposição; por conta disto é que, como já se disse, é ela tão influente quanto controversa. É preciso ter em conta, entretanto, alguns aspectos ressaltados por John H. Jackson, um dos grandes teóricos do atual sistema multilateral do comércio. Primeiro, que "instituições humanas englobam muitas estruturas e tomam muitas formas, mas é claro que o direito e as normas legais compõem a parte mais importante das instituições que são essenciais para fazer o mercado funcionar".[8] Segundo, que apesar todas as críticas que se possa fazer em relação às instituições que compõem o sistema de Bretton Woods (incluído o sistema GATT/OMC), foi ele estabelecido através da visão integrada de homens de estado, acadêmicos e diplomatas no final da Segunda Guerra Mundial, compondo um conjunto extraordinariamente elaborado de regras ao qual é devido, ao menos em parte, o crédito para a relativa paz e crescimento econômico experimentados no último meio século.[9]

Não se trata de afirmar que "qualquer regra" é melhor que "nenhuma regra", mas de ressaltar as virtudes inegáveis de um sistema construído ao longo de décadas por via de negociações que, apesar de não serem isentas de influências políticas e do peso das grandes potências (o que é razoável que se espere em qualquer contexto), está, ao final e ao cabo, traduzido em regras. Aliás, é num contexto "baseado em regras" e firmado em sede multilateral que se ampliam as chances de algum equilíbrio na assimétrica condição dos Estados.

2.3 ANTECEDENTES HISTÓRICOS

As origens do comércio internacional remontam a um período muito distante na história. Entretanto, o grande salto no sentido de

7. Barral, 2004, p. 38.
8. Jackson, 2006, p. 87.
9. Jackson, 2006, p. 87-88.

sua mundialização ocorreu somente no final do século XV, com o avanço dos povos ibéricos na rota das Índias e da América. É a partir das descobertas que surge, pela primeira vez, a troca internacional de mercadorias como fluxos organizados, decorrente do aparecimento do capitalismo comercial. A partir do século XVI, a tomada de consciência da não coincidência do espaço econômico com as fronteiras políticas fez com que o comércio internacional adquirisse novos moldes. Desde então, ao longo destes vários séculos, apareceram várias doutrinas a examinar a troca internacional sob diversos enfoques distintos: o mercantilismo, o livre-comércio e o protecionismo.[10]

De qualquer modo, é só depois da Segunda Guerra Mundial que, em resposta às perturbações registradas na economia mundial no período entre as duas grandes guerras, a cooperação internacional em matéria econômica sofre transformações e desenvolvimentos importantes. Surgem os tratados multilaterais, que não só definem quadros normativos disciplinadores das relações econômicas internacionais, como criam, também, organizações internacionais de vocação mundial que dão mais eficácia e segurança à vida econômica internacional que, desta forma, se institucionalizou.[11]

Depois da Segunda Guerra Mundial, foram criadas três instituições que muito marcaram a cooperação internacional em matéria econômica nos últimos 50 anos: o Fundo Monetário Internacional (FMI), o Banco Mundial (BM) e o Acordo Geral sobre Tarifas e Comércio (GATT). A criação destas três instituições se deu, em grande parte, pela ação dos EUA, então a principal potência econômica, dado que, ao contrário dos países aliados da Europa, saíram da guerra com o aparelho produtivo ileso, com a sua economia funcionando a altos níveis e com uma inquestionável superioridade militar e tecnológica, encontrando-se, em consequência, numa posição privilegiada como fonte de créditos e de exportações. O estabelecimento de uma ordem econômica mundial baseada nos princípios da livre circulação de bens e capital coincidia, portanto, com os interesses e capacidades norte-americanos.

Atualmente, existem mais de 300 organizações internacionais, governamentais e não governamentais, que, de alguma forma, se

10. Medeiros, 1996, p. 102.
11. Cunha, 1990, p. 225.

relacionam com algum dos elementos (transporte, seguros, direitos aduaneiros etc.) que intervêm numa operação de comércio internacional.[12] A complexidade da atual ordem econômica internacional é confirmada igualmente pela Rodada Uruguai: as negociações duraram 2.643 dias, os diversos acordos comerciais aí celebrados perfazem cerca de 300 páginas e as listas de concessões dos membros da OMC aproximadamente 22.500 páginas.[13]

No passado, a institucionalização do direito internacional econômico representou essencialmente uma reação contra o tipo de experiência do período entre as duas grandes guerras, caracterizado pela prevalência de um nacionalismo-econômico de caráter intervencionista, profundamente avesso à abertura das fronteiras ao comércio com o exterior, ligado a práticas restritivas e discriminatórias nas relações econômicas internacionais. Atualmente, ela passa pela tomada de consciência por parte dos líderes políticos da crise das soberanias, da crescente erosão dos poderes dos Estados e da interdependência dos mesmos, enfim, da falta de capacidade das nações soberanas do passado para responder às exigências dos tempos atuais, resultantes principalmente da internacionalização das economias.[14]

No início de um novo milênio, o grau de interdependência econômica existente entre os Estados é de tal ordem que se criou a expressão "globalização". O Fundo Monetário Internacional (FMI) a define como sendo "a interdependência econômica crescente do conjunto dos países do mundo, provocada pelo crescimento do volume e da variedade das transações transfronteiriças de bens e de serviços, assim como dos fluxos internacionais de capitais, ao mesmo tempo que pela difusão acelerada e generalizada da tecnologia".[15] Mais elaborada é a definição da Comissão Europeia, segundo a qual o fenômeno da globalização inclui: (i) a crescente integração dos mercados

12. Jackson, 1997, p. 28.
13. No site da OMC na internet (www.wto.org), pode-se ter acesso a toda vasta documentação que compõe o marco normativo da Organização.
14. Fora do âmbito econômico, problemas tão diversos como o aquecimento do globo, o buraco na camada do ozônio, as chuvas ácidas, a poluição das águas, a degradação dos solos, o desmatamento das florestas, as armas nucleares, o narcotráfico, o terrorismo internacional etc., demonstram que os poderes do Estado-nacional têm sofrido uma erosão crescente, apresentando algumas limitações operacionais relacionadas, em especial, com o fato de se encontrarem limitados a um território. Como se viu no capítulo 1, mudanças no conceito de soberania e a superveniência de problemas de alcance transnacional, justificam a institucionalização de regimes e organizações internacionais.
15. International Monetary Fund, 1997, p. 45.

financeiros e o aumento dos fluxos financeiros; (ii) a transformação do mercado internacional num espaço único de produção e comércio; (iii) a multiplicação das empresas que implementam estratégias transnacionais e mesmo globais; e (iv) a emergência de um conjunto de normas e regulamentações transnacionais.[16]

O fenômeno da globalização econômica não é, entretanto, inteiramente novo. Com efeito, o peso das trocas comerciais no PIB dos principais países industrializados não é superior, hoje em dia, àquele que se tinha antes da Primeira Guerra Mundial,[17] as restrições atualmente existentes à circulação de trabalhadores são bem mais importantes comparativamente às existentes em finais do século XIX e inícios do século XX e os movimentos de capitais no Reino Unido, no período entre 1905 e 1914, representavam 6,5% do rendimento nacional, uma taxa bem superior à verificada nas décadas de 80 e 90 nos principais países industrializados.[18] Mas isto significa, então, que não existe nada de novo sobre o atualmente tão propalado fenômeno da globalização econômica? Paul Krugman responde negativamente, afirmando que existem, atualmente, quatro novos aspectos, inexistentes no período anterior a 1913,[19] quais sejam:

(i) o chamado comércio intra-setorial, isto é, o comércio de produtos similares entre países similares, sendo o caso do Reino Unido bem paradigmático. Em 1913, o Reino Unido era um país que, basicamente, exportava produtos manufaturados e importava matérias-primas, principalmente da África e da América. Atualmente, tanto as exportações quanto as importações do Reino Unido consistem basicamente em produtos manufaturados e a maior parte do seu comércio é feito com as outras nações europeias, ou seja, países com recursos similares;

(ii) a repartição do processo de produção por diversos espaços geográficos, consoante as respectivas vantagens comparativas;

(iii) a emergência dos chamados países supercomerciantes (*supertraders*), países cujas exportações têm um peso elevadíssimo no

16. Comissão Européia, 1997, p. 1.

17. Considerando-se dados mais abrangentes, não limitados apenas aos principais países industrializados, Paul Krugman (1995, p. 330-331) afirma que só a partir de 1973 o peso das exportações mundiais de mercadorias no PIB ultrapassa o valor de 1913.

18. Wolf, 1996.

19. Krugman, 1995, p. 332-337.

PIB. Atualmente, existem vários países em que o peso das exportações em relação ao PIB é superior a 50%, situação impensável em 1913. Encontram-se nessa situação Cingapura (174%), Hong Kong (144%), Malásia (78%), Bélgica (70%), Irlanda (64%) e Holanda (52%);

(iv) o rápido crescimento das exportações de produtos manufaturados dos países que pagam baixos salários para os países industrializados (0,24% do PIB dos países industrializados em 1970, contra 1,61%, em 1990).

Na origem do fenômeno da globalização econômica, a abertura progressiva dos mercados nas últimas décadas foi fundamental. Pode-se apontar como causas desta progressiva abertura, a liberalização comercial a nível regional (limitada essencialmente à Europa até ao início dos anos 80), a liberalização econômica unilateral, levada a cabo, a partir de meados dos anos 80, pelos países em desenvolvimento, com o consequente abandono das políticas de substituição das importações, a adesão ao sistema de economia de mercado por países até então dominados pelos ideais comunistas, as constantes inovações tecnológicas, em particular as ligadas à redução dos custos de transporte e informação, a multiplicação das empresas transnacionais etc. Entretanto, em todo este processo, coube ao Acordo Geral sobre Tarifas e Comércio (GATT), que dentre outras coisas impulsionou constantes reduções no nível dos direitos aduaneiros, um papel inquestionavelmente primordial. Com ele, foi plantado o germe do arranjo multilateral do comércio que hoje está representado, fundamentalmente, pela OMC.

2.4 O ACORDO GERAL SOBRE TARIFAS E COMÉRCIO (GATT)

O crescimento do comércio internacional constitui o motor da economia mundial e um elemento fundamental ao desenvolvimento das nações. Esse comércio necessita de um ambiente estável e previsível, fundado em regras e disciplinas estabelecidas a nível multilateral. Caso contrário, prevalecerá a "lei da selva", situação confirmada pelos acontecimentos do período entre as duas grandes guerras. De fato, a ocorrência de desvalorizações monetárias competitivas e de taxas de câmbio múltiplas, a elevação dos direitos aduaneiros, o estabelecimento de restrições à livre circulação de mercadorias, de pessoas e de capitais, ações de retaliação por parte dos Estados e a exaltação dos nacionalismos, foram, todos eles, fenômenos do período entre as duas grandes guerras que muito contribuíram para a eclosão da Segunda Guerra Mundial.

No período em causa, assumiram particular relevo:

(i) o *crash* da bolsa norte-americana de 1929 e a consequente depressão, que levaram a que, no período de 1929 a 1933, o valor das trocas comerciais a nível mundial diminuísse cerca de 50%;

(ii) a reduzida atenção dedicada pelo Pacto da Sociedade das Nações aos problemas do comércio internacional, estabelecendo apenas, no seu artigo 23, alínea "e", que os membros da Sociedade "tomarão as disposições necessárias para assegurar um tratamento equitativo do comércio de todos os Membros da Sociedade [...]";

(iii) a instauração de regimes totalitários na Itália e na Alemanha, que pretenderam tornar as respectivas economias completamente independentes;

(iv) o colapso do sistema monetário internacional então vigente, o *Gold Exchange Standard*, com o abandono da conversibilidade da libra esterlina em 1931; e

(v) sobretudo, a famosa *Smoot-Hawley Tariff*, adotada em 1930, através da qual os Estados Unidos, apesar da oposição de muitos economistas norte-americanos, elevaram em mais de 15% o nível médio dos direitos inscritos na sua pauta aduaneira, apenas com o fim de reduzir importações, ou seja, sem justificar a medida com base em qualquer argumento protecionista clássico. O fato de a balança de pagamentos norte-americana ser nessa época superavitária, mais acentuou a irritação dos demais países pela instauração da nova pauta aduaneira, manifestação tida como indigna de uma nação próspera. Foi, por isso, natural que tivesse ocorrido uma autêntica corrida mundial ao protecionismo.[20]

Diante deste quadro, não chega a ser surpreendente o fato de que a Carta do Atlântico, discutida entre o Primeiro Ministro Churchill e o Presidente Roosevelt, tornada pública em 14/08/1941, e destinada a definir os grandes princípios em que devia assentar a organização, econômica e política do mundo depois da Guerra, incluísse, no seu ponto quarto, a intenção dos seus governos de garantir o acesso, em

20. Bhagwati, 1990, p. 20.

igualdade de condições, de todos os Estados, grandes ou pequenos, vencedores ou vencidos, ao comércio e às matérias-primas do mundo necessárias à sua prosperidade econômica. Inverteu-se, assim, a visão dos autores dos Tratados de Versalhes, que haviam imposto a obrigação de os países vencidos concederem unilateralmente aos países vencedores o tratamento da cláusula da nação mais favorecida.[21]

Estes propósitos da Carta do Atlântico foram, posteriormente, ratificados pelos representantes dos 26 Estados signatários da Declaração das Nações Unidas, de 01/01/1942.

Foi também em 1942, mais precisamente em 23/02, que se deu o segundo passo importante na definição dos objetivos econômicos dos EUA e do Reino Unido a serem observados depois do final da guerra, através da celebração do acordo anglo-americano de auxílio mútuo, cujo artigo VII previa "a eliminação de todas as formas de tratamento discriminatório no comércio internacional, a redução das tarifas aduaneiras e demais barreiras comerciais".[22] Este preceito, repetido em todos os acordos de auxílio mútuo celebrados posteriormente pelos EUA (assim como no artigo 1.4 da Carta de Havana e no preâmbulo do GATT), tornou-se, nas palavras de alguns representantes governamentais norte-americanos, a magna carta a ser seguida pela cooperação econômica no período pós-guerra.[23]

Os outros países, igualmente interessados na criação de uma nova ordem econômica internacional, tinham também consciência de que a paz e a estabilidade mundiais só poderiam ser asseguradas se o protecionismo dos anos 30 não se repetisse, e da necessidade da existência de cooperação econômica entre os vários países da comunidade internacional.

Assim, terminada a Segunda Guerra Mundial e havendo unanimidade sobre a necessidade de evitar a "desordem econômica internacional" então vigente, a principal potência econômica da época, os EUA, paralelamente à reorganização do sistema monetário internacional e ao esforço de reconstrução das economias devastadas pela guerra, submeteram aos seus aliados, em novembro de 1945, propostas com vista à expansão do comércio mundial e do emprego.

21. Albuquerque, 1995, p. 217.
22. Gardner, 1969, p. 54-68.
23. Gardner, 1969, p. 64.

Essas propostas, depois de várias conferências, convocadas sob os auspícios do Conselho Econômico e Social das Nações Unidas, tomaram a forma de um projeto de carta constitutiva de uma Organização Internacional do Comércio (a chamada Carta de Havana). Com vistas a realizar o duplo objetivo da expansão do comércio mundial e do emprego, a projetada organização indicava diversos meios, como tais: (i) o desenvolvimento da produção, do consumo e das trocas; (ii) o auxílio e estímulo ao desenvolvimento industrial, assim como ao desenvolvimento econômico em geral, especialmente em relação aos países cujo desenvolvimento industrial estava ainda no seu começo; (iii) o encorajamento do movimento internacional de capitais destinados aos investimentos produtivos; (iv) o acesso de todos os países, em condições de igualdade, aos mercados, às fontes de aprovisionamento e aos meios de produção necessários à sua prosperidade e ao seu desenvolvimento econômico; (v) a redução dos direitos aduaneiros e outros entraves ao comércio internacional, assim como a eliminação das discriminações em matéria de comércio internacional; e (vi) a cooperação no seio da Organização Internacional do Comércio, com vistas à solução dos problemas que interessavam ao comércio internacional nos domínios do desemprego, do desenvolvimento econômico, da política comercial, das práticas comerciais e da política dos produtos de base.

A Organização Internacional do Comércio, que deveria funcionar como uma instituição especializada das Nações Unidas, tinha, assim, como ambição organizar as relações comerciais internacionais em moldes verdadeiramente novos. Nesse sentido, a Carta de Havana estabelecia um verdadeiro código do comércio internacional, pois abordava, pela primeira vez, numa perspectiva mundial, as questões do desenvolvimento econômico (artigos 8.º a 15), do comércio internacional de produtos de base (artigos 27 e 28, e 55 a 70), das práticas comerciais restritivas (artigos 46 a 54) etc.

Mas, enquanto a Carta de Havana se encontrava em discussão, alguns países, em conformidade com o artigo 17 da mesma, negociaram paralelamente a redução das fortes barreiras ao comércio então existentes. Com esse intuito, esses países destacaram da Carta o capítulo IV, referente à política comercial, que foi revisto e melhorado, tornando-se o Acordo Geral sobre Tarifas Aduaneiras e Comércio, mais conhecido pela sigla GATT. Este Acordo, que tinha como objetivo essencial servir de guia ao comércio internacional até a entrada em funcionamento da Organização Internacional de Comércio, entrou em vigor no dia 01/01/1948, momento em que se produziram as primeiras reduções dos direitos constantes das pautas aduaneiras das partes contratantes.[24]

Para entrar em vigor, a Carta de Havana deveria ser aceita pela maioria dos governos que assinaram a Ata Final da Conferência das Nações Unidas sobre Comércio e Emprego (artigo 103, número 2, da Carta), o que nunca aconteceu. Mesmo os EUA, seus grandes mentores, recusaram, através do Congresso, a ratificação da Carta, justificando a sua atitude com a admissão pela mesma de práticas protecionistas, ainda que excepcionais, a limitação excessiva da sua margem de manobra em termos comerciais e a situação criada pela guerra fria que havia se instalado; por tudo isso, os EUA passaram a orientar o seu comércio predominantemente em direção aos seus aliados europeus ocidentais, então plenamente submetidos aos seus desígnios, deixando a existência de uma organização mundial, na sua opinião, de fazer sentido. Ao mesmo tempo, os Estados mais importantes abandonaram o projeto, pelo que a Carta nunca entrou em vigor e daí a permanência do GATT como instrumento de liberalização e de multilateralização do comércio mundial.

Apesar do fracasso da Carta de Havana, ela não deixou de ter influência em matéria de comércio internacional. Entretanto, apesar de haver quem defenda que as discussões sobre a Carta, nas quais participaram quase todos os Estados, levaram a uma clarificação de vários temas do comércio mundial, tal posição não é unânime, havendo quem a relativize, como é o caso de John Jackson, para quem "os trabalhos preparatórios da ITO são relevantes para o GATT, somente nos casos em que se considere que uma cláusula do GATT é resultante de um particular trabalho preparatório da ITO examinado".[25]

2.5 A ORGANIZAÇÃO MUNDIAL DO COMÉRCIO

2.5.1 Os avanços da Rodada Uruguai

O GATT, apesar de seu papel primordial, começou a revelar sinais de esgotamento e de falta de capacidade para gerir as cada vez

24. Antes, o FMI já tinha iniciado as suas atividades em 01/03/1947 e o BIRD em 27/05/1946.

25. Jackson, 1997, p. 46-47.

mais complexas relações comerciais internacionais. Com efeito, a crescente erosão das regras comerciais multilaterais, justificada pela multiplicação dos sistemas preferenciais e dos obstáculos não tarifários, a ausência de coerência entre os mais de duzentos instrumentos jurídicos que compunham o sistema jurídico do GATT, o aumento das tensões comerciais, as lacunas existentes (dado que importantes domínios do comércio internacional não se encontravam regulamentados)[26] etc., colocaram em evidência a necessidade de uma reforma profunda do sistema comercial multilateral.

Com vista a dar resposta a estes problemas, iniciou-se oficialmente, em 20/09/1986, em Punta del Este, no Uruguai, a mais ambiciosa rodada de negociações comerciais multilaterais, e que ficou conhecida por Rodada Uruguai (*Uruguay Round*). Marcadas por dois compromissos fundamentais (por um lado, não se instaurarem novas medidas protecionistas, com o fim de melhorar a respectiva posição negociadora, até a conclusão oficial das negociações - cláusula *stand-still* - e, por outro, as medidas protecionistas existentes deveriam ser colocadas em conformidade com as regras do GATT, ou mesmo eliminadas, até a data da conclusão oficial das negociações - cláusula *roll-back*), as negociações, previstas para quatro anos, acabaram por durar oito anos.

Deste modo, só em 15/04/1994 a Rodada Uruguai foi formalmente concluída com a aposição pelos ministros de 117 países e os representantes das Comunidades Européias (CE)[27] da sua assinatura na Ata Final. Esta Ata incorpora o Acordo que institui a Organização Mundial de Comércio (a partir daqui, chamado de Acordo OMC), o Anexo 1, dividido em três anexos (o 1A, o 1B e o 1C), o Anexo 2, o Anexo 3, o Anexo 4 e várias Declarações e Decisões Ministeriais.[28]

---

26. Por exemplo, era difícil deixar de regulamentar a nível multilateral os serviços, quando a sua comercialização atingiu percentuais importantes no comércio internacional. Atualmente, os serviços constituem cerca de 70% do PIB dos países industrializados, dando emprego a mais de metade da população ativa.

27. Sempre que se estiver fazendo referência, neste trabalho, à União Européia como Membro da OMC, será utilizada a expressão "Comunidades Européias", pois com tal denominação é que o arranjo integrativo está incorporado ao sistema multilateral do comércio. Fora do contexto da OMC, as referências serão feitas, aí sim, à "União Européia".

28. Todos estes textos, incluindo a Ata Final, podem ser encontrados no site da OMC na internet (www.wto.org). As versões em português constam da Ata Final da Rodada Uruguai, apensada ao Decreto n.º 1.355, de 30/12/1994 (o site do Ministério do Desenvolvimento, Indústria e Comércio Exterior, tem a íntegra dos acordos em seu site na internet: www.desenvolvimento.gov.br).

Posteriormente, viria a ser confirmado o dia 01/01/1995 como data de entrada em vigor do Acordo OMC e dos respectivos Anexos. A partir de então, a Organização Mundial do Comércio, e os diversos acordos comerciais, passaram a constituir o fundamento jurídico e institucional do sistema comercial multilateral, consagrando não só os princípios que devem nortear a atividade dos governos quando da formulação e aplicação das suas leis e regulamentos internos em matéria de comércio, assim como o quadro no qual as relações comerciais entre os países evoluem através de um processo coletivo de discussão, de negociação e de decisão.

Quanto ao âmbito dos diversos anexos, o anexo 1A, que tem por título "Acordos Multilaterais sobre o Comércio de Bens", compreende:

- o Acordo Geral sobre Tarifas e Comércio de 1994 (GATT 1994), os respectivos entendimentos sobre a interpretação de vários artigos do GATT 1994 e o Protocolo de Marraqueche anexo ao GATT 1994;
- o Acordo sobre Agricultura;
- o Acordo sobre a Aplicação de Medidas Sanitárias e Fitossanitárias;
- o Acordo sobre Têxteis e Vestuário;
- o Acordo sobre Barreiras Técnicas ao Comércio;
- o Acordo sobre Medidas de Investimento Relacionadas com o Comércio (TRIMS);
- o Acordo sobre a Implementação do Artigo VI do GATT 1994 (*Antidumping*);
- o Acordo sobre a Implementação do Artigo VII do GATT 1994 (valoração aduaneira);
- o Acordo sobre Inspeção Pré-Embarque;
- o Acordo sobre Regras de Origem;
- o Acordo sobre Procedimentos para o licenciamento de Importações;
- o Acordo sobre Subsídios e Medidas Compensatórias (ASMC); e

- o Acordo sobre Salvaguardas.

Os Anexos 1B e 1C, por sua vez, referem-se, respectivamente, ao Acordo Geral sobre o Comércio de Serviços (GATS) e anexos e ao Acordo sobre Aspectos dos Direitos de Propriedade Intelectual (TRIPS).

Por fim, o Anexo 2 diz respeito ao "Entendimento Relativo às Normas e Procedimentos de Solução sobre Controvérsias" (ESC) (trata-se de um elemento horizontal comum às três áreas anteriores, ou seja, Acordos Multilaterais sobre o Comércio de Bens, GATS e TRIPS), o Anexo 3 ao Mecanismo de Exame de Políticas Comerciais (TPRM) (trata-se, igualmente, de um elemento horizontal que abrange os Anexos 1A, 1B e 1C) e o Anexo 4 aos chamados Acordos Plurilaterais de Comércio (Acordo sobre o Comércio de Aeronaves Civis, o Acordo sobre Compras Governamentais, o Acordo Internacional sobre Produtos e o Acordo Internacional sobre Carne Bovina).

Quanto aos acordos comerciais em si, existe uma distinção essencial a se ter em conta: acordos comerciais multilaterais e acordos comerciais plurilaterais. Do ponto de vista jurídico, a diferença essencial reside no fato de os acordos plurilaterais, ao contrário dos multilaterais, poderem ser subscritos ou não pelos signatários da Ata Final, Membros da OMC. Disto resultam algumas diferenças importantes: (i) diferentemente dos acordos comerciais multilaterais, os acordos comerciais plurilaterais só criam direitos e obrigações para os Membros que os tenham aceitado (artigo II.2 e II.3 do Acordo OMC); (ii) os acordos comerciais plurilaterais são regidos, no essencial, pelas disposições dos mesmos (por exemplo, em matéria de alterações, veja-se o artigo X.10 do Acordo OMC); (iii) no caso dos acordos comerciais plurilaterais, a retaliação, em caso de desrespeito pelas obrigações assumidas, só se exerce na precisa área de cada um desses acordos, seguindo regras próprias para a resolução dos litígios surgidos, contrariamente aos restantes que têm um único e comum sistema (embora, em alguns casos, completado com regras próprias especiais). Estes acordos comerciais plurilaterais contrariam, pois, a ideia do *single package approach*, mas isto se deve ao fato de regulamentarem matéria apenas do interesse de alguns países industrializados e, igualmente, em razão da especificidade de determinados produtos (como são os casos da carne bovina e do leite).

A partir daí, com exceção do Anexo 4, todos os outros anexos constituem um conjunto normativo único, que todos os Membros da OMC devem aceitar em bloco (é o chamado *single package approach* ou princípio da globalidade, consagrado no artigo II.2). Este princípio da globalidade visa evitar que existam divergências quanto aos direitos e obrigações dos vários membros da OMC, como acontecia no caso dos códigos da Rodada de Tóquio.[29] Existem apenas, segundo John Jackson, algumas *footnote exceptions*.[30] Os países que não puderam aceitar o pacote no seu conjunto continuam a ser abrangidos pelo antigo GATT, o de 1947, que continua a existir, mas que está "congelado" no estado pré-Rodada Uruguai.

Esta evolução do sistema comercial multilateral, que ganha em coerência e põe fim ao chamado "GATT *a la carte*", resulta do próprio preâmbulo do Acordo OMC, onde está posto que as partes que o celebraram se mostram "resolvidas [...] a desenvolver um sistema comercial multilateral integrado, mais viável e duradouro, que integre o Acordo Geral sobre Tarifas e Comércio, os resultados dos esforços de liberalização comercial desenvolvidos no passado e todos os resultados das negociações comerciais multilaterais da Rodada Uruguai".[31]

A respeito da relação entre os vários acordos, determina o artigo XVI.3 do Acordo OMC que, em caso de conflito entre uma disposição deste Acordo e uma disposição de um dos Acordos Comerciais Multilaterais, prevalecerá a disposição do Acordo OMC. Relativamente aos acordos que compõem o Anexo 1A, a nota interpretativa ao Anexo 1A determina que, em caso de conflito entre uma disposição do GATT 1994 e uma disposição de um outro acordo que figura no Anexo 1A do Acordo OMC, prevalecerá a disposição do outro acordo.

Ainda relativamente aos Acordos Comerciais Multilaterais, a Rodada Uruguai, além de ter revisto os acordos concluídos anteriormente no âmbito da Rodada de Tóquio, trouxe algumas novidades não só no que diz respeito à regulamentação de certas questões intimamente ligadas ao comércio internacional de bens, mas também

29. Os chamados Acordos da Rodada de Tóquio, criados para regular detalhadamente problemas específicos, do interesse de apenas alguns Estados, eram obrigatórios apenas para os Estados que os subscrevessem.

30. Jackson, 1997, p. 71.

31. Preâmbulo do Acordo Constitutivo da OMC (a versão em português consta da Ata Final da Rodada Uruguai, apensada ao Decreto n.º 1.355, de 30/12/1994).

relativamente a outros domínios do comércio internacional ainda não regulamentados a nível multilateral. Com efeito, nesta Rodada procedeu-se não só à revisão dos acordos celebrados na Rodada de Tóquio, mas também à celebração de novos acordos: o Acordo sobre Agricultura, o Acordo sobre Aplicação de Medidas Sanitárias e Fitossanitárias, o Acordo sobre Têxteis e Vestuário, o Acordo sobre as Medidas de Investimento Relacionadas com o Comércio, o Acordo sobre as Regras de Origem, o Acordo sobre as Medidas de Salvaguarda, o Acordo Geral sobre o Comércio de Serviços, o Acordo sobre os Aspectos dos Direitos de Propriedade Intelectual. Por fim, foi instituído um Mecanismo de Exame das Políticas Comerciais e o Acordo Geral sobre Tarifas e Comércio de 1947 foi objeto de alguns detalhamentos, sendo incorporado ao GATT 1994.

Além dos diversos anexos, uma série de Declarações e Decisões Ministeriais completam, precisam ou interpretam certas disposições dos diferentes Acordos.[32]

2.5.2 A passagem do GATT para o regime da OMC

Apesar da importância de alguns dos acordos celebrados no âmbito da Rodada Uruguai, a grande novidade foi o Acordo que criou a Organização Mundial do Comércio, considerado o mais importante acordo internacional desde a Carta das Nações Unidas.[33] Esta Organização, não estando prevista na Declaração inicial de Punta del Este, resultou da necessidade de impor uma disciplina mais rigorosa que colocasse fim às medidas comerciais unilaterais adotadas por alguns dos Estados mais poderosos a nível comercial, da necessidade de uma maior coerência na formulação das políticas econômicas em escala

32. Entre tais: Decisão relativa às medidas em favor dos países menos desenvolvidos; Decisão relativa às medidas associadas aos possíveis efeitos negativos do programa de reforma nos países menos desenvolvidos e nos países em desenvolvimento; Declaração relativa à contribuição da Organização Mundial do Comércio para uma maior coerência na elaboração das políticas econômicas a nível mundial; Declaração relativa às relações da Organização Mundial do Comércio com o Fundo Monetário Internacional; Decisão relativa à prevenção da evasão às medidas antidumping; Declaração relativa à resolução de litígios em conformidade com o Acordo sobre a aplicação do artigo VI do Acordo Geral sobre Tarifas Aduaneiras e Comércio de 1994 ou com a parte V do Acordo sobre Subsídios e Medidas Compensatórias; Decisão relativa aos casos em que as administrações aduaneiras têm razões para duvidar da veracidade ou da exatidão do valor declarado; Decisão relativa a certos processos de resolução de litígios para efeitos do Acordo Geral sobre o Comércio de Serviços; Decisão relativa aos serviços financeiros; Decisão relativa à aplicação e revisão do "Entendimento relativo às Normas e Procedimentos sobre Solução de Controvérsias" (ESC) etc.
33. Petersmann, 1997, p. 189.

mundial e da indispensabilidade de um diálogo permanente e em pé de igualdade entre o comércio e as organizações internacionais competentes nos domínios monetário e financeiro (FMI e Banco Mundial).

O alargamento, por outro lado, do sistema comercial multilateral a campos não tradicionais (serviços, propriedade intelectual, medidas de investimento relacionadas com o comércio), tornava indispensável a existência de uma organização que pudesse cobrir estas novas realidades, supervisionar de forma integrada e global todos os acordos, garantir a sua gestão uniforme e estabelecer um sistema comum que garantisse a coerência na resolução dos litígios surgidos no âmbito das diferentes áreas comerciais.

Em relação ao GATT 1947, o próprio Acordo OMC estipula que o GATT 1994 e o GATT 1947 representam dois acordos juridicamente distintos, ainda que o segundo faça parte do primeiro (Artigo 1.a do GATT 1994). Esta foi a solução encontrada em face da falta de tempo para uma nova redação que incorporasse as disposições do Acordo de 1947 no novo Acordo; por conta disto, portanto, a inserção de uma cláusula de incorporação no anexo 1A do Acordo OMC.

Mas, ainda que do Acordo OMC resulte expressamente que o GATT 1994 é juridicamente distinto do GATT 1947, isso não significa que não exista uma continuidade entre o GATT 1947 e a OMC (artigo II.4 do Acordo OMC). Pelo contrário, várias disposições do Acordo OMC revelam a vontade dos seus criadores de instituir a OMC como sucessora direta do GATT e de assegurar a continuidade entre ambos. Nesse sentido, os incisos 1 e 2 do artigo XVI do Acordo OMC dispõem, respectivamente, que "salvo disposição em contrário do presente acordo ou dos acordos comerciais multilaterais, a OMC será regida pelas decisões, procedimentos e práticas habituais seguidas pelas partes contratantes no GATT 1947 e pelos órgãos criados no âmbito do GATT 1947", e que "na medida do possível, o Secretariado do GATT de 1947 tornar-se-á o Secretariado da OMC e o diretor-geral das partes contratantes no GATT 1947 exercerá as funções de diretor-geral da OMC até que a Conferência Ministerial nomeie um diretor-geral". Além disso, o regulamento financeiro, contendo a tabela das contribuições com a repartição das despesas da OMC entre os seus Membros, basear-se-á, na medida do possível, nas regras e práticas do GATT 1947 (artigo VII.2 do Acordo OMC), e o preâmbulo do Acordo que institui a OMC reitera os objetivos referidos no GATT 1947, a saber: a melhoria dos níveis de vida, a realização do pleno emprego e de um nível elevado e cada vez maior dos rendimentos reais e da procura efetiva, a plena utilização dos recursos mundiais e o acréscimo da produção e da troca de produtos.[34]

Com o objetivo de assegurar uma transição ordenada e eficaz do GATT para a OMC e um eficiente funcionamento desta desde a data da sua entrada em vigor, estabeleceu-se, por decisão de 14/04/1994, um Comitê Preparatório da OMC. O Comitê Preparatório recebeu, por exemplo, o encargo expresso de convocar a primeira reunião da Conferência Ministerial ou do Conselho Geral. Decidiu-se, ainda, no sentido da coexistência do GATT 1947 e da OMC durante o período de um ano, de modo a assegurar a continuidade e a estabilidade do sistema comercial multilateral e uma transição eficaz entre as duas instituições. Findo este prazo, todos os instrumentos jurídicos em virtude dos quais as partes contratantes aplicavam o GATT 1947 deixaram de se aplicar.

Quanto ao seu conteúdo, o GATT 1994 é constituído pelo chamado "GATT *acquis*", ou seja:

- pelas disposições do GATT, de 30/10/1947, com exclusão do protocolo de aplicação provisória (que permitia a não aplicação de várias disposições do GATT se contrárias às legislações nacionais pré-existentes), e as retificações, emendas ou modificações introduzidas até à data da entrada em vigor da OMC;
- pelos protocolos e certificações relativas a concessões pautais;
- pelos protocolos de adesão, com exclusão das disposições relativas, por um lado, à aplicação provisória e à denúncia da aplicação provisória e, por outro lado, à aplicação provisória da parte II do GATT 1947 na medida do possível, de um modo compatível com a legislação em vigor à data da entrada em vigor do protocolo;

34. Em matéria de objetivos, a novidade traduz-se no fato de a OMC passar a ter como objetivos a obtenção de um desenvolvimento sustentável, que procure proteger e preservar o meio-ambiente, e assegurar que os países em desenvolvimento, e em especial os menos desenvolvidos, se beneficiem de uma parte do crescimento do comércio internacional que corresponda às suas necessidades de desenvolvimento econômico (considerandos 1 e 2 do preâmbulo do Acordo OMC). Com o Acordo OMC, passa a existir, assim, aquiescência quanto a um objetivo que não passa pelo incremento das riquezas materiais: a proteção e preservação do meio-ambiente.

- pelas derrogações (*waivers*) ainda em vigor à data da entrada em vigor do Acordo OMC;
- por outras decisões das partes contratantes no GATT 1947;
- pelos memorandos de entendimento estabelecidos nas negociações da Rodada Uruguai, relativos à interpretação de vários artigos do GATT 1994;
- pelo Protocolo de Marraqueche anexo ao GATT 1994.

A OMC, nos termos do artigo III do Acordo que a instituiu, tem como funções:

(i) facilitar a aplicação, gestão e funcionamento do acordo que institui a OMC e dos acordos comerciais multilaterais e o desenvolvimento dos seus objetivos, constituindo igualmente o foro para a aplicação, gestão e funcionamento dos acordos comerciais plurilaterais;

(ii) constituir a sede própria para as negociações entre os seus Membros em matéria de relações comerciais multilaterais em questões abrangidas pelos acordos incluídos nos anexos ao Acordo OMC. A OMC poderá, igualmente, constituir a sede para outras negociações entre os seus Membros em matéria de relações comerciais multilaterais;

(c) assegurar a aplicação do "Entendimento relativo às Normas e Procedimentos sobre Solução de Controvérsias" (ESC), incluído no Anexo 2 do acordo que institui a OMC;

(d) assegurar a aplicação do Mecanismo de Exame das Políticas Comerciais, previsto no Anexo 3 do acordo OMC;

(e) cooperar, quando necessário, com o FMI e com o Banco Mundial e respectivas agências, a fim de conferir coerência à concepção das políticas econômicas mundiais.

Em relação a estas funções, a principal novidade traduz-se no mecanismo de exame das políticas comerciais. De fato, de modo a facilitar o funcionamento do sistema comercial multilateral, através de um melhor conhecimento das políticas e práticas comerciais dos Membros, bem como dos respectivos impactos no funcionamento desse sistema, tal mecanismo foi criado durante as negociações da Rodada Uruguai, mais concretamente na reunião de Montreal em dezembro de 1988, e começou a ser aplicado em 19/07/1989, constituindo, por isso, o primeiro fruto da rodada de negociações.

O exame da política comercial de cada Estado, de competência do Órgão de Exame das Políticas Comerciais, far-se-á tendo em conta tanto o relatório a ser apresentado pelo Membro ou Membros (no caso das Comunidades Europeias) objeto do exame, quanto o relatório elaborado pelo Secretariado, sob a sua própria responsabilidade, com base nas informações de que disponha e nas que lhe sejam fornecidas pelo Membro ou Membros em questão. Depois de elaborados, ambos os relatórios devem ser encaminhados à Conferência Ministerial.

Estes exames não se destinam, contudo, a servir de base à garantia de cumprimento de obrigações específicas decorrentes dos acordos nem para os processos de resolução de litígios, nem ainda para impor aos Membros novos compromissos em matéria de política comercial. Os exames visam apenas promover uma maior transparência das regulamentações e medidas nacionais que os Estados aplicam nas suas relações comerciais com outros países.

Quanto à periodicidade dos exames, ela é variável, em função da maior ou menor importância dos países no comércio mundial. Assim, as quatro grandes potências comerciais (EUA, Comunidades Europeias, Japão e Canadá) terão as respectivas políticas comerciais examinadas a cada dois anos; os dezesseis países seguintes de quatro em quatro anos e os demais países de seis em seis anos, exceto no caso dos países menos desenvolvidos, relativamente aos quais poderá ser fixado um período mais longo.[35]

2.5.3 O *status* jurídico da OMC

Ao contrário do que acontecia no caso do GATT, o Acordo OMC prevê expressamente que ela "será dotada de personalidade jurídica, sendo-lhe concedida pelos seus Membros a capacidade jurídica que se afigure necessária para o exercício das suas funções" (artigo VIII.1 do Acordo OMC). Além disso, a OMC goza de todos os privilégios e imunidades necessários ao exercício das suas funções (artigo VIII.2 do Acordo OMC). Mas, ao contrário do que previa a Carta de Havana

35. Em contrapartida, casos excepcionais, como eventuais mudanças nas políticas ou práticas comerciais de um Membro que possam ter um impacto significativo nos seus parceiros comerciais, podem levar o Órgão de Exame das Políticas Comerciais a solicitar, após consultas, ao Membro em questão, uma antecipação do seu próprio exame.

para a Organização Internacional do Comércio, o Acordo OMC não confere a esta o estatuto de instituição especializada das Nações Unidas, se bem que os privilégios e imunidades da OMC e dos seus funcionários sejam análogos aos constantes da Convenção sobre Privilégios e Imunidades das Instituições Especializadas das Nações Unidas, aprovada pela Assembleia Geral das Nações Unidas em 21/11/1947 (artigo VIII.4 do Acordo OMC).

Em relação a outras organizações internacionais, a OMC deve, a fim de conferir uma maior coerência na concepção das políticas econômicas mundiais, cooperar, quando necessário, com o FMI e com o Banco Mundial e respectivas agências (artigo III.5 do Acordo OMC).[36] Estas duas instituições, apesar de terem iniciado as suas atividades antes da entrada em vigor do GATT, têm como objetivos, entre outros, facilitar a expansão e o crescimento equilibrado do comércio internacional (artigos I.ii dos Estatutos do FMI e I.iii dos Estatutos do Banco Mundial).

A possibilidade de cooperação entre estas organizações internacionais resulta, sobretudo, do fato de ser possível a um Estado restringir a entrada de produtos estrangeiros no seu território utilizando-se tanto de direitos aduaneiros ou contingentes quanto da instituição de restrições cambiais. Neste último caso, o artigo XIV.5 do GATT 1994 remete para os Estatutos do Fundo Monetário Internacional, nos termos do qual "nenhum Membro poderá recorrer ou permitir que os seus organismos financeiros recorram a medidas discriminatórias ou a práticas de taxas de câmbio múltiplas, salvo autorização prevista pelo presente acordo ou aprovação do Fundo", só sendo admitidos dois tipos de exceções: no caso de uma moeda rara como tal declarada pelo Fundo (artigo VII, Secção 3, dos Estatutos), e para confrontar dificuldades transitórias na sequência da Segunda Guerra Mundial (artigo XIV, Seção 2, dos Estatutos). Além das restrições aos pagamentos, é possível influenciar o comércio internacional através da variação da taxa de câmbio. Uma desvalorização da moeda nacional torna mais caras as mercadorias estrangeiras, o que dificulta a entrada destas no mercado do país autor da medida, e mais baratas as mercadorias nacionais, o que aumenta a sua competitividade nos

36. No GATT 1947, encontravam-se já referências ao Fundo Monetário Internacional, especificamente nos artigos II.6, alíneas "a" e "b", VII.4, alíneas "a" e "c", XIV e XV, e nas notas adicionais aos artigos VIII.1, XII.4, alínea "b" e XVI, seção B, referências que se mantêm com o GATT 1994.

mercados internacionais. Também aqui os Estatutos do FMI não são favoráveis às desvalorizações competitivas (artigos I.iii e IV, Secção 1. iii), visto que estas, utilizadas como arma comercial no período entre os dois conflitos mundiais, constituem uma das técnicas mais perniciosas do comércio internacional. Assim, um Estado Membro não pode proceder a uma desvalorização da sua moeda com o objetivo único de melhorar a competitividade dos seus produtos nos mercados internacionais. Quando inevitável, a desvalorização cambial não deve ser muito expressiva, sob pena de falsear as condições de concorrência a nível internacional.

A experiência revela, ainda, que a liberalização do comércio é um elemento cada vez mais importante para o êxito dos programas de ajustamento que implicam, frequentemente, durante a transição, em custos sociais importantes.[37]

O Conselho Geral deve, ainda, tomar as medidas adequadas para garantir uma cooperação eficaz com outras organizações intergovernamentais cujas competências estejam relacionadas com as da OMC (artigo V.1 do Acordo OMC). Nessa categoria, pode-se incluir as Conferências das Nações Unidas para o Comércio e Desenvolvimento - UNCTAD (nas questões relativas aos países em desenvolvimento), a Organização para a Cooperação e o Desenvolvimento Econômico - OCDE (nas questões relativas às empresas transnacionais e ao investimento), a Organização Internacional do Trabalho - OIT (nas questões laborais), a Organização Mundial da Propriedade Intelectual - OMPI (nas questões de propriedade intelectual) etc.

Por vezes, são os próprios acordos comerciais multilaterais que estabelecem pontes entre a OMC e outras organizações internacionais. Nesse sentido, tem-se os artigos 5º, 63.2, e 68, do Acordo sobre Aspectos dos Direitos de Propriedade Intelectual, relativamente à Organização Mundial de Propriedade Intelectual; o artigo 10.4.b, do Acordo sobre Agricultura, relativamente à Organização para a

37. Mesmo antes da entrada em funcionamento da OMC, o artigo XXXVI, parágrafos 6 e 7, do GATT 1947, já mencionava que "devido à deficiência crônica do rendimento das exportações e dos outros ganhos de divisas externas das partes contratantes menos desenvolvidas, existem importantes interrelações entre o comércio e a assistência financeira ao desenvolvimento. É necessária, por conseguinte, uma colaboração íntima e contínua entre as partes contratante e as agências internacionais de empréstimo, de forma a que possam contribuir com maior eficiência para aliviar os encargos que estas partes contratantes menos desenvolvidas assumem no interesse do seu desenvolvimento econômico". (Redação em português constante do Anexo da Lei n.º 313, de 30/07/1948).

Alimentação e a Agricultura; o artigo 18.2, e o anexo II, do Acordo sobre a Aplicação do Artigo VII do GATT de 1994, e os artigos 4º.2, 9º, incisos 1 e 2, alínea "c", do Acordo sobre as Regras de Origem, relativamente ao Conselho de Cooperação Aduaneira; o Anexo sobre Telecomunicações, parágrafo 6, alínea "a", do GATS, relativamente ao Banco Mundial etc.

Por último, o aumento da importância das organizações não governamentais na cena internacional implicou a consagração da possibilidade do Conselho Geral adotar as medidas adequadas para consultas e cooperação com aquelas que se ocupam de questões relacionadas com as da OMC (artigo V.2 do Acordo OMC). Também aqui, os acordos comerciais multilaterais estabelecem, por vezes, relações entre a OMC e algumas organizações não governamentais. Por exemplo, os anexos I e III do Acordo sobre as Barreiras Técnicas ao Comércio, relativamente à Comissão Eletrotécnica Internacional.

2.5.4 A organização institucional da OMC

Para a realização das funções que lhe foram cometidas, a OMC encontra-se dotada de uma estrutura que reproduz, no essencial, o equilíbrio institucional do GATT 1947, com a diferença de que o novo Acordo cria formalmente uma verdadeira organização internacional, dotada, por sua vez, de um âmbito de atuação mais vasto e de competências mais amplas.

A OMC tem como órgão de cúpula a Conferência Ministerial, composta por representantes de todos os Membros, a qual se reúne pelo menos uma vez de dois em dois anos (artigo IV.1 do Acordo OMC). A Conferência Ministerial exerce as funções da OMC e toma as medidas necessárias para tanto, sendo competente para decidir acerca de todas as questões abrangidas por qualquer dos acordos comerciais multilaterais, se para tal for solicitada por um Membro, em conformidade com os requisitos específicos em matéria de tomada de decisões do acordo que institui a OMC e do acordo comercial multilateral aplicável (artigo IV.1 do Acordo OMC). A Conferência Ministerial é, igualmente, competente para adotar qualquer decisão relativa à adesão de um Membro (artigo XII.2 do Acordo OMC), para interpretar o Acordo que institui a OMC e os Acordos Comerciais Multilaterais (artigo IX.2 do Acordo OMC), para o lançamento de negociações sobre novas temáticas comerciais etc.

Entre as sessões da Conferência Ministerial, funciona como órgão supremo o Conselho Geral, composto também por representantes de todos os Membros, que se reúne quando necessário[38] e que tem como curiosidade o fato de poder funcionar, em certos momentos, quer como órgão de resolução de litígios, quer como órgão de exame das políticas comerciais, podendo ter, nestes dois casos, presidentes distintos e estabelecer regulamentos próprios (artigo IV, números 2, 3 e 4 do Acordo OMC). O Conselho tem, igualmente, o poder de interpretar os acordos (artigo IX.2 do Acordo OMC), de concluir acordos com quaisquer outras organizações internacionais e com organizações não governamentais (artigo V do Acordo OMC) etc.

Sob a orientação do Conselho Geral, existem um Conselho do Comércio de Mercadorias, um Conselho do Comércio de Serviços e um Conselho dos Aspectos dos Direitos de Propriedade Intelectual (artigo IV.5 do Acordo OMC), responsáveis, respectivamente, pela supervisão do funcionamento dos acordos comerciais multilaterais do anexo 1A, do Acordo Geral sobre o Comércio de Serviços e do Acordo sobre Aspectos dos Direitos de Propriedade Intelectual. Todos estes Conselhos, abertos à participação de representantes de todos os Membros, exercem as funções atribuídas pelos respectivos acordos e pelo Conselho Geral, reúnem quando necessário para o exercício das suas funções e podem estabelecer os órgãos subsidiários que entendam necessários (artigo IV, números 5 e 6, do Acordo OMC).

A OMC tem, por último, um Secretariado, composto por cerca de 450 funcionários, oriundos de diversas nacionalidades, com funções de apoio administrativo e técnico, dirigido por um Diretor-Geral, designado pela Conferência Ministerial. O Diretor-Geral tem como deveres: apresentar ao Comitê do Orçamento, Finanças e Administração um projeto de orçamento e um relatório sobre a situação financeira anual da OMC (artigo VII.1 do Acordo OMC); nomear os membros do pessoal do Secretariado, determinar os seus deveres e condições para o exercício de funções (artigo VI.3 do Acordo OMC); pode, agindo a título oficioso, oferecer os seus bons ofícios, conciliação ou mediação com vista a ajudar os membros a resolver um litígio (artigo 5.6 do ESC); determinar a composição do Painel em caso de

38. O Conselho Geral se reúne, em princípio, com a mesma periodicidade do Conselho do GATT 1947, isto é, uma vez por mês.

desacordo entre as partes em litígio (artigo 8.7 do ESC) e, quando do recurso à arbitragem, nomear o árbitro em certos casos (artigo 21.3.c do ESC). No cumprimento dos seus deveres, o Diretor-Geral e o pessoal do Secretariado, cujas funções são de caráter exclusivamente internacional, não devem solicitar nem aceitar instruções de qualquer governo ou autoridade estranha à OMC (artigo VI.4 do Acordo OMC).

Analisando esta estrutura institucional, percebe-se que apesar de existirem vários órgãos abertos a participação de todos os países Membros, apenas três deles têm um âmbito de atuação de caráter geral e que, por isso mesmo, podem ser considerados seus órgãos principais: a Conferência Ministerial, o Conselho Geral e o Secretariado.

2.5.5 O processo de tomada de decisões

No que diz respeito ao processo de decisão, o Acordo da OMC torna explícito o que era implícito na prática do GATT: a tomada de decisões por consenso, evitando-se votações formais.[39] Sempre que não for possível chegar a uma decisão por consenso, a questão em causa, salvo disposição em contrário, será decidida por votação (artigo IX.1 do Acordo OMC). Neste caso, a regra é a adoção de decisões por maioria simples dos votos expressos, dispondo cada membro da OMC de um voto (artigo IX.1 do Acordo OMC), ou seja, observa-se o princípio "um país, um voto".[40]

Este princípio "um país, um voto" contrasta com o que acontece geralmente no Direito Internacional Econômico.[41] Uma das características deste ramo do direito é precisamente a perda de importância do princípio da igualdade, aceitando e "oficializando" o papel dos Estados mais poderosos do ponto de vista econômico através do sistema

39. Uma decisão é adotada por consenso quando se constata que nenhum Membro se opõe formalmente à decisão proposta. Prevalece, assim, a chamada "unanimidade relativa", segundo a qual, por contraposição à "unanimidade absoluta", as abstenções não impedem a adoção de um ato que requer a unanimidade.

40. Nos casos em que as Comunidades Européias exerçam o seu direito de voto, elas disporão de um número de votos igual ao número dos seus Estados-membros que sejam Membros da OMC (artigo IX.1 do Acordo OMC).

41. Nas negociações comerciais multilaterais que levaram à conclusão do Acordo que instituiu a OMC, chegou a ser proposta a introdução do sistema de voto ponderado, mas a ideia teve de ser abandonada perante a oposição firme dos países em desenvolvimento, que representam uma parte ínfima do comércio mundial.

do voto ponderado, utilizado, por exemplo, no BIRD e no FMI.[42] Mas, não obstante o princípio "um país, um voto", é preciso ter em conta se, mesmo no caso da OMC, não prevalece o chamado "princípio da aristocracia". No âmbito do antigo GATT 1947, Jonh Jackson observava que quando o país discordante era uma grande potência comercial, a prática no GATT era geralmente negociar com ele até que um consenso fosse alcançado; e que este reconhecimento prático de poder no âmbito das negociações e deliberações do GATT representava, em certa medida, um substituto do voto ponderado.[43] As negociações comerciais multilaterais conduzidas no âmbito da Rodada Uruguai são esclarecedoras, dado que foram dominadas pelas grandes potências comerciais, sem a anuência das quais nenhum acordo foi possível.

Não se pode esquecer, ainda, que as decisões, em questões de particular importância, são adotadas por maioria qualificada de dois terços ou de três quartos ou, mesmo, por unanimidade. Por exemplo, a decisão de adotar uma interpretação do Acordo OMC ou dos Acordos Comerciais Multilaterais, que constitui uma faculdade exclusiva da Conferência Ministerial e do Conselho Geral, requer uma maioria de três quartos dos membros (artigo IX.2 do Acordo OMC),[44] as alterações aos artigos X e XI do Acordo OMC, I e II do GATT 1994, II.1 do GATS, e 14 do Acordo sobre os Aspectos dos Direitos de Propriedade Intelectual, só produzem efeitos se aceitos por todos os Membros (artigo X.2 do Acordo OMC).

Quanto às derrogações gerais (*waivers*), as condições para que elas possam ser admitidas no âmbito da OMC tornaram-se, comparativamente ao exigido no artigo XXV.5 do GATT 1947, bem mais rigorosas. Agora, "em circunstâncias excepcionais [...], a Conferência Ministerial poderá decidir dispensar um Membro de uma das obrigações que lhe incumbem por força do presente acordo ou de um dos acordos comerciais multilaterais, desde que tal decisão seja tomada

42. Na Convenção constitutiva do BIRD prevê-se que cada membro tenha duzentos e cinquenta votos, mais um voto adicional por cada ação que possua (artigo V, seção 3, alínea "a"), e no caso do FMI, existe uma disposição similar, sendo o voto adicional calculado em função de cada parte da cota dos membros equivalente a cem mil unidades de direitos de saque especial (artigo XII, secção V, alínea "a").

43. Jackson, 1989, p. 128.

44. O que se pretende com estas regras é, segundo alguns autores, assegurar a unidade e o controle político da interpretação. Na verdade, o poder exclusivo de interpretação de que gozam a Conferência Ministerial e o Conselho Geral permite evitar que o Órgão de Apelação, previsto no ESC, limite os direitos dos Estados ou amplie as suas obrigações mediante interpretações extensivas (o chamado "ativismo judicial").

por três quartos dos Membros" (artigo IX.3 do Acordo OMC). Um Membro da OMC, ao pedir uma derrogação ou uma prorrogação de uma derrogação existente, passa a ter que ser explícito quanto às medidas que propõe adotar, os objetivos específicos que pretende atingir e as razões pelas quais é obrigado a agir de maneira inconsistente com as obrigações que para ele decorrem do GATT 1994 (considerando 1 do Entendimento sobre Derrogações de Obrigações sob o GATT 1994). A Conferência Ministerial, por seu lado, ao autorizar as derrogações, deverá indicar as circunstâncias excepcionais que justificam a decisão, as modalidades e condições que regem a aplicação da derrogação, bem como a data da cessação da derrogação. Qualquer derrogação concedida por um período superior a um ano será examinada pela Conferência Ministerial, no mais tardar em um ano após ter sido concedida e, posteriormente, em todos os anos até ao termo da sua vigência. Com base neste reexame anual, a Conferência Ministerial pode prorrogar, alterar ou pôr termo à derrogação (artigo IX.4 do Acordo OMC). Prevê-se, por último, a possibilidade de recurso ao sistema de resolução de litígios, no caso de um Membro se sentir lesado pela aplicação de uma derrogação (considerando 3 do Entendimento sobre Derrogações de Obrigações sob o GATT 1994).

No conjunto, as regras estabelecidas para o processo de decisão demonstram o receio dos EUA e das Comunidades Europeias de que os países em desenvolvimento controlassem a OMC. E, em grande medida, conseguiram evitar que tal acontecesse, dado que, nos casos em que não é possível chegar à um consenso, a regra da maioria simples só se aplica a casos de reduzida importância.[45]

Por último, não deixa de ser interessante verificar que os diversos acordos comerciais guardam silêncio sobre a natureza jurídica dos atos adotados pelos Membros, os quais por vezes se denominam decisões, outras vezes recomendações e outras vezes, ainda, declarações, isto sem haver uma hierarquia entre elas, nem uma distinta força coercitiva.

2.5.6 Os Membros da OMC

As partes contratantes do GATT 1947 que, à data da entrada em vigor do Acordo OMC, aceitaram os acordos da Rodada Uruguai e

45. Koul, 2005, p. 36.

apresentaram as respectivas listas de concessões e de compromissos em matéria de comércio de bens e serviços, tornaram-se Membros originais da OMC (artigo XI.1). No dia 01/01/1995, data da sua entrada em vigor, o número de Membros originais da OMC era de 81 (53 membros correspondiam a economias em desenvolvimento ou menos avançadas, 25 a economias desenvolvidas e três a economias em transição).

Posteriormente a essa data, os Membros que aderem à OMC, fazem-no nos termos previstos pelo artigo XII. As decisões em matéria de adesão são tomadas pela Conferência Ministerial, por uma maioria de dois terços dos membros da OMC (artigo XII.2).[46] Quanto às entidades suscetíveis de aderir à OMC, resulta do estabelecido no artigo XII.1 do Acordo OMC, que gozam dessa possibilidade "qualquer Estado ou território aduaneiro distinto que possua plena autonomia na condução das suas relações comerciais externas e em relação a outras questões previstas no presente acordo e nos acordos comerciais multilaterais [...]", o que quer dizer que um Estado pode estar representado por mais de um Membro se no seu território existirem um ou mais territórios aduaneiros que reúnam os requisitos referidos.[47] Ou seja, podem existir Membros que sejam Estados e Membros que não o sejam, encontrando-se nesta situação, por exemplo, Hong Kong e Macau, Membros da OMC desde o dia 01/01/1995.

Em matéria de adesão, é possível dizer, ainda, que a OMC é uma organização com vocação para abarcar todos os países que compõem a comunidade internacional. A OMC encontra-se aberta a todos os Estados (e territórios aduaneiros autônomos), independentemente de serem ou não economias de mercado, ficando a adesão subordinada apenas a uma negociação entre o futuro Membro e os Membros que aprovam a sua admissão.[48] Através da aplicação da cláusula da nação mais favorecida, todo o Membro que aderir à OMC se beneficia au-

46. No caso dos acordos comerciais plurilaterais, as regras gerais, uma vez mais, não se aplicam, pelo que a adesão será regida pelas disposições de cada um dos acordos plurilaterais (artigo XII.3 do Acordo OMC).

47. Segundo o artigo XXIV.2 do GATT, "entende-se por território aduaneiro qualquer território em que, para uma parte substancial do seu comércio com os outros territórios, se aplica uma pauta aduaneira distinta ou outras regulamentações comerciais distintas".

48. Durante a vigência do GATT, tornaram-se suas partes contratantes alguns países de economia planificada: a Polônia, em 1967, a Romênia, em 1971, a Hungria, em 1973. No caso da OMC, são vários os acordos comerciais multilaterais que contêm disposições específicas para os países cuja economia está em transição para uma economia de mercado.

tomaticamente de todas as reduções e consolidações aduaneiras feitas anteriormente, pelo que, de modo a se obter um equilíbrio de situações, se leva a cabo, antes da adesão, um detalhado processo de negociação de concessões recíprocas entre o futuro Membro e os Membros da OMC, processo esse que constitui como pré-requisito à admissão.

Numa primeira fase, o governo interessado em aderir à OMC deverá submeter um documento à Organização, expondo todos os aspectos da sua política comercial, considerados relevantes para os vários acordos comerciais multilaterais. Em seguida, um grupo de trabalho examinará, de forma minudente, com base neste documento, o pedido de adesão do país interessado, o qual, simultaneamente, procederá a negociações bilaterais com os Membros da OMC. Nestas negociações, deverão ficar definidas as concessões e os compromissos a assumir pelo Membro aderente no que se refere ao comércio de bens e serviços.

Concluído o exame do regime comercial do país (ou território aduaneiro autônomo) interessado em aderir, assim como as negociações relativas ao acesso aos mercados, o grupo de trabalho definirá as condições essenciais para a adesão, através da elaboração de um relatório, que conterá as conclusões do grupo relativamente à adesão, um projeto de protocolo de adesão e as listas de concessões resultantes das negociações bilaterais. Finalmente, o relatório é apresentado à Conferência Ministerial, a fim de ser adotado.

Em novembro de 2008, a OMC tinha 153 membros, que correspondem a cerca de 90% do comércio mundial de bens e serviços.[49] Apesar disso, é costume dizer-se que o sistema comercial multilateral se encontra incompleto, em razão da ausência, por exemplo, de um país tão importante quanto a Rússia. Este país goza, porém, junto com outros 29 países (número também de novembro de 2008)[50], do *status* de observador. Regra geral, este *status* se deve ao tempo perdido com as complexas negociações relativas ao ingresso no regime, ao tempo necessário para que o Membro que pretende aderir possa conformar a sua política comercial externa aos princípios do Acordo OMC e dos acordos comerciais multilaterais. Os países que detêm esta condição podem assistir aos debates do Conselho Geral, receber a documentação e, eventualmente, participar nos debates.

49. Informação constante do site da OMC na internet (www.wto.org, acesso em 15/11/2008).

50. Idem.

O Acordo OMC não permite, segundo o artigo XVI.5, que se formulem reservas relativamente a nenhuma disposição do Acordo, embora, relativamente aos acordos comerciais multilaterais, possam ser formuladas reservas, mas apenas na medida do previsto nestes acordos. Contudo, um Membro pode legitimamente decidir, devido a razões políticas e comerciais, não aplicar o Acordo OMC e os acordos comerciais multilaterais relativamente a outro Membro, quando da adesão de um deles à OMC (artigo XIII do Acordo OMC). A aplicação da cláusula de não aplicação entre dois Membros significa que as suas regras, assim como as listas de concessões, não são aplicáveis nas respectivas relações comerciais, o que não impede, porém, que os Membros em causa participem juntos nos trabalhos, votem etc.

Quanto à saída da OMC, decorre do artigo XV.1 que qualquer Membro pode retirar-se desta organização e dos acordos comerciais multilaterais, produzindo tal medida efeitos no termo de um prazo de seis meses a contar da data em que o Diretor-Geral da OMC tiver recebido a notificação escrita.

Relativamente à hipótese de expulsão de um Membro, o GATT 1947 não previa nenhuma cláusula que a permitisse, situação que se mantém com a OMC. Apenas se prevê, em ambos os acordos, que se um determinado Membro lesar, através da sua política comercial, os direitos de outros Membros, e se o litígio não for resolvido amigavelmente, pode-se autorizar os lesados a suspender, quanto ao faltoso, "a aplicação de toda concessão ou outra obrigação resultante do Acordo Geral" (artigo XXIII.2 do GATT 1994).[51] No limite, mas tal nunca aconteceu, é mesmo possível que se todos os Membros suspenderem as suas concessões relativamente ao Membro faltoso, este se encontre *de facto* excluído da OMC.

2.5.7 O Mecanismo de Solução de Controvérsias

2.5.7.1 Introdução

Nas próprias palavras do ESC, "o Mecanismo de Solução de Controvérsias da OMC é um elemento fulcral de garantia da segurança e

51. Ao longo do GATT, são várias as disposições que falam em retirada ou suspensão de concessões: por exemplo, os artigos II.5, XII.4, XVIII.7; XVIII.21; XIX.3; XXIII; XXVII.

previsibilidade do sistema multilateral de comércio. Os Membros reconhecem que o mesmo permite preservar os direitos e obrigações dos Membros previstos nos acordos abrangidos e clarificar as disposições desses acordos [...]" (artigo 3.2).

Na vigência do GATT 1947, segundo uma síntese realizada por Robert Hudec, no início dos anos 90, dos 139 litígios surgidos no âmbito do GATT, apenas 16 não foram resolvidos satisfatoriamente, o que representa uma taxa de sucesso de 89%.[52] Mais explícito se torna esse sucesso, tendo-se em conta que o número de casos que o GATT teve de resolver durante as suas quatro ou cinco décadas de existência é mais do que o dobro relativamente ao número de casos que a Corte Internacional de Justiça teve em mãos durante o mesmo período de tempo, e que as queixas correspondiam a verdadeiras infrações às regras do GATT, e não a uma estratégia das partes contratantes no sentido de criarem tensões artificiais no quadro das negociações.[53]

Apesar do êxito alcançado, o novo "Entendimento relativo às Normas e Procedimentos sobre Solução de Controvérsias" (ESC), que é o anexo 2 da Ata Final da Rodada do Uruguai, pretendeu adequar o mecanismo de solução de conflitos do GATT ao novo sistema comercial multilateral, especificamente evitando a multiplicidade dos processos de resolução de litígios (cada código da Rodada de Tóquio dispunha do seu próprio processo de resolução de litígios), o unilateralismo comercial e a falta de confiança dos países em desenvolvimento, que raramente recorriam aos artigos XXII e XXIII do GATT.

2.5.7.2 Âmbito de atuação

Resulta do apêndice 1 do ESC que as normas e processos do novo sistema de resolução de litígios serão aplicáveis aos litígios que surjam no âmbito dos chamados "acordos abrangidos", expressão que inclui o acordo que institui a OMC, os acordos comerciais multilaterais que compõem o anexo 1, o ESC (anexo 2) e os acordos comerciais plurilaterais (anexo 4) (artigo 1.1, do ESC).[54]

52. Hudec, 1996, p. 114.
53. Jackson, 1997, p. 319.
54. A aplicabilidade do ESC aos acordos comerciais plurilaterais fica sujeita à adoção de uma decisão pelas partes em cada um dos acordos definindo os termos da aplicação do ESC ao acordo em causa (apêndice 1 do ESC).

Estas normas e processos aplicar-se-ão, em todo o caso, sem prejuízo das normas e processos especiais ou complementares sobre resolução de litígios previstos nos acordos abrangidos. Caso haja divergências entre as normas e processos previstos no ESC e as normas e processos especiais ou complementares, estas últimas prevalecem sobre as primeiras (artigo 1. 2 do ESC).

2.5.7.3 O Órgão de Solução de Controvérsias

O pilar central do novo mecanismo de solução de litígios da OMC é o Órgão de Solução de Controvérsias (OSC). Este órgão, responsável por aplicar as normas e processos do ESC e as disposições de consulta e resolução de litígios previstas nos "acordos abrangidos" (artigo 2.1 do ESC), tem competência para criar painéis, adotar os relatórios dos painéis e do Órgão de Apelação, fiscalizar a execução das decisões e recomendações e autorizar a suspensão das concessões e outras obrigações nos termos previstos nos acordos abrangidos (artigo 2.1 do ESC).[55]

As recomendações ou decisões adotadas pelo OSC destinam-se a conseguir uma resolução satisfatória da questão em conformidade com os direitos e obrigações previstos no ESC e nos acordos abrangidos.

O objetivo do mecanismo de solução de litígios é, como declara o próprio ESC, "o de obter uma solução positiva para um litígio" (artigo 3.7 do ESC). Por isso, será sempre preferível uma solução mutuamente aceitável para as partes e conforme aos acordos abrangidos. Se esta solução não for possível, o objetivo do sistema será o de assegurar a supressão das medidas em causa, caso se verifique que as mesmas são incompatíveis com as disposições de qualquer um dos acordos abrangidos. Por conseguinte, só se deve recorrer à regra da compensação se a imediata abolição da medida for impraticável e, mesmo assim, como uma medida provisória, aplicável até se conseguir a supressão das medidas incompatíveis.

2.5.7.4 A fase pré-litígio: as consultas

Precisamente com o objetivo de se alcançar uma solução mutuamente aceitável para as partes e que respeite os acordos abrangidos,

55. Como visto anteriormente, nos termos do artigo IV.3, do Acordo OMC, o Conselho Geral, composto por representantes de todos os Membros, reunir-se-á, quando necessário, para desempenhar as funções de Órgão de Resolução de Litígios, tal como previsto no ESC.

o artigo 4 do ESC prevê que as partes em litígio deverão proceder a consultas, antes de a parte queixosa poder eventualmente pedir a criação de um Painel.[56] A fim de garantir a transparência do processo, os pedidos de consultas devem ser notificados ao OSC e aos conselhos e comitês relevantes pelo membro que solicita as consultas.[57]

Se as consultas não permitirem resolver um litígio no prazo de 60 dias a contar da data de recepção do pedido de consultas, a parte queixosa pode solicitar a criação de um Painel (artigo 4.7 do ESC). Em casos de urgência, incluindo aqueles que se referem a bens perecíveis, o prazo para a parte queixosa pedir a criação de um Painel reduz-se para 20 dias (artigo 4.8 do ESC).

Outro aspecto a ter em conta é aquele em que um outro Membro considere que tem um interesse comercial substancial nas consultas em curso (por exemplo, nos termos do artigo XXI.1 do GATT 1994 e do artigo XXII.1 do GATS). Neste caso, esse Membro pode notificar os Membros em consulta e o OSC, no prazo de 10 dias a contar da data de divulgação do pedido de consultas, do seu desejo de participar nas consultas, mas terá de provar, junto ao Membro a quem foi apresentado o pedido de consultas, que a alegação de interesse substancial é fundamentada (artigo 4.11 do ESC). Com estas condições se garante a intervenção de terceiros num processo de resolução de litígios, o que é igualmente garantido pelos artigos 62 e 63 do Estatuto da Corte Internacional de Justiça.

Ressalte-se, ainda, o fato de no âmbito das consultas existir a possibilidade de os bons ofícios, a conciliação e a mediação poderem ser acionados voluntariamente, caso as partes acordem nesse sentido (artigo 5.1 do ESC). Esta possibilidade, que não prejudicará os direitos das partes em fases processuais posteriores, pode ser solicitada em qualquer momento por qualquer parte num litígio. Os bons ofícios, a conciliação e a mediação podem ter início a qualquer momento e ser igualmente extintos a qualquer momento. Caso as partes em litígio considerem, ambas, que o processo de bons ofícios, conciliação ou mediação não conseguiu resolver a diferença, a parte queixosa pode

56. O processo de consultas entre os membros é, pode-se dizê-lo, parte integrante dos vários acordos comerciais. Só no GATT 1994 existem mais de 20 disposições legais a obrigar os membros a proceder, quando necessário, a consultas: artigos II.5; VI.7; VII.1; VIII.2 etc.

57. Os pedidos de consultas devem ser apresentados por escrito e devem ser fundamentados, incluindo a identificação das medidas em questão e a base jurídica do pedido (artigo 4.4 do ESC).

solicitar a criação de um Painel.[58] Por último, convém salientar que o Diretor-Geral pode, agindo a título oficioso, oferecer os seus bons ofícios, conciliação ou mediação, com vista a ajudar os Membros a resolver um litígio (artigo 5.6 do ESC).[59]

2.5.7.5 A primeira instância: os painéis e a adoção de seus relatórios

Se a parte queixosa assim o solicitar, será criado um Painel, no mais tardar na reunião do OSC seguinte à reunião em que o pedido aparece pela primeira vez na ordem de trabalhos do OSC, a menos que nessa reunião o Órgão decida, por consenso, não criar um Painel (artigo 6.1 do ESC).[60]

O mandato do Painel consiste, regra geral, em analisar, à luz das disposições relevantes (dos "acordos abrangidos") a questão apresentada ao OSC pela parte queixosa e chegar a conclusões que permitam assistir o OSC na adoção das recomendações ou das decisões previstas nos "acordos abrangidos" (artigo 7.1 do ESC).

Os painéis serão compostos, regra geral, por três pessoas, que agirão a título individual e não como representantes governamentais nem como representantes de qualquer organização, e, mais do que isso, os Membros não poderão dar-lhes instruções nem procurar influenciá-los no que respeita às questões em discussão no Painel (artigo 8.9 do ESC). Estas três pessoas, propostas pelo Secretariado,[61] terão de ser indivíduos altamente qualificados, funcionários governamentais ou não, incluindo pessoas que tenham feito parte de um Painel ou que tenham apresentado uma questão ao mesmo, que tenham intervido como representantes de um Membro ou de uma parte contratante no GATT 1947 ou como representante no

58. Nada impede, porém, que caso as partes em litígio acordem nesse sentido, os processos de bons ofícios, conciliação ou mediação possam prosseguir paralelamente aos trâmites do processo do Painel (artigo 5.5 do ESC).

59. Nos casos de resolução de litígios que envolvam um Membro menos desenvolvido, quando não se encontrar uma solução satisfatória no âmbito do processo de consultas, o Diretor-Geral ou o presidente do OSC deverão, a pedido de um Membro menos desenvolvido, oferecer os seus bons ofícios, conciliação e mediação, com vista a assistir as partes na resolução do litígio, antes de se solicitar a criação de um Painel (artigo 24.2 do ESC).

60. Por conseguinte, o país membro alvo da acusação não poderá bloquear a criação do Painel, ao contrário do que acontecia no GATT 1947, que exigia unanimidade no Conselho de Representantes para se criar um Painel.

61. As partes em litígio só se poderão opor às nomeações propostas pelo Secretariado se apresentarem razões fundamentadas para tal (artigo 8.6 do ESC).

conselho ou comitê de qualquer acordo abrangido ou de um seu acordo predecessor, ou no Secretariado, bem como pessoas que tenham publicado obras sobre direito ou política comercial internacional, ou que tenham sido funcionários superiores de um departamento de política comercial de um Membro (artigo 8.1 do ESC). Visa-se, assim, através da necessidade de selecionar especialistas de elevada reputação profissional, garantir a qualidade e autoridade dos painéis.

Por outro lado, no apêndice 3 do ESC regula-se de forma detalhada os procedimentos a serem seguidos pelos painéis, salvo se o próprio Painel decidir em contrário após consulta das partes em litígio (artigo 12.1 do ESC). Em qualquer caso, o processo do Painel deverá ser suficientemente flexível para assegurar a elaboração de relatórios de alta qualidade, sem que isso atrase indevidamente todo o processo. O prazo durante o qual o Painel deverá proceder à sua análise não deverá, como regra geral, exceder seis meses, desde a data em que a composição e os termos de referência do Painel foram acordados até a data em que o relatório final foi apresentado às partes em litígio (artigo 12.8 do ESC).

Quanto à adoção dos relatórios, um dos principais defeitos do antigo sistema de solução de controvérsias (o do antigo GATT 1947) era a facilidade com que as partes que compunham os litígios podiam bloquear os relatórios dos painéis que lhes eram desfavoráveis. A resolução de uma disputa tinha que passar por um Painel e se este decidisse contra um dado Membro a "decisão" só poderia ser aplicada se todos, incluindo o país visado, o país infrator, que podia vetar, concordassem (regra do "consenso positivo"). Depois da entrada em funcionamento da OMC, o artigo 16.4 do ESC dispõe que no prazo de 60 dias, a contar da data de apresentação de um relatório do Painel aos Membros, o relatório será adotado numa reunião do OSC, a menos que este decida, por consenso, não adotá-lo (regra do "consenso negativo"), o que é improvável, visto que a parte que triunfa não terá, em princípio, nenhum interesse em fazê-lo. Esta novidade é talvez a reforma mais importante do novo sistema de resolução de litígios e um aspecto essencial à sua credibilidade.

Entretanto, há uma outra possibilidade de o relatório do Painel não ser adotado imediatamente: a apresentação de recurso ao Órgão de Apelação.

2.5.7.6 A segunda instância: o Órgão de Apelação

Segundo o artigo 16.4 do ESC, o relatório não será adotado se uma das partes em litígio notificar formalmente o OSC da sua decisão de recorrer, sendo esta possibilidade, enquanto procedimento do MSC, outra das principais inovações trazidas com a OMC.[62] Caso haja recurso, o relatório não será submetido à aprovação do OSC até à conclusão do processo de recurso (artigo 16.4 do ESC). Dá-se, assim, às partes em litígio a possibilidade de recorrer das decisões dos painéis. Para isso se criou um órgão de recurso (Órgão de Apelação - OAp), de caráter permanente (ao contrário dos painéis, que são grupos *ad hoc*), e competente para apreciar os recursos interpostos contra as decisões do Painel (artigo 17.1 do ESC). Os recursos devem ser limitados às questões de direito referidas no relatório do Painel e às interpretações jurídicas nele desenvolvidas (artigo 17.6 do ESC). Vislumbra-se, pois, uma maior "jurisdicionalização" do processo de resolução de litígios, através da qual se intenta garantir uma certa coerência na "jurisprudência" da OMC.

O OAp tem uma composição representativa da OMC, sendo constituído por sete membros, três dos quais participarão na análise de cada caso, nomeados pelo OSC por um período de quatro anos, podendo cada membro ser reconduzido no seu cargo uma vez (artigo 17, parágrafos 1 e 2, do ESC).[63] Os trâmites processuais são definidos pelo OAp em consulta com o presidente do OSC e com o Diretor-Geral, e comunicados aos membros para sua informação (artigo 17.9 do ESC).

Regra geral, o processo não deve exceder 60 dias desde a data em que uma parte em litígio notifique formalmente a sua decisão de recorrer até a data em que o OAp apresenta o seu relatório (artigo 17.5 do ESC). No seu relatório, o OAp pode ratificar, alterar ou revogar as conclusões jurídicas do Painel (artigo 17.13 do ESC). Os relatórios do OAp serão adotados pelo OSC e aceites incondicionalmente pelas partes em litígio, salvo se o OSC decidir, por consenso, não adotar o

62. Apenas as partes em litígio, e não qualquer parte terceira, podem recorrer do relatório de um Painel. As partes terceiras que tenham notificado o OSC de um interesse substancial na matéria, nos termos do artigo 10.2 do ESC, apenas podem apresentar observações escritas e ser ouvidas pelo OAp (artigo 17.4 do ESC).

63. Os membros do OAp têm de ser pessoas de reconhecida autoridade, especialistas em Direito, comércio internacional e nas matérias reguladas nos acordos comerciais, multilterais e plurilaterais, e não devem estar ligadas a qualquer governo (artigo 17.3 do ESC).

relatório do OAp no prazo de 30 dias a contar da sua apresentação aos Membros (artigo 17.14 do ESC).

Caso um Painel ou o OAp considerem uma medida incompatível com um acordo abrangido, recomendarão ao Membro em causa a compatibilização dessa medida com o acordo. Além dessas recomendações, o Painel ou o OAp podem propor formas para a execução, pelo Membro em causa, dessas recomendações. Nas suas conclusões e recomendações, o Painel e o OAp não podem, contudo, aumentar ou diminuir os direitos e obrigações previstos nos acordos abrangidos.

Salvo disposição em contrário das partes em litígio, o período decorrente entre a data de criação do Painel pelo OSC e a data em que o OSC analisa o relatório do Painel ou do OAp para adoção não deve, em geral, exceder nove meses, caso não se recorra do relatório do Painel, ou doze meses, caso se recorra desse mesmo Painel. Caso o Painel ou o OAp tenham obtido, nos termos do artigo 12.9 ou do artigo 17.5, uma prorrogação do prazo de apresentação do seu relatório, esse período adicional deve ser acrescido aos prazos referidos (artigo 20 do ESC).

2.5.7.7 *A aplicação das recomendações do OSC*

Numa reunião do OSC, a ser realizada no prazo de 30 dias a contar da data de adoção do relatório do Painel ou do OAp, o Membro em causa informará o OSC das suas intenções no que se refere à execução das recomendações e decisões do OSC (artigo 21.3 do ESC).[64] Caso não seja possível dar imediatamente cumprimento às recomendações e decisões, o Membro em causa disporá de um prazo razoável para o fazer, prazo fixado segundo o disposto no artigo 21.e, alíneas "a", "b" e "c" do ESC.[65]

64. O rápido cumprimento das recomendações ou decisões do OSC é, recorde-se, essencial para assegurar uma resolução eficaz dos litígios em benefício de todos os membros (artigo 21.1 do ESC).

65. Por prazo razoável entende-se o prazo proposto pelo Membro em causa, desde que esse prazo seja aprovado pelo OSC ou, na falta de tal aprovação, um prazo mutuamente acordado pelas partes em litígio, dentro de 45 dias a contar da data de adoção das recomendações e decisões ou, na falta de tal acordo um prazo determinado através de arbitragem vinculativa dentro de 90 dias a contar da data de adoção das recomendações e decisões (neste processo de arbitragem, uma norma a respeitar pelo árbitro, é a de que o prazo razoável para execução das recomendações do Painel ou do Órgão de Apelação não deve exceder 15 meses a contar da data de adoção de um relatório do Painel ou do órgão de Apelação; contudo, esse prazo pode ser mais curto ou mais longo, consoante as circunstâncias específicas do caso) (artigo 21.3 do ESC).

Por sua vez, o OSC fiscalizará a execução das recomendações ou decisões adotadas, podendo igualmente qualquer membro levantar no OSC, em qualquer momento após a sua adoção, a questão da execução das recomendações ou decisões (artigo 21.6 do ESC).

Caso as recomendações e as decisões não sejam executadas dentro de um prazo razoável, uma compensação mutuamente satisfatória e, no caso desta não ser alcançada, a suspensão de concessões e outras obrigações, são medidas temporárias que podem ser adotadas (artigo 22, números 1 e 2, do ESC). Contudo, nem a compensação nem a suspensão de concessões ou outras obrigações são preferíveis à execução completa de uma recomendação como forma de tornar uma medida conforme aos acordos abrangidos (artigo 22.1 do ESC).

Ao considerar quais as concessões ou outras obrigações a suspender, a parte queixosa aplicará os princípios e procedimentos previstos no ESC, a saber:

(i) o princípio geral é o de que a parte queixosa deve primeiro procurar suspender as concessões ou outras obrigações no(s) mesmo(s) setor(es) onde o Painel ou o OAp constataram uma violação, anulação ou redução de vantagens;

(ii) caso essa parte considere que não é viável ou eficaz suspender concessões ou outras obrigações nos mesmos setores, pode procurar suspender concessões ou outras obrigações em outros setores abrangidos pelos mesmos acordos;

(iii) caso essa parte considere que não é viável ou eficaz suspender concessões ou outras obrigações em outros setores abrangidos pelo mesmo acordo, e que as circunstâncias são suficientemente graves, pode procurar suspender concessões ou outras obrigações previstas em outros acordos abrangidos.[66]

Contudo, se o Membro em causa colocar objeções ao nível de suspensão proposta, a questão deverá ser resolvida por arbitragem

66. Admite-se, assim, a possibilidade de "retaliação cruzada". Por exemplo, uma violação detectada na área do comércio de bens pode ser "compensada" na área do comércio de serviços ou vice-versa. Tal solução, entretanto, é considerada injusta por muitos autores, já que permite aplicar sanções a produtores que nada têm a ver com a disputa original. A crítica, porém, não se justifica, pois o objeto da sanção é a política ou medida estatal discriminatória, e não a conduta do produtor interno que fez uso de tal medida. Assim, a retaliação é contra o Estado, que pode ser induzido a cumprir as decisões da OMC em razão, justamente, do fato de que a "compensação" vá se dar em relação a setores importantes de sua economia (e não apenas sobre aquele teoricamente mais frágil, que até por isso teria recebido a ajuda estatal questionada).

(artigo 22.6 do ESC). Este processo de arbitragem será conduzido pelo Painel inicial, se os seus membros estiverem disponíveis, ou por um árbitro nomeado pelo Diretor-Geral, e deverá estar concluído no prazo de 60 dias a contar da data em que termina o prazo razoável. O árbitro não analisará o caráter das concessões ou outras obrigações a suspender, mas verificará se o nível de tal suspensão é equivalente ao nível da anulação ou redução de vantagens (artigo 22.7 do ESC). As concessões ou outras obrigações não serão suspensas no decurso do processo de arbitragem (artigo 22.6 do ESC).

2.6 CONSIDERAÇÕES FINAIS

Como se demonstrou ao longo deste capítulo, a OMC é uma organização tão influente quanto controversa. Entretanto, está composta por um sistema "baseado em regras" e estruturada a partir de um sofisticado conjunto de órgãos e procedimentos, que a conformam como um importante e producente foro tanto de produção normativa quanto de monitoramento das políticas e normas nacionais referentes ao comércio internacional.

Assim é que, apesar dos percalços, a OMC tem tido sucesso na disseminação de seu propósito básico, qual seja a liberalização do comércio em nível internacional. O marco regulatório exposto ao longo deste capítulo, obtido que foi como resultado de amplas negociações multilaterais e de uma longa evolução do regime internacional do comércio, demonstram a dimensão do trabalho já feito e do aporte jurídico construído.

A possibilidade que a OMC tem de impor os termos de seus acordos - em razão, por exemplo, de poder autorizar retaliações comerciais de ampla repercussão para as relações comerciais –, não apenas compele os Membros ao cumprimento das decisões de seu MSC, como também os induz a adequarem suas legislações internas aos marcos normativos da Organização, com isso exercendo um papel que extrapola o meramente prescritivo, sancionatório.

Capítulo 3

O REGIME INTERNACIONAL DA TRIBUTAÇÃO E O PROCESSO DE APROXIMAÇÃO DAS ORDENS TRIBUTÁRIAS NACIONAIS

3.1 CONSIDERAÇÕES INICIAIS

Nos dois capítulos anteriores, demonstrou-se a importância das organizações internacionais no plano das relações internacionais e, depois, tratou-se de abordar aquela que é considerada a mais influente destas organizações na cena internacional atual, a Organização Mundial do Comércio (OMC). Com estes dois aportes, intentou-se não apenas fornecer uma visão geral da estrutura institucional da OMC, mas também deixar evidenciado que ela, na qualidade de OI, possui personalidade jurídica de direito internacional, bem como legitimidade e suportes jurídico e institucional para uma ampla atuação internacional.

No presente capítulo, tratar-se-á de abordar os meios de aproximação das ordens tributárias nacionais, buscando-se situar o papel que mesmo as OIs não especificamente envolvidas em matéria tributária podem vir a ter naquela esfera. Para tanto, tratar-se-á inicialmente das repercussões que as alterações nos conceitos de soberania e de "poder de tributar" trazem para a atuação das OIs. A seguir, buscar-se-á evidenciar a existência de um regime internacional da tributação, incorporado ao direito internacional consuetudinário, com fins de demonstrar os espaços que a fragmentação do direito internacional abre para a atuação das OIs em matéria tributária. Na sequência, são abordados os meios formais e informais de aproximação das ordens tributárias nacionais, à luz do uso extrafiscal dos tributos e da proliferação das OIs com objetos e lógicas diferenciados.

3.2 Soberania, poder estatal de tributar e limites à atuação das organizações internacionais

Como foi exposto no capítulo 1, o conceito de soberania tem sofrido importantes mudanças nas últimas décadas. Estas mudanças não são de ordem tal a superar a noção de soberania como expressão maior do Estado moderno, mas abrem campo para a legitimação da atuação de outros entes na cena internacional.

Como consequência da revisada noção de soberania, várias prerrogativas estatais que nela encontram fundamento, passaram a ganhar, igualmente, novos sentidos. E é o que ocorre, no plano do direito tributário, com o "poder de tributar".

Quando se fala em "poder de tributar", é bastante comum que se encontre na literatura uma vasta concordância com a ideia de que representa ele uma das mais importantes e típicas prerrogativas de um Estado soberano. É preciso, porém, repensar tal noção, pelo menos no sentido de torná-la apta a bem fundamentar as formas pelas quais o Estado atual impõe as exações tributárias e se integra na cena internacional, bem como explicitar, tanto do ponto de vista teórico (via adequação ao conceito revisado de soberania) quanto do ponto de vista prático (com o fim de dar conta da realidade hoje posta), os contornos deste importante instituto jurídico-tributário.

Nestes termos, tratar-se-á a seguir de demonstrar o percurso que o "poder de tributar" passou – e tem passado –, até chegar à formulação revisada que aqui se defenderá que ele hoje tem. E isto será feito com o fim de evidenciar que, muito embora esta prerrogativa estatal ainda represente uma importante limitação à atuação das OIs que atuam direta ou indiretamente com matéria tributária (por óbvio que quando intentam alguma mudança na ordem tributária interna dos Estados), tal limitação mudou de teor ao longo do tempo.

De se começar com aquilo que se pode chamar de "visão tradicional" do poder de tributar.

Gilberto de Castro Moreira Junior faz uma incursão pela obra de vários doutrinadores do Direito Tributário, com o fim de demonstrar a estreita correlação entre soberania estatal e "poder de tributar" e a inexistência de normas internacionais limitantes da atividade impositiva fiscal:

> A soberania fiscal é algo de suma importância para o Direito Tributário Internacional. Este é resultante do princípio da igualdade dos Estados e está centrado no direito dos Estados regularem automaticamente suas relações jurídicas internas e interestatais, sendo parte da soberania do Estado e não possuindo correlação necessária com a soberania territorial. Bühler também defende que, com exceção da imunidade fiscal concedida aos agentes diplomáticos, é difícil encontrar normas de Direito Internacional que limitem o poder nacional de tributar. Louis Cartou, por sua vez, defende que a soberania fiscal está baseada no poder de instituir impostos e de aplicá-los em determinado território onde se exerce essa soberania. Também para Bühler e Tixier, apenas dentro do território poderia o Estado exercer sua soberania, inclusive em matéria tributária.[1]

De outro lado, Dominique Villemot afirma que a soberania estatal manifesta-se pelo exercício de três poderes: cunhar moedas, exigir tributos e dispor de forças armadas. Para este autor, a soberania fiscal é um elemento ultra-sensível da soberania estatal.[2]

Já Augusto Fantozzi, ao dividir a evolução do Direito Tributário Internacional em três fases, o faz sem estabelecer, ao longo desta evolução, a superação do modelo do "poder de tributar" como expressão da soberania estatal. Para este autor, há uma primeira fase em que o Direito Tributário está estreitamente vinculado ao exercício da soberania política do Estado-Nação. À primeira fase, que para o autor continua a produzir seus próprios efeitos até hoje, associou-se uma segunda fase, constituída da criação de uniões de Estados, de mercados únicos e de zonas de livre comércio, e na qual se produziu uma aproximação das legislações e um aperfeiçoamento das aplicações dos tributos e das relações entre os Estados-membros no interior daqueles processos integrativos. Por fim, desde meados dos anos noventa, inaugurou-se uma terceira fase, na qual a globalização dos mercados

1. Moreira Junior, 2003, p. 35.
2. Dominique Villemot, citado por Ribeiro e Nakayama, 2004, p. 218.

e o comércio eletrônico colocaram em xeque a capacidade fiscalizatória dos Estados e evidenciaram a inadequação das formas tradicionais de tributação para fins de alcançar operações cada vez mais velozes e cada vez menos vinculadas a um específico território.[3]

O que se percebe da sistematização proposta por Fantozzi é que evidencia ela a renovação dos desafios postos à atividade impositiva tributária dos Estados por parte dos progressivos fenômenos da internacionalização das operações e da diversificação tecnológica dos meios de troca, mas não a superação do modelo do "poder de tributar" como expressão da soberania estatal. Para o autor, é certo que há hoje a necessidade da formulação de novos modelos de tributação, que se mostrem capazes de alcançar mais eficazmente as fugidias operações comerciais, mas não há sinal de que o "poder de tributar", como expressão da soberania estatal, tenha perdido *status* jurídico ou político.

Este *status* do "poder de tributar" é, em verdade, resultado de dois importantes fatores. Primeiro, o de que o Estado é o ente legitimado para impor gravames compulsórios, independentemente de avença prévia (o fato de existirem algumas tentativas hodiernas de estabelecimento de exações tributárias por entes intergovernamentais ou supranacionais, não afasta a circunstância de que tal só se dá por expressa aquiescência dos Estados). Segundo, o de que é por meio da tributação que o Estado promove dois importantes tipos de atuação: uma, de natureza fiscal, destinada ao financiamento de suas atividades gerais, e outra, de natureza extrafiscal, vinculada ao alcance de objetivos outros que não o da arrecadação (incentivo a determinadas atividades ou regiões geográficas, estímulo ou desestímulo ao consumo, proteção ambiental, supressão de desigualdades internas etc.).

Por meio da tributação o Estado não apenas aufere os recursos necessários à sua existência como unidade político-operacional, como também dispõe de um poderoso instrumento de gestão de suas políticas econômicas e sociais. Tais funções vinculadas à tributação estão de há muito legitimadas pelas teorias política, econômica e jurídica,[4] sendo difícil identificar, nos dias de hoje, Estado que não lance mão de tal dupla face.

3. Fantozzi, 2003, p. 22-27.

4. "O poder de tributar, modernamente, é campo predileto de labor constituinte. A uma, porque o exercício da tributação é fundamental aos interesses do Estado, tanto para auferir as receitas necessárias

A soberania tributária (ou poder tributário) é uma manifestação particular do poder estatal, cabendo salientar duas dimensões, uma externa (ou espacial) que permite o relacionamento de diferentes Estados com iguais poderes de tributação, e uma interna (ou material) que se manifesta no exercício de poderes do Estado sobre sujeitos passivos.

A dimensão externa, territorial ou espacial, reflete a possibilidade de o legislador tributar fatos que ocorrem dentro do seu território e aqueles que, ocorrendo no exterior, apresentam ainda alguma conexão com o território;[5] já a interna, material, manifesta-se como o poder de legislar sobre tributação.[6]

Pois bem, firmadas as noções até aqui postas, há que se dizer que elas se conformam com o que se denominou, ao início deste item, de visão tradicional do "poder de tributar". Tal visão precisa, entretanto, ser contextualizada com a realidade que hoje se tem.

De início, há que se reconhecer, em face mesmo dos aportes que foram até aqui elencados, que ainda predomina na doutrina, pátria e internacional, a clássica formulação de que o "poder de tributar" é uma das mais típicas prerrogativas do poder soberano dos Estados. Com efeito, é uma ideia recorrente a de que o "poder de tributar" dos Estados é uma das expressões mais típicas de exteriorização da soberania estatal e, de certa forma, poucos contestam o dogma. E isto é assim, diga-se, mesmo tendo-se em conta que não existem fundamentos jurídicos ou políticos que justifiquem tão incisiva e importante afirmação. Os exemplos doutrinários antes abordados bem evidenciam o que se diz: em regra, os autores se limitam a afirmar a estreita vinculação entre poder de tributar e soberania estatal, assumindo-a como um verdadeiro princípio universalmente acatado.

à realização de seus fins, sempre crescentes, quanto para utilizar o tributo como instrumento extrafiscal, técnica em que o Estado intervencionista é pródigo. A duas, porque tamanho poder há de ser disciplinado e contido em prol da segurança dos cidadãos" (Coelho, 2001, p. 37). "Modernamente, os tributos são usados como instrumento auxiliar do poder regulatório do Estado sobre a propriedade particular e as atividades privadas que tenham implicações com o bem-estar social. Até mesmo o Direito norte-americano, tão cioso das liberdades individuais, admite essa nova função extrafiscal dos tributos, para o incentivo ou repressão da conduta do particular" (Meirelles, 1993, p. 46).

5. O aspecto espacial do fato tributário está intrinsecamente relacionado com a extensão da soberania tributária (Sainz de Bujanda, citado por Ana Paula Dourado, 1998, p. 23).

6. Neste sentido, a soberania fiscal é "o poder de criar impostos, de extinguí-los, de alargar ou restringir o seu âmbito, de estabelecer proibições de natureza fiscal" (Klaus Tipke, citado por Ana Paula Dourado, 1998, p. 25).

As razões para a adoção de tão irrestrita associação são de variada ordem. De um lado, há aqueles que se apegam à ideia hobbesiana de soberania, para fins de relacionar aquele tão gravoso poder de imposição – o de tributar – a uma visão de soberania estatal que não admite restrições. De outro lado, há aqueles que, por verem na tributação o meio através do qual o Estado financia suas ações e provê bens e serviços públicos, não conseguem vislumbrar a imposição de máculas ao exercício deste poder sem associá-la à própria inviabilização do Estado.

Seja por uma ou outra razão, verdade é que em face da estrita vinculação entre "poder de tributar" e "soberania", acabou por estabelecer-se a ideia de que é mais essencial à soberania a defesa da autonomia na conformação do sistema tributário, do que a preservação da autonomia em qualquer outra área regulatória. Assim, como bem ressalta Allison Christians, "a combinação da autonomia no desenho da máquina regulatória da tributação com a instituição política da soberania não pode ser universalmente suportada pela teoria ou pelos fatos, mas o princípio é geralmente aceito na literatura: a soberania inclui o direito de tributar, e qualquer afronta ao direito de tributar representa uma afronta à soberania estatal em si".[7]

O que se pode inferir desta forma de raciocínio, é que está ela centrada numa visão de soberania segundo a qual há prerrogativas previamente definidas ao Estado, as quais seriam inalienáveis ou indisponíveis. Porém, como já se abordou no capítulo 1, a partir dos aportes de Luigi Ferrajoli, em face do desenvolvimento do Estado de Direito dentro dos ordenamentos nacionais e da integração econômica, política e cultural, dissolveu-se o velho conceito de soberania, tanto em sua dimensão interna quanto externa, disso resultando que à ideia de soberania não se pode mais associar prerrogativas estanques e pré-definidas, detendo os Estados, sem prejuízo de seu poder soberano, a prerrogativa de abrir mão de parcelas de suas autonomias econômica e legislativa, em quaisquer áreas ou temas, em troca de ganhos econômicos e políticos em outros contextos.

Em outras palavras, em um mundo onde as relações transnacionais se multiplicam, prerrogativas isoladas vinculadas a jurisdições exclusivas, desvigoram o Estado. Apenas os balanceamentos entre

7. Christians, 2008.

autonomia e cooperação, só passíveis de serem efetuados a partir da visão de soberania exposta é que garantem, producentemente, os interesses do Estado.

Com tais considerações, não se está a negar o papel do Estado como principal ator da cena internacional, a existência de soberania e a caracterização do "poder de tributar" como prerrogativa estatal, mas sim afirmar que não há na ideia de soberania e nem nas prerrogativas do Estado como unidade política, empecilho a que o poder de tributar seja objeto de *tradeoffs* na esfera internacional.

Assim, não há especificidades no "poder de tributar" que sirvam para colocá-lo à margem, por exemplo, de acordos internacionais destinados a regular matérias com afetação tributária, e nem para impedir influências resultantes da atuação de OIs que se dediquem à abordagem de temas ligados, direta ou indiretamente, à tributação.

3.3 A EXISTÊNCIA DE UM REGIME INTERNACIONAL DA TRIBUTAÇÃO

Uma das questões mais discutidas atualmente na doutrina tributária internacional se refere à existência ou não de um regime internacional da tributação, ordenado de forma coerente e devidamente caracterizado como parte do direito internacional (tanto como normas oriundas de tratados quanto como normas consuetudinárias). Em outras palavras, a questão é saber se existem tratados internacionais em matéria tributária, leis tributárias domésticas e princípios tributários internacionalmente disseminados, suficientes à caracterização de um regime internacional da tributação. As implicações da afirmação de que este regime existe são óbvias: os países não seriam livres para adotar quaisquer regras para tributação que quisessem, mas antes deveriam atuar no contexto daquele regime, sujeitando-se às mudanças que as regras internacionais sofrem ao longo do tempo. Neste cenário, a atuação unilateral seria possível, mas limitada pelos preceitos do regime internacional.

Existem estudiosos do direito internacional tributário a defender cada uma das duas posições. Reuven S. Avi-Yonah escreveu um livro sobre o tema, no qual defende, por via de uma análise do sistema tributário de algumas grandes potências mundiais, que o regime internacional da tributação existe e que está centrado em alguns princípios básicos: primeiro, o princípio da tributação única, por meio do qual a renda deveria ser tributada apenas uma vez (não mais e nem menos do que uma vez); e, segundo, o princípio do benefício, segundo o qual a renda com atividades comerciais ativas deveria ser tributada preferencialmente na fonte e a renda com investimentos passivos deveria ser tributada preferencialmente na residência.[8]

A tese de Reuven S. Avi-Yonah é controversa, e contra ela se insurgem nomes de peso da doutrina internacional, como Michael Graetz[9] e David Rosenbloom,[10] os quais afirmam que não há um regime internacional da tributação, que os países são livres para adotar as normas tributárias que quiserem, segundo seus próprios interesses, e que a prova disso é a enorme diversidade de normas tributárias entre os países. Entretanto, também há nomes importantes defendendo a existência do regime, como Yariv Brauner[11] e Paul McDaniel.[12]

À margem de todas as discussões, porém, algumas constatações servem para evidenciar a existência do regime. A principal delas é a existência de mais de 2.000 tratados internacionais para evitar a dupla tributação da renda, elaborados, todos eles, com base em duas convenções-modelo, a da Organização para a Cooperação e o Desenvolvimento Econômico (OCDE) e a da Organização das Nações Unidas (ONU). Por meio destes tratados, que são similares até mesmo na enumeração e sequenciamento de seus artigos, os diferentes países passaram a não apenas falar linguagens similares (mesma terminologia), como passaram a um certo nível de padronização no que se refere à forma de tributar a renda nas operações multiconectadas.

Outra constatação está associada aos contornos da jurisdição tributária. Nos dias de hoje, é inquestionável que, apesar da contínua reafirmação do poder estatal de tributar, já existem limites a este poder que não estão gravados, necessariamente, em acordos internacionais, ou seja, em instrumentos no qual os Estados voluntariamente aquiescem com a relativização de suas prerrogativas precípuas. Um exemplo é o fato de que poucos confrontariam a afirmação de que um Estado, atualmente, não poderia simplesmente decidir tributar não residen-

8. Avi-Yonah, 2007, p. 1-4.
9. Graetz, 2001.
10. Rosenbloom, 2000.
11. Brauner, 2002.
12. McDaniel, 2001.

tes que tivessem renda auferida no exterior, mesmo que não exista qualquer impedimento legal desta ordem expresso em qualquer instrumento internacional. Em verdade, o impedimento existe, mas não porque um acordo internacional o referenda, mas sim por questões de ordem prática e jurídica. Prática, porque seria muito difícil a qualquer Estado aferir a ocorrência do fato imponível, quando este fato não guarda com ele qualquer conexão. Jurídica, por conta do direito internacional consuetudinário; é que há um senso de obrigação legal a condicionar a subordinação a uma norma que, apesar de não escrita, tem sido respeitada pelos países em suas matrizes tributárias. O respeito a esta regra não escrita é tão amplamente difundido que seria difícil encontrar um país que tributasse a renda na forma mencionada. Tanto é assim que, no caso de empresas estrangeiras controladas por entes nacionais (pessoas físicas e jurídicas), grande parte dos países não tributa aquelas empresas diretamente, mas sim os dividendos recebidos pelos acionistas residentes. Assim é, por exemplo, no Brasil e nos EUA.

Em verdade, nos dias atuais a liberdade de um país para criar seu sistema tributário já está sujeito a muitos limites, e grande parte deles resulta da necessidade de integração na economia mundial por via da adoção de princípios internacionais de tributação. O México, por exemplo, teve de abandonar suas regras de definição de preços de transferência, adotadas de há muito, para fins de adotar as regras modeladas pela OCDE e, com isso, se juntar a esta Organização. Da mesma forma, a Coréia do Sul alterou seus largos critérios de definição do que seria "estabelecimento permanente" para fins tributários, em face de pressão da OCDE. Igualmente, ainda no âmbito da OCDE, são claros e muito difundidos os efeitos, em termos de pressão, do trabalho da Organização no sentido do combate às práticas tributárias nocivas ao redor mundo.

Também no âmbito de outras organizações internacionais o fenômeno se repete. No caso da OMC, as decisões resultantes do caso FSC, que tiveram como ponto central as discussões acerca das formas de tributação da renda nos EUA e nos países das CE, colocaram em questão a viabilidade do modelo de tributação universal (*worldwide system*) em face do modelo de tributação territorial (*territorial system*) num mundo integrado economicamente. Tanto é assim que não falta quem defenda, mesmo para uma potência do porte dos EUA, a solução da troca de modelo. Não há evidências, entretanto, de que isto vá acontecer, mas o certo é a situação posta trouxe condicionantes para a conformação do modelo tributário norte-americano que são de indiscutível relevância (sobre isto se tratará com detalhes no capítulo 5).

Condicionantes tributárias existem, portanto, a partir de várias fontes: acordos internacionais (especialmente os dedicados a evitar a dupla tributação), leis tributárias nacionais de alcance internacional e a atuação de organizações internacionais que possuem afetação tributária. Entretanto, é preciso saber se este leque de fontes é suficiente, especialmente em termos da difusão de seus conteúdos, para conformar um regime internacional da tributação que seja parte do direito internacional consuetudinário, ou seja, que efetivamente interfira na conduta dos Estados de forma disseminada.

Na definição de quais são as fontes do direito internacional, é relevante, mesmo de que do ponto de vista estrito da busca do sentido da expressão, o parágrafo 102 do "*Restatement 3rd of the Foreign Relations Law of the U.S.*". Tal disposição, que compõe a legislação norte-americana, coloca o direito consuetudinário como fonte do direito internacional e o define como o que "resulta de uma geral e consistente prática dos Estados e seguida por eles a partir de um senso de obrigação legal".[13]

Em linhas gerais, a definição acima se coaduna com o disposto no artigo 38 do Estatuto da Corte Internacional de Justiça, que também expressa o costume internacional como uma prática jurídica reconhecida:

> **Artigo 38. A Corte, cuja função é decidir de acordo com o direito internacional as controvérsias que lhe forem submetidas, aplicará:**
>
> a. as convenções internacionais, quer gerais, quer especiais, que estabeleçam regras expressamente reconhecidas pelos Estados litigantes;

13. "*Restatement 3rd of the Foreign Relations Law of the U.S.*": "§ 102 Sources of International Law - **(1) A rule of international law is one that has been accepted as such by the international community of states (a) in the form of customary law;** (b) by international agreement; or (c) by derivation from general principles common to the major legal systems of the world. (2) **Customary international law results from a general and consistent practice of states followed by them from a sense of legal obligation.** (3) International agreements create law for the states parties thereto and may lead to the creation of customary international law when such agreements are intended for adherence by states generally and are in fact widely accepted. (4) General principles common to the major legal systems, even if not incorporated or reflected in customary law or international agreement, may be invoked as supplementary rules of international law where appropriate." (grifou-se)

> **b. o costume internacional, como prova de uma prática geral aceita como sendo o direito;**
>
> c. os princípios gerais de direito, reconhecidos pelas nações civilizadas;
>
> d. sob ressalva da disposição do Artigo 59, as decisões judiciárias e a doutrina dos juristas mais qualificados das diferentes nações, como meio auxiliar para a determinação das regras de direito.
>
> A presente disposição não prejudicará a faculdade da Corte de decidir uma questão *ex aequo et bono*, se as partes com isto concordarem. (grifou-se)

Como se percebe, não basta a formalização de um tratado internacional em matéria tributária ou a manifestação - eventual ou reiterada, vinculante ou não para seus membros - de uma instância internacional, para que se tenha conformado, automaticamente, um regime internacional da tributação. É preciso que, para além destes tratados e manifestações, seus conteúdos mostrem-se de aplicação amplamente disseminada. Na medida em que o direito internacional consuetudinário, como fonte do direito internacional, "resulta da prática geral e consistente dos Estados, dirigida por um senso de obrigação legal", é preciso que, em adição àqueles acordos e manifestações, exista um grau expressivo de adesão dos Estados aos seus termos e orientações, sob pena de serem tidos como avenças isoladas, e não regras ou normas que componham um verdadeiro regime internacional da tributação.

Neste sentido é que Reuven S. Avi-Yonah lista um conjunto de exemplos que, ao seu ver, evidenciam a existência do regime internacional da tributação, ou seja, a existência, em matéria tributária, daquilo que, na acepção adota por Stephen D. Krasner (como visto no capítulo 1), representa "um conjunto de princípios, normas, regras e procedimentos de tomada de decisão, expressos de forma explícita ou implícita, em torno dos quais as expectativas dos atores internacionais convergem dentro de uma específica área das relações internacionais". Tais exemplos se referem a vários temas da tributação internacional:

(i) primeiro, afirma o autor que, em termos de jurisdição tributária, poucos são os países que, hoje, intentam tributar fatos ou entes que com eles não guardam qualquer conexão (seria, por exemplo, o caso já citado da tributação de não residentes por ganhos auferidos fora do país);

(ii) segundo, o princípio da não discriminação (ou seja, o de que não residentes de um país membro de um tratado não devem ser tratados de modo mais desfavorável do que o concedido aos residentes), que está incluído na quase totalidade dos tratados internacionais em matéria tributária, já teria hoje uma aplicação generalizada, mesmo na ausência de tratados;

(iii) terceiro, no que se refere à adoção do princípio "*arm's lenght*" no âmbito dos tratados relativos aos preços de transferência, apesar da recalcitrância dos EUA de adotá-lo em suas regras internas, tem ele ampla utilização ao redor do mundo;

(iv) quarto, no caso dos esforços para evitar a dupla tributação internacional da renda, mesmo os Estados que não possuem tratados bilaterais neste sentido, adotam medidas unilaterais com o mesmo fim, e nestas se utilizam de critérios que são usuais naqueles tratados e aos quais, à evidência, parecem se sentir compelidas a aderir, quais sejam o da concessão de uma isenção para a renda obtida no exterior ou da concessão de um crédito relativo ao tributo pago no exterior.[14]

O conjunto de situações postas evidencia, assim, que há mesmo um regime internacional da tributação - que se pode dizer incorporado ao direito internacional consuetudinário - e que permite que, mesmo na ausência de tratados, se afirme a existência de padrões tributários passíveis de serem utilizados como verdadeiros paradigmas.

E o que resulta desta afirmação é que existem, mesmo, padrões, princípios e normas tributários que derivam de fontes diversas, muitas delas extraestatais. Isto não quer dizer, entretanto, que o regime internacional da tributação já tenha alcançado amplitude tal a se conformar como um conjunto sistematizado de regras e princípios, cobrindo de forma relativamente nivelada o conjunto de temas afetos à tributação e induzindo de modo significativo a conformação dos sistemas tributários nacionais. Em verdade, tem-se um regime em construção, com incrementos importantes em relação a alguns temas específicos (como evidenciado pela enumeração de questões posta por Reuven S. Avi-Yonah, acima transcritas), mas não em dimensão tal a produzir repercussões sig-

14. Avi-Yonah, 2007, p. 5-8.

nificativas na estrutura das ordens tributárias nacionais. Pode-se dizer que o regime internacional da tributação tem, ainda, uma atuação tópica nas legislações tributárias domésticas, mas não é despropositado prever que, com a gradativa intensificação das relações transnacionais, os reclames e incentivos para a ampliação desta atuação se intensifiquem.

De qualquer forma, o que a existência de um regime internacional da tributação, mesmo que ainda incipiente, demonstra, é que existe mesmo, para além dos Estados, fontes legítimas de produção de padrões tributários - como tais as OIs - com amplas possibilidades de disseminação na cena internacional. E isto, a sua vez, confirma, na prática, tudo quanto já se disse acerca das mudanças no conceito de soberania e naquela que é tida como uma de suas principais prerrogativas, o poder de tributar.

3.4 O REGIME INTERNACIONAL DA TRIBUTAÇÃO E A APROXIMAÇÃO DAS ORDENS TRIBUTÁRIAS NACIONAIS

Como se viu no item anterior, apesar de se poder afirmar a existência de um regime internacional da tributação e, por extensão, a existência de padrões tributários já disseminados ao redor do mundo, a construção deste regime é um processo ainda em curso, sem que se consiga entrever uma sistematização das questões que já têm algum nível de disseminação. As razões para este ainda incipiente estágio de desenvolvimento do regime são de variada ordem, mas estão centradas, em grande medida, na ausência de práticas regulares de aproximação das ordens tributárias nacionais (o que, a sua vez, tem a ver com tudo o que já se disse acerca da forma como os Estados vêem o poder de tributar e as prerrogativas que lhes são respectivas).

Assim é que, do fato de serem pouco significativos os progressos nos processos de aproximação das ordens tributárias nacionais (e isto em relação a quaisquer das formas sob as quais pode se apresentar),[15] decorre que o regime internacional da tributação, apesar de ter sua existência afirmada, tenha um conteúdo ainda restrito, estando composto, predominantemente, por acordos para evitar a dupla tributação da renda e para promover a cooperação internacional em matéria

15. No item 3.6 se tratará das diferenciadas formas de harmonização tributária, tanto seja em termos objetivos (tipos de harmonização e sob quais instrumentos jurídicos são formalizadas) e subjetivos (que entes têm legitimidade para promover harmonização).

de troca de informações entre as administrações tributárias, além de iniciativas pontuais de algumas organizações internacionais (como a OCDE, por exemplo) e de uns poucos princípios de uso disseminado no mundo (como o de não tributar não residentes por receitas auferidas no exterior, por exemplo).

Ademais, os acordos internacionais existentes, além de limitados aos conteúdos mencionados, são, em regra, bilaterais, pois, como bem ressalta Alberto Xavier, "os tratados coletivos ocupam no Direito Tributário Internacional um lugar decididamente secundário".[16] Disposições tributárias existem em vários tratados internacionais de caráter coletivo, mas nestes, que se referem a matérias de outra natureza, elas aparecem de modo acidental ou acessório.[17]

Não se quer aqui afirmar que o desenvolvimento do regime internacional da tributação depende, exclusivamente, dos processos de harmonização tributária, mas não há dúvidas de que a aproximação das ordens tributárias nacionais é um de seus principais vetores. Da mesma forma, muito embora o regime internacional da tributação não tenha os tratados internacionais especificamente tributários como única fonte, verdade é que no plano atual de sua evolução, tais tratados ainda são os veículos predominantes.

Assim, os processos de harmonização tributária e o regime internacional da tributação, como fenômenos interconectados que são, mostram-se limitados em conteúdo e extensão, e as razões para isso são de variada ordem.

Primeiro, há que ter em conta aquilo que já se mencionou acerca do fato de que o "poder de tributar" ainda se constitui em uma das principais prerrogativas da soberania estatal, mostrando-se os Estados muito resistentes em ver limitadas suas ações em relação ao exercício deste poder. Como bem ressalta Gregory Lubkin, o processo de aproximação tributária ainda está longe de ocorrer no mundo, dado que mesmo dentro da União Européia a harmonização de tributos está longe de terminar e os países europeus mantêm dezenas de disposições legais tributárias destinadas a favorecer suas posições na competição internacional.[18]

16. Xavier, 2004, p. 96.

17. Xavier, 2004, p. 95.

18. Lubkin, 2002. No caso da União Européia, apesar de merecer destaque o imenso esforço no sentido da harmonização da tributação indireta (iniciativa inédita na cena internacional), para além do IVA

Outra dificuldade importante é ressaltada por Michael J. Graetz. Este autor, ao tratar da questão da conciliação de sistemas tributários díspares, destaca as dificuldades associadas à definição de uma estrutura para um pretenso sistema tributário internacional:

> [...] predominam divergências acerca de qual seria a melhor estrutura para um sistema tributário internacional. As dificuldades para se chegar a consensos nesta matéria são atribuídas em parte ao debate sobre quais seriam as normas adequadas para avaliação de um sistema tributário internacional. Na tributação interna, analistas geralmente concordam que um sistema tributário deveria ser avaliado sob três critérios: eficiência, simplicidade e eqüidade, muito embora existam divergências sobre o sentido, o peso relativo e o grau de prioridade de cada um destes fatores. A introdução de múltiplas nações no contexto torna o debate sobre o critério adequado muito mais espinhoso. Por exemplo, deve uma nação ficar preocupada com questões de eqüidade ou bem-estar econômico que envolvam cidadãos de países estrangeiros, ou deve uma nação simplesmente tratar de maximizar o bem-estar de seus próprios cidadãos, sem consideração dos efeitos sobre os estrangeiros? [...] Há uma notável ausência de consenso em questões como estas. (tradução nossa)[19]

Não é apenas no plano de um pretensioso sistema tributário internacional, entretanto, que as dificuldades de aproximação se apresentam. Outro grande problema é a alta complexidade da matéria. Quando se fala em sistemas tributários distintos, tem-se de ter em foco que eles diferem não apenas em sua estrutura impositiva (formas de tributação), mas no uso que é dado a esta estrutura impositiva (o uso extra-fiscal dos tributos); não é por outra razão que alguns doutrinadores separam aquilo que consideram sistema tributário (as

---

(imposto sobre o valor adicionado) os Estados-membros continuam livres para legislar sobre todas as dimensões dos demais tributos (especialmente a tributação direta).

19. Graetz, 2003, p. 5. Redação original: "[...] disagreement rages over how best to structure an international tax system. The failure to achieve consensus is attributable in part to debate over the proper norms for evaluating an international tax system. In domestic taxation, analysts generally agree that a tax system should be evaluated on three criteria: efficiency, simplicity, and equity, although people dispute the meaning, relative weight, and priorities of these factors. Introducing multiple nations into the mix, however, makes the debate over the proper criteria much thornier. For example, should a nation be concerned with issues of equity or economic well-being for citizens of foreign countries, or should a nation instead simply attempt to maximize the well-being of its own citizens, regardless of the effects on foreigners? [...] There is a remarkable absence of consensus on issues such as these."

normas tributárias em si) daquilo que têm por incentivos fiscais (que não seriam matéria tributária, mas questão de finanças públicas).

Não é tarefa fácil equalizar sistemas tributários que diferem em estrutura e uso dos tributos. Por conta disto é que, como se disse, as tentativas de aproximação das ordens tributárias têm se restringido a acordos internacionais tópicos (acordos para evitar a dupla tributação da renda) ou de pequeno alcance (acordos destinados à coordenação, harmonização ou uniformização no âmbito de arranjos integracionistas regionais).

Quando se está a tratar da imposição tributária, a atitude dos Estados, no âmbito das relações internacionais, é a de, em não raras vezes, obstaculizar ou dificultar a adoção de medidas que restrinjam suas prerrogativas.[20] Muitos países continuam a ver seus sistemas tributários como um importante meio de consecução de seus objetivos sociais e econômicos e desejam manter normas e políticas livres de interferências de uma organização internacional formal. A soberania tributária, assim, continua a ser um dos principais vetores da política tributária internacional.

De outro lado, uma outra dificuldade sobrevêm, como consequência direta da prevalência da ideia da soberania tributária. Como ressalta Augusto Fantozzi, a atividade impositiva tributária, por ser tida como um importante corolário da soberania estatal e por ser exercida como uma prerrogativa intrínseca dos Estados, tem dado origem a uma diversidade expressiva de sistemas tributários ao redor do mundo. Tais diferenças, a sua vez, "produziram e encorajaram o fenômeno dos paraísos fiscais, do 'treaty shopping', a elisão fiscal internacional e, por último, a concorrência fiscal danosa".[21] Diante destes efeitos, e do enorme rol de matérias vinculadas, o Direito Tributário Internacional tornou-se, por um lado, complexo e por vezes assistematizado (não raramente em razão dos anseios arrecadatórios estatais), e, por outro, progressivamente mais técnico e minucioso

20. Augusto Fantozzi (2003, p. 24) cita alguns exemplos deste comportamento recalcitrante dos Estados: "os acordos de colaboração, assistência e sobre troca de informações têm sido interpretados e aplicados restritivamente pelas administrações preocupadas em proteger os produtos de arrecadação derivados de não residentes no próprio território"; "o interesse fiscal dos Estados individuais e numerosos problemas de produto de arrecadação desencadearam fenômenos de concorrência fiscal danosa (...)"; "basta pensar no princípio de unanimidade sobre as questões fiscais que se traduz em um direito de veto que a União Européia não conseguiu ainda remover".
21. Fantozzi, 2003, p. 23.

(em razão do detalhamento demandado para o disciplinamento de questões tão específicas como preços de transferência, valoração aduaneira etc.). Tal quadro transferiu enormes dificuldades - não apenas técnico-jurídicas, mas também políticas - para os processos de aproximação das legislações tributárias dos Estados, inibindo em muito tais iniciativas.

Tais dificuldades são de ordem tal, que não faltam defensores da ideia de criação de uma organização internacional destinada especificamente à tributação, por assim dizer uma organização mundial da tributação, que faria em relação à tributação algo parecido com o que a OMC faz com o comércio internacional. Sobre a possibilidade e conveniência da criação desta organização internacional especificamente tributária, se tratará no item seguinte deste trabalho. Por ora, entretanto, importa deixar firmada a estreita inter-relação entre o grau de harmonização tributária e o nível de desenvolvimento do regime internacional da tributação, e que as dificuldades para a intensificação daquela se traduzem na incipiente evolução deste.

3.5 A (DES)NECESSIDADE DE UMA ORGANIZAÇÃO TRIBUTÁRIA INTERNACIONAL

Não é objetivo deste trabalho abordar extensivamente a ampla discussão, hoje posta na doutrina internacional, acerca da necessidade e/ou possibilidade de criação de uma Organização Mundial da Tributação ou organização similar, que trate de impor princípios tributários de aplicação compulsória a seus membros, bem como de dar tratamento adequado para questões relevantes para a sociedade internacional, como tais a concorrência fiscal internacional desleal, a dupla tributação internacional da renda, a tributação do comércio eletrônico, a tributação das operações internacionais intraempresariais, enfim, questões de variada ordem que dizem respeito à busca de uma correta repartição internacional das bases tributárias que não importe em ônus excessivo para aqueles que arcam com o ônus tributário, os cidadãos e as corporações. Entretanto, buscar-se-á evidenciar aqui que tal organização não só não é necessária, como aquelas que seriam suas funções precípuas podem ser melhor executadas no âmbito de outras organizações não especificamente tributárias, e por meio de práticas mais informais e flexíveis. Neste sentido, a atuação da OCDE é um bom exemplo do que se afirma.

A OCDE é uma organização internacional que não dispõe de prerrogativas institucionais similares as de outras organizações muito mais instrumentadas em termos de seus mandatos, mas é justamente por conta disto que ela serve como um bom exemplo de como instâncias internacionais menos formais e vinculativas podem servir como meios eficazes de abordagem de temas importantes para a sociedade internacional.

Ao longo dos últimos anos, a OCDE vem desenvolvendo esforços no sentido de estabelecer princípios e normas para o tratamento tributário de três problemas importantes resultantes da globalização econômica: o comércio eletrônico internacional, a concorrência fiscal internacional desleal e a dupla tributação internacional da renda. A evolução desta atuação da OCDE tem mostrado que dela resultou uma gradativa redução da ação estatal no nível nacional, ou seja, do ponto de vista prático, acabou ela atuando como um tipo de organização mundial da tributação informal, difundindo princípios e normas-modelo de ampla difusão no mundo, mesmo dentre países que não são seus membros formais.

Exemplo são os acordos internacionais para evitar a dupla tributação da renda, sempre de caráter bilateral, que ao redor do mundo vêm sendo firmados com base nas convenções-modelo da ONU e, principalmente, da própria OCDE;[22] tais acordos, apesar de não serem absolutamente iguais em conteúdo, estão predominantemente formalizados com base nestas convenções-modelo. E é de se dizer

22. Para uma visão histórica da evolução dos esforços relativos ao combate à bitributação, ver Heleno Torres (2001, p. 493-503). Os esforços da comunidade internacional para bem equacionar o problema da bitributação se iniciaram já na década de 20 do século XX, com a Sociedade das Nações. Em 1925 foi elaborado um modelo de convenção e depois, em 1928, foram formalizados outros três modelos para convenções bilaterais. Em face destes modelos acabaram firmadas algumas "convenções bilaterais para evitar a dupla tributação internacional sobre a renda", que permitiram acumular experiência sobre a matéria e induzir novas propostas. A inserção da preocupação com o controle dos preços praticados entre empresas interligadas remonta a 1933, com uma revisão nas convenções-modelo que serviu para firmar no Direito Internacional Tributário os conceitos vinculados ao reconhecimento da autonomia das empresas de qualquer modo vinculadas. Posteriormente, com a substituição da Sociedade das Nações pela Organização das Nações Unidas (ONU), os trabalhos não tiveram grande progresso (apenas bem mais tarde, instada pela preocupação com a inserção dos interesses dos países em desenvolvimento, é que a ONU acabou por desenvolver esforços que levaram à formalização de sua convenção-modelo). Somente no âmbito da Organização Européia de Cooperação Econômica (OECE) é que os esforços da Sociedade das Nações tiveram prosseguimento. A OECE foi substituída, em 1961, pela Organização de Cooperação e Desenvolvimento Econômico (OCDE), que desde então tem capitaneado os esforços mundiais no sentido de evitar a bitributação. O "Modelo de convenção de dupla tributação concernente ao rendimento e ao patrimônio", de 1977 (depois revisada em 1992, 1995 e 1998), tem sido base para a maior parte dos acordos de bitributação firmados no mundo.

que também nas áreas da concorrência fiscal desleal e do comércio eletrônico as iniciativas da OCDE, mesmo que em menor escala, têm sido bem sucedidas (pelo menos no plano da difusão de determinados modos de pensar).

O sucesso da OCDE na abordagem destes temas dá suporte para a ideia, muito difundida na doutrina internacional, de que em matéria tributária é preferível a cooperação e coordenação tributária multilateral, ao invés de processos formais consubstanciados no uso de acordos internacionais vinculantes para harmonizar as incidências tributárias (em suas várias dimensões: bases tributárias, alíquotas etc.).

De qualquer modo, há argumentos a favor e contra a criação de uma organização mundial da tributação, de caráter intergovernamental ou supranacional, no âmbito da qual seus membros teriam de, compulsoriamente, adotar determinados princípios e normas tributários. Neste sentido, vale a pena compulsar tais argumentos, mesmo que nos limites estreitos do que importa para o presente trabalho.[23]

De modo geral, os argumentos favoráveis a uma organização mundial da tributação são: (i) ela poderia restringir a competição associada à tributação da renda, competição esta que, por estar centrada na redução da tributação do capital móvel, pode levar a uma excessiva erosão das bases tributáveis dos Estados, reduzindo suas capacidades de auferir recursos para financiar os programas governamentais; (ii) na medida em que os países reduzem a tributação sobre o capital, tendem a aumentar a tributação dos fatores de produção menos móveis (como o trabalho), levando a uma política tributária regressiva; (iii) regras tributárias internacionais vinculantes podem inibir a evasão tributária ou o planejamento tributário agressivo, que erode as receitas nacionais; (iv) regras tributárias uniformes entre as nações podem reduzir os custos de cumprimento das obrigações tributárias por parte de empresas multinacionais, dado que teriam de gastar menos recursos para lidar com diferentes legislações tributárias nacionais; e (v) acordos internacionais vinculantes poderiam evitar que os países, por via de incentivos fiscais especiais, acabem re-

23. Em relação à necessidade e conveniência da criação de uma organização internacional da tributação, há na doutrina internacional farta literatura sobre o tema. A síntese que é feita, nos parágrafos seguintes, das alegações favoráveis e contrárias à criação de tal organização, são uma compilação dos seguintes artigos: Green, 1998; Avi-Yonah, 2001; Avi-Yonah e Slemrod, 2001; Horner, 2001; Tanzi, 1999; e McLure, 2003.

duzindo a produtividade do capital internacional, dado que as corporações passam a alocar recursos em determinados países apenas por razões de natureza tributária, e não por motivos econômicos reais.

Já os argumentos contrários à criação de uma organização mundial da tributação são: (i) a competição atenua a tendência de muitos governos de financiar serviços públicos ineficientes; (ii) a manutenção de diferentes sistemas de tributação promove a experimentação de novos modelos que pode levar a inovações e a futuros ganhos em termos de eficiência; (iii) diferentes sistemas de tributação podem permitir uma melhor adequação às necessidades e/ou especificidades de cada economia nacional (um país pode preferir subsidiar uma determinada atividade econômica, por ser ela crucial para a economia nacional); (iv) instituições globais centralizadas podem ser demasiadamente burocráticas e podem impor soluções tributárias que criem custos adicionais de cumprimento das obrigações tributárias por parte das empresas que atuam com atividades internacionais; (v) uma organização mundial da tributação afrontaria as soberanias nacionais.

Para além destas duas posições extremadas – adoção de uma organização internacional da tributação com caráter vinculante e não adoção de qualquer organização ou arranjo –, existem várias outras opções intermediárias, dentre as quais estão: (i) nenhuma cooperação; (ii) coordenação bilateral por meio de tratados tributários; (iii) cooperação e coordenação informal multilateral (por exemplo, as convenções-modelo da OCDE para evitar a dupla tributação da renda); (iv) coordenação multilateral com regras vinculantes limitadas; (v) cooperação multilateral mais formal no âmbito da qual os países teriam de acordar uma fórmula vinculante para a divisão da tributação internacional sobre a renda; (vi) acordo multilateral para harmonizar bases tributárias; (vii) uma Organização Mundial da Tributação formal com autoridade para editar normas vinculantes para seus membros, como resultado de negociações multilaterais (a exemplo da OMC para o comércio internacional); e (viii) uma Organização Internacional da Tributação com competências legislativa, executiva e judicial, destinada a exercer governança sobre questões tributárias internacionais.

Como se percebe, o cardápio de possibilidades é muito grande. No plano teórico, são amplas as discussões acerca da necessidade e/ou viabilidade da criação de organizações internacionais tributárias vinculantes. Para além, entretanto, das alegações favoráveis à criação destas organizações (já anteriormente postas), a principal parece ter um sentido mais contextual, qual seja a das dificuldades vinculadas à aproximação das legislações tributárias. Neste sentido a posição de Charles E. McLure, para quem as dificuldades inerentes à harmonização tributária justificam a criação de uma organização internacional especificamente destinada à busca de acordos internacionais sobre as regras fundamentais da tributação dos fluxos internacionais de rendas vinculados aos negócios e capital: seria, segundo o autor, uma "Organização Mundial da Tributação" (*WTaxO*), estruturada de forma análoga à OMC, que faria para a competição tributária e para a coordenação das políticas tributárias no âmbito internacional, aquilo que o GATT e a OMC fizeram e estão fazendo pelo comércio e pelas políticas comerciais internacionais.[24]

É preciso reconhecer, entretanto, que há uma tendência majoritária no sentido de que, necessária ou não, relevante ou não, a criação de uma *WTaxO* ou algo assemelhado, não tem possibilidades de viabilização num futuro previsível. É que quando se está a tratar da imposição tributária, a atitude dos Estados, no âmbito das relações internacionais, é mesmo a de, em não raras vezes, obstaculizar ou dificultar a adoção de medidas que restrinjam suas prerrogativas. Muitos países continuam a ver seus sistemas tributários como um importante meio de consecução de seus objetivos sociais e econômicos e desejam manter normas e políticas livres de interferências de uma organização internacional formal. A soberania tributária, assim, continua a condicionar a política tributária internacional.

De outro lado, há ainda o fato, já abordado em item anterior, de que como consequência direta da prevalência da ideia da soberania tributária irrestrita, há uma diversidade expressiva de sistemas tributários ao redor do mundo, que serviu para tornar o direito tributário internacional complexo e assistematizado, além de progressivamente mais técnico e minucioso, transferindo enormes dificuldades jurídicas e políticas para os processos de aproximação das legislações tributárias dos Estados.

Por conta destas dificuldades é que, de todas aquelas possibilidades de integração em matéria tributária antes abordadas, poucas delas já foram ou estão sendo experimentadas na prática. O caso da

24. McLure, 2003, p. 539.

convenção-modelo da OCDE para evitar a dupla tributação internacional da renda e dos tratados bilaterais que a usam como baliza, que se referem, em processos interligados, a uma via de "cooperação e coordenação informal multilateral" (convenções-modelo para evitar a dupla tributação) e a uma outra de "coordenação bilateral por meio de tratados tributários" (tratados bilaterais para evitar a dupla tributação), representa um importante exemplo. Afora tal exitoso exemplo, entretanto, não há muitas outras experiências em matéria tributária que possam ser referenciadas.

Dentro deste quadro, não há como pensar numa *WTaxO*. E isto por razões de variada ordem. No que se refere ao aspecto político, não há evidências que as mudanças na ideia de soberania estatal se estendam ao ponto de os Estados colocarem suas ordens tributárias, voluntariamente, à disciplina de uma organização internacional vinculante. Quanto à conveniência, não parece possível pensar numa ordem tributária de feições únicas aplicável à generalidade das economias nacionais (a diversidade é, em alguma medida, necessária e salutar, atuando de forma tal a preservar alguma competição entre os Estados e a permitir inovações em matéria de imposição tributária). Por fim, do ponto de vista pragmático, considerada a interrelação da tributação com vários temas importantes para a sociedade internacional, grande parte das questões tributárias acabam mostrando vocação para serem abordadas em variados foros, de acordo com o tema com que se interrelacionem em cada caso concreto (no caso, por exemplo, de uma medida tributária adotada com fins protecionistas, parece razoável que ela seja escrutinada no âmbito da OI que trata do comércio internacional por expresso mandato dos Estados, a OMC).

De tal sorte, a matéria tributária não é passível de ser integralmente abordada numa instituição internacional única, dadas suas numerosas envolvências com vários temas de interesse para a comunidade internacional, bem como o intenso uso da tributação, por parte dos Estados, com fins extrafiscais, ou seja, para fins outros que não a mera arrecadação destinada ao financiamento das funções públicas básicas. Em outras palavras, é a própria amplitude do poder estatal de tributar que o coloca em confronto com as disposições relativas, por exemplo, ao comércio internacional.

Por certo que o quadro seria diferente caso a tributação fosse dirigida, formal e materialmente, à arrecadação de tributos necessários ao financiamento de suas funções precípuas. Mas esta é uma realidade que não existe ao redor do mundo.

Assim é que, na hipótese de criação de uma *WtaxO*, tal organização teria de mostrar deferência em relação a vários outros regimes internacionais, o que esvaziaria em muito seu poder de disciplinar seu objeto específico.

3.6 VIAS TRADICIONAIS DE APROXIMAÇÃO TRIBUTÁRIA E UM NOVO ENFOQUE

Não obstante as dificuldades para a aproximação das ordens nacionais, é preciso ressaltar que a busca por harmonização das regras tributárias nacionais, pelo menos no plano dos esforços de cooperação internacional, traz inúmeros benefícios para os Estados, notadamente nos dias atuais, onde a globalização induz a uma pronunciada erosão das bases tributáveis ao redor do mundo. Como bem expressa o "*Ad Hoc Group of Experts on International Cooperation*" da ONU,

> [...] Na economia global, os objetivos de mobilizar recursos domésticos e fortalecer a cooperação tributária internacional estão intimamente relacionados. A chave para mobilizar recursos é um sistema tributário efetivo. Um sistema tributário não pode operar bem, entretanto, se o governo perde o poder soberano de exigir tributos. As forças da globalização têm reduzido o poder estatal de tributar por via do incremento das oportunidades para a evasão tributária internacional, obtidas pela facilitação da mobilidade do capital e pelo encorajamento da competição tributária entre os governos. Para recuperar o poder de tributar e, conseqüentemente, a capacidade de mobilizar recursos domésticos para o desenvolvimento, os países necessitam cooperar entre eles com o fim de reduzir formas indesejáveis de competição tributária e de reduzir oportunidades para a evasão tributária e para a excessiva mobilidade do capital. (tradução nossa)[25]

25. ONU, 2003a, item I.3. Redação original: "In the global economy, the goals of mobilizing domestic resources and strengthening international tax cooperation are closely related. A key to mobilizing resources is an effective tax system. A tax system cannot operate well, however, if the government lacks the sovereign power to enforce its taxes. The forces of globalization have reduced the power to tax by increasing opportunities for international tax avoidance and evasion, by facilitating capital flight, and by encouraging tax competition among Governments. To regain the power to tax and thus the ability to mobilize domestic resources for development, countries need to cooperate

Por certo que quando se fala em cooperação internacional, em sentido estrito, não se está a falar, necessariamente, em aproximação das ordens tributárias nacionais ou em delimitação das fronteiras do regime internacional da tributação. Diz-se isto porque tal cooperação pode se dar, por vezes, na forma de meros acordos de troca de informações ou de assistência técnica unilateral ou recíproca. Entretanto, da cooperação internacional, vista num sentido mais amplo, podem resultar acordos internacionais que se colocam, aí sim, como meios de aproximação tributária, como é o caso dos acordos para evitar a dupla tributação internacional da renda, formalizados ao redor do mundo com base em convenções-modelo da ONU e da OCDE.

As vantagens da cooperação internacional, entretanto, não podem fazer com que se subestime o fato de que os processos de aproximação tributária possuem uma complexidade que fica evidenciada pelo fato de que estabelecer interfaces entre ordens jurídicas significa adotar, em alguma medida, a aproximação não apenas de princípios, mas também de normas. Diz-se "em alguma medida", porque há níveis diferentes de profundidade para tal aproximação. Tais níveis diferenciados são objeto de inúmeras classificações que atribuem significados diferenciados para o conteúdo semântico das expressões, razão pela qual é importante, antes que se prossiga, que se trate de clarificar melhor o tema.

Gabriela Pinheiro, ao abordar, no plano teórico, o processo de harmonização (em sentido lato) em sede tributária, afirma que são distintos os conceitos de aproximação, harmonização (em sentido estrito) e coordenação; por esta classificação, a "aproximação" representaria a criação de uma base comum de princípios e regras, a "harmonização" traduziria uma menos ampla erradicação das disparidades e a "coordenação" seria um mero meio de colocar em concordância algumas regras específicas.[26]

Hugo González Cano traz uma classificação semelhante: para ele, os mecanismos daquilo que chama de "integração das legislações tributárias" são, por ordem crescente de complexidade, os de instrumentação, compatibilização e uniformização.[27]

---

among themselves to reduce unwelcome forms of tax competition and to reduce opportunities for tax evasion, tax avoidance and capital flight."

26. Pinheiro, 1998, p. 57-58.
27. Cano, 1986, p. 23-26.

Outra classificação é dada por Edison Carlos Fernandes, e que vem escudada na posição de Paulo Casella, Juan Alberto Benitez Gomez e Frederico Augusto Monte Simionato, qual seja a de que o processo de aproximação tributária comporta os seguintes níveis: coordenação, harmonização e uniformização.[28] A coordenação tributária representaria a forma mais elementar de aproximação tributária, na qual os Estados orientam suas legislações por princípios não ligados necessariamente aos tributos, mas aos objetivos de um determinado processo integrativo; ou seja, na coordenação tributária estar-se-ia, frequentemente, na esfera de princípios econômicos, políticos e sociais, não cabendo se falar em produção de regras aplicáveis a todos os Estados que participam do esforço integrativo. A harmonização tributária seria o termo mais comumente usado para fins de designar, em sentido amplo, aquilo que aqui se chama de aproximação tributária; entretanto, aqui, harmonização é tida como espécie do gênero aproximação. Neste sentido, na harmonização, apesar de se continuar contando com objetivos de ordem geral, já se lança mão de regras destinadas à consecução dos objetivos gerais, regras estas a serem respeitadas pelos Estados de forma cogente. Por fim, a uniformização tributária seria tomada como a forma mais contundente de aproximação tributária, dado que, em regra, nela há a adoção de uma legislação tributária para todos os Estados que participam do arranjo integrativo; tal uniformização, porém, pode se dar em relação a um ou alguns tributos apenas. A uniformização, também, poderia se dar de dois modos: pela adoção, por parte dos Estados, de uma legislação comum acordada por eles, ou por via de um órgão supranacional dotado de competência para impor lei de aplicação obrigatória pelos Estados.

O que há de comum nestes três níveis de aproximação tributária defendidos por Edison Carlos Fernandes, é que todos eles subentendem a existência de um acordo internacional, no qual são expressamente previstos como objeto principal ou, como é mais comum, acessório do arranjo. Ou seja, tanto no caso da coordenação tributária, quanto nos casos da harmonização e uniformização tributárias, o acordo internacional expressamente dispõe sobre os limites estritos da aproximação intentada.

Um quadro mais amplo acerca dos processos de aproximação é dado por Ubaldo Cesar Balthazar. Abordando o tema no âmbito

28. Fernandes, 2006, p. 125-126.

dos esforços integrativos da União Europeia, o autor discorre sobre as inúmeras divergências doutrinárias oriundas da certa vagueza ou imprecisão com que os conceitos de harmonização, aproximação e unificação são utilizados no texto do Tratado de Roma de 1957, para fins de afirmar, ao final e ao cabo, que apesar da necessidade de definir com precisão jurídica as distinções entre as expressões, isto não é tarefa fácil. Tanto não é que grande parte da doutrina, revista pelo autor, ou não consegue precisar juridicamente as distinções ou então as entende como sinônimas.[29]

As razões para tais dificuldades de classificação, segue argumentando Ubaldo Cesar Balthazar, giram em torno do fato de que "a aproximação constitui, ao mesmo tempo, um princípio e um método de ação, dos quais fazem parte a coordenação e a harmonização das legislações"; assim, como a ideia de aproximação das legislações está muito próxima das de harmonização e coordenação, abertos restam os espaços tanto para as diversificadas tentativas de classificação, quanto para as posições que consideram as expressões como indicadoras das mesmas coisas.

Uma distinção, porém, segundo o autor, precisa ser bem clarificada, qual seja a existente entre "harmonização" e "unificação". Neste âmbito, a harmonização em sentido lato estaria associada à aproximação das ordens jurídicas nacionais por via, por exemplo, de instrumentos antes mencionados (harmonização em sentido estrito e coordenação) e a unificação à adoção de regras comuns, ou seja, supressivas das normas nacionais.

Do ponto de vista da harmonização em sentido lato, os meios que as podem viabilizar podem variar muito em conteúdo e extensão, mas se voltam todos à preservação das ordens nacionais, com a incorporação dos elementos necessários ao interfaceamento entre estas ordens. Já do ponto de vista da unificação, entendida como a adoção de um mesmo sistema jurídico por mais de um país, bem ressalta o autor que, além de não estar ela prevista sequer no maior processo integrativo mundial – o da União Europeia – e de não haver experiências concretas que permitam formular constatações ou previsões acerca dela, parece certo afirmar que "a unificação de le-

29. Balthazar, 1994 (as menções aos estudos do autor, nos parágrafos que seguem, foram todas retiradas desta fonte).

gislações fiscais seria difícil de concretizar, por implicar na adoção de um só sistema jurídico para todos os Estados membros, incluindo tanto os princípios fundamentais do direito fiscal quanto os sistemas de imposição, a unificação de alíquotas, as isenções, ou ainda toda a administração fiscal, todos os pequenos detalhes que fazem toda a complexidade do Direito Fiscal. Isto, sabemos, não está previsto no Tratado, nem é desejado pelos Estados membros, por razões políticas, econômicas, financeiras e monetárias".

O fato, porém, de a unificação se mostrar um objetivo de difícil consecução num horizonte previsível, não quer dizer, na mesma proporção, que alterações não sejam demandadas nas ordens internas. Em verdade, independentemente de qual seja a denominação ou classificação que se tenha em conta, certo é que para harmonizar ou coordenar as legislações, é preciso, como já antes mencionado, aproximá-las, torná-las semelhantes ou similares quanto a seu conteúdo. Ainda nas palavras de Ubaldo Cesar Balthazar, "não se pode harmonizar nada sem substituir regras diferentes por regras comuns: se se toma como modelo a norma jurídica de um sistema normativo considerado afim de aplicá-la em todos os outros, isto é, uma norma já existente suscetível de ser adotada por todos os direitos nacionais envolvidos, a mesma, tomada desta forma no quadro de uma harmonização, irá tornar-se uma regra comum à todos os direitos positivos nacionais".

De tal sorte, tem-se aqui uma área na qual a identificação da natureza jurídica de alguns instrumentos pode ter interesse científico, mas pouco representa em termos práticos. Muito embora seja importante distinguir "aproximação/harmonização" de "unificação", os meios de aproximação em si não se conformam como vias estanques, utilizadas umas com exclusão das outras, mas sim como veículos de um mesmo método de ação. Assim, afora a unificação, que não é propriamente aproximação (porque não aproxima, unifica), os demais instrumentos são meras gradações de um mesmo processo, sendo de pouco interesse prático as distinções conceituais entre eles.

Pois bem, firmadas estas considerações acerca das formas de aproximação tributária, há que se ressaltar, agora, algo que é comum a todas as abordagens até aqui mencionadas; em regra, adotam elas a posição de que a fonte destas iniciativas de aproximação são as avenças interestatais formalizadas por via de acordos internacionais. Ou seja, partem da ideia de que são os Estados os entes legitimados a promover as iniciativas de aproximação legislativa (em qualquer dos níveis antes mencionados), por via dos atos que são, por assim dizer, as fontes por excelência do direito internacional, os tratados. Ocorre, porém, que a aproximação das ordens tributárias, apesar de ser um processo conduzido eminentemente pelos Estados através de acordos internacionais (bilaterais, em regra, e multilaterais, por exceção), também tem sofrido as influências inerentes às mudanças trazidas na cena internacional pela intensificação das relações transnacionais, disto resultando a legitimação de outros entes para atuar nesta seara, mesmo que por instrumentos distintos daqueles usados pelos Estados (como é o caso, por exemplo, da OCDE, com suas iniciativas em relação à dupla tributação internacional). Se por um lado não há dúvidas de que aproximações feitas a partir de mudanças diretas nas legislações nacionais são promovidas pelos próprios Estados, por outro também é certo que quando se está a falar de padrões e/ou princípios tributários, outros entes ganham legitimidade, como tais as organizações internacionais.

Disto decorre que, para além daqueles que se poderia denominar de meios formais e diretos de aproximação tributária, conduzidos pelos Estados, há uma outra via, de natureza menos formal e direta, conduzida por outros atores e sujeitos de direito internacional. Como já se viu no capítulo 1, os RIs são, na bem acolhida definição de Stephen Krasner, "conjuntos de princípios, normas, regras e procedimentos de tomada de decisão, expressos de forma explícita ou implícita, em torno dos quais as expectativas dos atores internacionais convergem dentro de uma específica área das relações internacionais". Pois bem, neste sentido, os RIs disseminam suas influências não apenas por via de regras prescritivas explícitas oriundas de seus segmentos institucionalizados, mas também por meio da difusão de determinados modos de pensar; ou seja, para além das regras, há um condicionamento das condutas na sociedade internacional que se dá pela disseminação de uma determinada ordem de valores ou objetivos.

Esta característica dos RIs, associada à superveniência das óticas diferenciadas no direito internacional (relativas às diferentes formas com que os diferentes RIs veem os mesmos problemas), é que dá fundamento para as influências recíprocas entre os temas que são objeto dos distintos RIs. Este fenômeno, relembre-se, é inerente à própria concepção de sociedade internacional contemporânea que se abordou no capítulo 1, na qual tem-se um cenário complexo e dinâmico, composto por novos atores que, independentemente de legitimação formal para atuação como sujeitos de direito internacional, relacionam-se de formas diversas e interconectadas, influenciando a cena internacional. E é justamente nesta esfera que se abre espaço para uma forma de aproximação tributária que se dá para além dos textos expressos dos acordos internacionais.

A proliferação das OIs com objetos diferenciados e o papel cada vez mais relevante por elas ocupado na cena internacional, propicia tanto a fragmentação do direito internacional quanto o cruzamento de óticas diferenciadas nas várias esferas do direito internacional. Por conta disto, é cada vez mais comum que OIs criadas com objetivos bastante bem delimitados, acabem imiscuindo-se, no trato das questões que lhe são específicas, em matérias normalmente estranhas a estas questões específicas, como é o caso da OMC em relação à tributação, por exemplo.

Na esfera tributária, esta forma de atuação das OIs tem amplo potencial de aproximar as legislações nacionais, mesmo que tal se dê por meios menos diretos e formais que os propiciados pelos acordos internacionais tributários; mas nem por conta disto, entretanto, deixam de ter aquele caráter harmonizador. É o que neste trabalho se defenderá que ocorre com os reflexos dos acordos abrangidos e das decisões do MSC da OMC - que se relacionam, num primeiro plano, com o livre comércio – sobre a matéria tributária. Como se abordará com mais detalhes posteriormente, a OMC imiscui-se em matéria tributária não apenas de modo formal e direto, monitorando e eventualmente demandando pelo expurgo de medidas tributárias específicas distorcivas do livre comércio, mas também de modo informal e indireto, difundindo um modo de pensar as ordens tributárias nacionais que serve para aproximá-las, ao menos do ponto de vista do objetivo de que não sirvam à obstaculização do livre comércio.

3.7 CONSIDERAÇÕES FINAIS

Como já antes se demonstrou (capítulo 1), a soberania não é um conceito ultrapassado, muito embora tenha mudado muito suas feições. Também se viu que os Estados permanecem como os principais atores das relações internacionais, mesmo admitindo-se o papel de sujeitos de DI às OIs e de a estas atribuir importância na conformação das condutas da sociedade internacional (capítulo 1). A partir destes aportes, demonstrou-se no presente capítulo que: (i) o poder de tributar, na esteira das mudanças do conceito de soberania, metamorfoseou-se, perdendo o caráter de inalienabilidade que detinha no âmbito de uma visão de prerrogativa estatal já superada (item 3.2); (ii) existe um regime internacional da tributação, incorporado ao direito internacional consuetudinário, que independentemente da existência de tratados, já difunde padrões tributários ao redor do mundo (item 3.3); (iii) o processo formal de harmonização tributária, definido via tratados internacionais especificamente tributários, não tem tido grandes avanços, apesar dos benefícios que representariam para os Estados, num ambiente como o atual, onde a globalização induz a uma pronunciada erosão das bases tributáveis ao redor do mundo (item 3.4); (iv) em razão do intenso uso dos tributos com fins extrafiscais, a vocação da tributação é ser abordada não em uma instância internacional especificamente tributária, mas no âmbito de regimes internacionais que tratem de temas atingidos, direta ou indiretamente, pela tributação (item 3.5).

A partir destas ideias, demonstrou-se no item 3.6 que, para além dos meios formais de aproximação das ordens tributárias nacionais (harmonização, coordenação, uniformização), existem meios menos formais e diretos, que resultam tanto das mudanças operadas nos conceitos de soberania e poder de tributar, como também da proliferação de OIs com objetos diferenciados e interligados com a matéria tributária. Na medida em que os Estados usam a tributação como instrumentos de política pública em várias áreas de sua atuação (com isso extrapolando a função meramente arrecadatória) e voluntariamente aderem a organismos internacionais que atuam em áreas correlatas, sujeitam-se não apenas a interferências tópicas em suas ordens tributárias internas, mas também abrem campo para a atuação das OIs como entes legitimados a, mesmo por via indireta, difundirem padrões tributários.

Capítulo 4

A MATÉRIA TRIBUTÁRIA NOS ACORDOS DA OMC

4.1 CONSIDERAÇÕES INICIAIS

No marco da OMC, disposições referentes a questões tributárias estão postas tanto nos acordos abrangidos quanto nas decisões do MSC. Nos dois capítulos que seguem, tratar-se-á de destacar tais disposições. No presente capítulo, a fonte será os acordos abrangidos, ou seja, buscar-se-ão as disposições que afetam a tributação que constam dos acordos negociados no âmbito da OMC (no capítulo seguinte caberá fazer o mesmo, mas em relação às decisões do MSC).

Importa advertir, porém, que a análise que se fará neste capítulo não pretende ser exaustiva, ou seja, não serão destacadas todas as disposições dos acordos abrangidos que têm afetação tributária. O vasto, e amplamente controverso arsenal normativo da OMC não permitiria isto no âmbito dos limites deste trabalho. Entretanto, para além disto, o objetivo aqui traçado é apenas o de evidenciar, na medida do necessário, que os acordos abrangidos possuem repercussão para as ordens tributárias nacionais. Deste modo, o que se tem neste capítulo é uma amostra – significativa, mas ainda assim uma amostra – do conteúdo dos acordos abrangidos que tem afetação tributária.

O objetivo deste capítulo é, portanto, depois de demonstrados nos capítulos anteriores a importância das OIs na cena internacional, a proeminência da OMC no âmbito das OIs e os espaços abertos a formas não tradicionais de aproximação tributária, demonstrar que o mandato concedido pelos Membros à OMC inclui disposições de grande influência tributária.

4.2 OS NÍVEIS DE ATUAÇÃO DA OMC EM MATÉRIA TRIBUTÁRIA

A OMC, apesar de ser uma OI destinada à difusão do livre comércio internacional, acaba imiscuindo-se em matéria tributária, em face do uso de mecanismos protecionistas de natureza tributária por parte dos Estados. Assim, no exercício do mandato que lhe foi concedido por seus Membros, a OMC atua sobre matéria tributária, de três modos distintos.

Primeiro, no âmbito das negociações que levam à formulação dos acordos que compõem seu conjunto normativo, com a criação de disposições que se aplicam, direta ou indiretamente, à tributação (e os atuais acordos abrangidos, como se verá a seguir, as têm em grande quantidade).

Segundo, por via de seu MSC, no qual medidas tributárias concretamente adotadas por seus Membros são analisadas do ponto de vista de sua conformidade com os acordos abrangidos.

Terceiro, há também uma monitoração constante das políticas comerciais dos Membros, prevista no Mecanismo de Revisão das Políticas Comerciais (TPRM), e que consiste na obrigação destes Membros de, periodicamente, exporem aos demais Membros, em reuniões formais, o *status* atual de suas políticas ligadas ao comércio internacional, incluídas aquelas que envolvam matéria tributária. Como afirma Michael Daly, "O objetivo do TPRM é contribuir para o processo de progressiva aderência de todos os Membros às regras e compromissos assumidos sob os acordos da OMC, bem como para o aprimoramento do funcionamento do sistema multilateral do comércio, por via da maior transparência e compreensão das práticas e políticas dos Membros, aí incluídas as de natureza tributária".[1]

Para além das atuações por via das negociações dos acordos (atuação normativa), do MSC (atuação corretiva/punitiva) e por meio do TPRM (atuação preventiva), há também a atuação que se dá previamente ao ingresso de qualquer Estado na OMC. Com efeito, antes de ingressar na Organização, o Estado pode ver-se obrigado a efetuar alterações prévias em suas políticas comerciais, inclusive as que envolvam tributos.[2] O atribulado ingresso da China no arranjo

1. Daly, 2006, p. 536.
2. Thorstensen, 2001, p. 50.

multilateral, em 2001, precedido que foi de importantes alterações na legislação interna chinesa, inclusive em seu sistema tributário, é um bom exemplo do dito.

Todas estas vias de atuação da OMC estão legitimadas, como se disse, pelos acordos abrangidos, razão pela qual se impõe, no estudo das repercussões tributárias do sistema multilateral do comércio, o conhecimento do conteúdo das disposições daqueles acordos que se referem, direta ou indiretamente, com a tributação, e as divergências que os textos de tais disposições suscitam.

Para bem contextualizar o estudo do conteúdo dos acordos abrangidos que tem relação com a tributação, é preciso ter em vista que apesar de o relacionamento entre comércio internacional e tributação vir sendo, desde há muito, ressaltado na literatura relacionada com a Economia e o Direito, as abordagens constantes dos tratados econômicos e jurídicos centravam seus focos, em regra, em duas questões específicas: primeiro, e predominantemente, nos obstáculos tributários internos ao comércio de bens (especialmente aqueles vinculados à imposição dos tributos sobre o comércio exterior); e segundo, de forma menos enfática, nos subsídios tributários distorcivos do comércio internacional. Esta era, pode-se assim dizer, a visão tradicional da doutrina econômica e jurídica acerca do relacionamento entre comércio internacional e tributação.[3]

Tal visão tradicional, porém, está hoje descontextualizada, ou ao menos não comporta mais a complexidade atual das relações entre comércio internacional e tributação. É que com o advento da OMC e todo o conjunto de acordos que compõe sua estrutura normativa, o relacionamento entre as normas que regulam o comércio internacional e aquelas que tratam da tributação passou a se pautar por um arsenal legal bem mais ampliado. Se antes o problema se resumia aos obstáculos tributários internos ao comércio de bens e aos subsídios tributários distorcivos do comércio internacional, com a superveniência dos acordos que compõem a OMC os focos da relação entre comércio internacional e tributação se multiplicaram.

A análise de algumas das disposições de três dos acordos abrangidos (o GATT/1994, o Acordo sobre Subsídios e Medidas Compensatórias – ASMC e o Acordo Geral sobre Comércio de Serviços

3. Thiel, 2005, p. 16.

– GATS), bem evidenciará o que se afirma. São estes três acordos que possuem maior afetação tributária, razão pela qual a abordagem ficará limitada a eles.

Na estrutura adotada para o capítulo, primeiro se abordará o GATT, com ênfase naquele que é tido como um dos principais fundamentos do sistema multilateral do comércio, o princípio da não discriminação e as duas cláusulas em que se desdobra, a cláusula da nação mais favorecida e a cláusula do tratamento nacional; tal princípio tem inúmeras implicações tributárias e, por conta disto, se tratará, igualmente de comparar seu conteúdo na esfera da OMC com o que ele tem em duas outras instâncias integrativas internacionais, a OCDE e a UE. A seguir, será abordada a importante figura dos subsídios para o direito internacional atual, por via de uma análise das disposições com afetação tributária constantes do ASMC. Não há um item dedicado especificamente ao GATS, porque considerações acerca dele serão feitas, em especial, quando se tratar do GATT; é que como o GATS altera ou complementa a disciplina do GATT em relação a algumas questões importantes de natureza tributária (por exemplo, as questões relativas à extensão ou não da disciplina da OMC aos tributos diretos e a das exceções ao princípio da não discriminação), a opção foi por analisar suas disposições junto com as disposições do GATT correlacionadas.

De se começar, portanto, com o GATT.

4.3 O ACORDO GERAL SOBRE TARIFAS E COMÉRCIO - GATT

4.3.1 Características Gerais

Um Membro da OMC não pode aumentar os tributos que incidem sobre o comércio exterior para níveis superiores àqueles negociados no âmbito do GATT.[4] Com o fim de transferir ao comércio internacional condições estáveis e confiáveis, as alíquotas negociadas

4. No âmbito do GATT, aquilo que no sistema tributário brasileiro é conhecido como tributos sobre o comércio exterior (e que inclui o imposto sobre importação e o imposto sobre exportação), é chamado de *tariff* (não confundir com o conceito de tarifa, exação também incorporada ao direito brasileiro). A diferença é eminentemente de caráter terminológico, mas na literatura e nos acordos internacionais as *tariffs* são consideradas *non-tax measures*, ou seja, conformam-se como imposições compulsórias incidentes sobre operações transfronteiriças, mas mesmo assim não são consideradas impostos ou outra espécie tributária. De qualquer modo, dada a equivalência das *tariffs* com tributos que estão incorporados ao sistema tributário brasileiro, elas serão aqui tratadas como exações tributárias.

representam um limite que não pode ser desrespeitado pelos Membros (em verdade, a prática mostra que hoje, no mundo, as alíquotas efetivamente aplicadas são menores que aquelas negociadas no GATT).

O grande marco do sistema da OMC aparece em vários dos acordos abrangidos, mas está expresso com explicitude programática no texto do GATT: trata-se do princípio da não discriminação, inserto nos artigos I e III do Acordo, que proíbe os Membros da OMC de imporem tributos ou exigências alfandegárias sobre produtos importados de um Membro em níveis superiores aos aplicados sobre produtos similares importados de outros Membros (cláusula da nação mais favorecida – NMF) ou sobre produtos similares do mercado doméstico (cláusula do tratamento nacional – TN).

Como se vê, o princípio-base do sistema da OMC se desdobra em duas cláusulas distintas, fazendo com que: (i) concessões feitas para produtos "oriundos de" ou "destinados a" um determinado Membro, devam ser automaticamente estendidas para os mesmos produtos quando "oriundos de" ou "destinados a" todos os demais Membros (artigo I do GATT – *General Most-Favoured-Nation Treatment*); e (ii) produtos importados devam ter o mesmo tratamento tributário, ou não menos favorável, do que aquele aplicado aos produtos nacionais (artigo III do GATT – *National Treatment on Internal Taxation and Regulation*).[5]

4.3.2 O Princípio da Não Discriminação no GATT

Para realização de seus objetivos, o GATT, apesar de recorrer a diversos princípios fundamentais, está assentado primordialmente sobre o princípio da não discriminação.[6] Este princípio, que encontra expressão na cláusula da nação mais favorecida (NMF) e na cláusula do

5. Horn e Mavroidis (2004) fazem uma importante análise sobre as vicissitudes da aplicação do princípio do tratamento nacional em matéria tributária no âmbito do MSC da OMC. Defendem os autores a ideia de que a jurisprudência do MSC ainda não clarificou a interpretação do artigo III do GATT/1994, o que se daria em face da ausência de uma visão conceitualmente coerente do papel do princípio do tratamento nacional.

6. Os princípios fundamentais do GATT são: a cláusula da nação mais favorecida (artigo I); o princípio da consolidação ou da segurança jurídica (artigo II); a cláusula do tratamento nacional (artigo III); o princípio da liberdade de trânsito (artigo V); o princípio da concorrência leal (artigos VI e XVI); o princípio da proporcionalidade (artigo VIII.1.a); o princípio da publicidade ou da transparência (artigo X); o princípio da proibição de restrições quantitativas (artigo XI); o princípio da proibição dos obstáculos não tarifários (artigo VIII.1.c, e VIII.3); o princípio da redução geral e progressiva dos obstáculos pautais (artigos XXVIII e XXVIII); o princípio da flexibilidade (artigos I.2, I.4, III.8, XI.2, XII, XIV, XIX, XX, XXI, XXIV.4 a XXIV.10, XXV.5, XXXV etc.); e o princípio da solidariedade (artigo XVIII e Parte IV).

tratamento nacional (TN), determina que um Estado deve dar o mesmo tratamento a todos os Estados com os quais mantém relações comerciais, o que representa, no plano teórico, a plena aceitação da teoria das vantagens comparativas de David Ricardo,[7] segundo a qual, com a ausência de barreiras comerciais, os países são estimulados a produzir e exportar os bens em relação aos quais são relativamente mais eficientes.[8]

De se analisar, portanto, cada uma das duas cláusulas que compõem o princípio da não discriminação, buscando identificar suas envolvências com a matéria tributária.

4.3.2.1 A cláusula da nação mais favorecida: a dimensão externa do princípio da não discriminação

Do ponto de vista especificamente teórico, a cláusula NMF pode ser aplicada de formas muito variadas: ela pode ser unilateral ou multilateral, geral ou especial, positiva ou negativa, condicional ou incondicional.[9] De qualquer modo, como princípio, a cláusula

7. Em condições normais é desejável o livre comércio, posto que é este que promove, segundo a teoria econômica, a melhor utilização dos recursos, conducente à maximização da produção e do crescimento econômico. Mas, apesar da teoria, o GATT não impõe o livre comércio, muito embora o preâmbulo do Acordo faça referências a ele: "Desejando contribuir para a concretização destes objetivos mediante a celebração de acordos recíprocos e mutuamente vantajosos visando a redução substancial das tarifas aduaneiras e dos demais entraves ao comércio e a eliminação do tratamento discriminatório nas relações comerciais internacionais". O GATT admite a aplicação de direitos aduaneiros: um Membro pode decidir que o *dumping* praticado por um Membro é mais benéfico para os seus consumidores do que prejudicial para os produtores nacionais em causa e, como tal, não recorrer à aplicação de direitos *antidumping* etc. O GATT impõe, sim, uma hierarquia entre os instrumentos protecionistas passíveis de utilização, dando preferência aos direitos aduaneiros.

8. A obrigação de tratar igualmente todos os Membros limita a tentação de exercer uma discriminação relativamente às importações de certos países, em particular os países menores ou politicamente vulneráveis. Ou seja, deve-se apelar à vantagem comparativa e não à vantagem política. Paul Krugman (1992, p. 429-430) faz interessante abordagem do GATT, dizendo que do Acordo resulta que: (i) as exportações são um bem; (ii) as importações são um mal; (iii) um aumento igual das exportações e das importações é um bem, isto porque nem todas as importações concorrem diretamente com os produtos nacionais. Estes princípios, segundo o autor, apesar de evidenciarem uma certa falta de bom-senso econômico, mostram a existência de algo que se poderia chamar de mercantilismo esclarecido ("*enlightened mercantilism*"); mercantilismo porque se presume que cada país, atuando por sua conta, gostaria de subsidiar as suas exportações e restringir as importações; esclarecido porque se reconhece que, atuando todos os países dessa forma, o sistema não teria possibilidades de sobreviver. Assim, afirma, é bom que todos aceitem expandir o comércio acatando as exportações de cada um. Ainda segundo o autor, O GATT vê o problema da política comercial através do dilema do prisioneiro: individualmente, os países têm um incentivo para serem protecionistas, mas coletivamente eles se beneficiam do livre comércio.

9. A cláusula da nação mais favorecida pode ser multilateral (quando se outorgam a todas as partes contratantes as vantagens da cláusula) ou unilateral (quando ela opera em benefício de apenas uma parte contratante); pode ser geral (quando se aplica a todas as relações comerciais de uma parte contratante) ou especial (quando se enumeram as mercadorias objeto da cláusula ou o seu âmbito de apli-

NMF quer dizer que uma parte contratante é obrigada a tratar outras partes contratantes de um acordo internacional, de forma não menos favorável do que a que foi concedida para qualquer outra parte contratante, e isto em relação a quaisquer medidas (administrativas, legislativas etc.). Em outras palavras, ao aderir a uma cláusula NMF, a parte contratante se obriga a estender às outras partes contratantes ou a terceiros países, o tratamento mais vantajoso que tiver concedido a uma parte contratante específica, desde que condições similares estejam presentes. Ainda, a cláusula NMF inclui duas classes de obrigação: a de concessão de tratamento isonômico e a da proibição de adoção de comportamento discriminatório. Por conta deste conjunto de características, portanto, é que se diz que a cláusula NMF representa a dimensão externa do princípio da não discriminação.[10]

Passando do plano teórico para o âmbito do GATT, tem-se que a cláusula NMF consta de forma expressa no artigo I.1 do Acordo, que está assim redigido:

> Artigo I – Tratamento Geral de Nação Mais Favorecida
>
> 1. Qualquer vantagem, favor, imunidade ou privilégio concedido por uma Parte Contratante em relação a um produto originário de ou destinado a qualquer outro país, será imediata e incondicionalmente estendido ao produtor similar, originário do território de cada uma das outras Partes Contratantes ou ao mesmo destinado. Este dispositivo se refere aos direitos aduaneiros e encargos de toda a natureza que gravem a importação ou a exportação, ou a elas se relacionem, aos que recaiam sobre as transferências internacionais de fundos para pagamento de importações e exportações, digam respeito ao método de arrecadação desses direitos e encargos ou ao conjunto de regulamentos ou formalidades estabelecidos em conexão com a importação e exportação bem como aos assuntos incluídos nos §§ 2 e 4 do art. III.[11]

---

cação), pode ser positiva (quando a parte contratante concedente é obrigada a atribuir à parte contratante beneficiária todas as vantagens concedidas à parte contratante terceira mais favorecida em determinado domínio) ou negativa (quando a parte contratante concedente não pode assumir para com a parte contratante beneficiária um tratamento menos favorável do que para países terceiros), e, por último, pode ser condicional (ela só opera quando a parte contratante que dela pretende beneficiar oferece vantagens semelhantes à parte contratante que as concede) ou incondicional (quando os benefícios concedidos se estendem à parte contratante automática e incondicionalmente).

10. Schlatzer, 2005, p. 21.
11. Redação em português constante do Anexo da Lei n.º 313, de 30/07/1948.

Assim, a cláusula NMF determina que qualquer vantagem, favor, privilégio ou imunidade concedida por um Membro a um produto originário de um outro país ou a ele destinado (não necessariamente um Membro do GATT) deve ser, imediata e incondicionalmente, estendida a todos os produtos similares originários dos territórios de qualquer outro Membro ou a eles destinados (artigo I.1 do GATT).[12] É de se ressaltar, entretanto, que um Membro não está obrigado a aplicar a cláusula NMF a terceiros países; só que se conceder algum benefício a um terceiro país, deverá estender este benefício para todos os Membros da OMC.

Assim, a cláusula, verdadeira pedra angular do GATT,[13] coloca todos os países em pé de igualdade, sem discriminação, com todos partilhando das vantagens resultantes da redução ou eliminação dos obstáculos ao comércio. Além disso, a cláusula NMF exerce uma importante função de política externa na medida em que, ao ampliar os benefícios concedidos a um parceiro comercial a todos os demais, imediata e incondicionalmente despolitiza as medidas comerciais e promove relações internacionais pacíficas, contribuindo para assegurar que o sistema de trocas seja relativamente seguro, coerente e previsível, aspectos fundamentais de uma ordem comercial internacional baseada em regras.

No caso do comércio internacional de bens, que é o âmbito do GATT (de se lembrar que a cláusula NMF também se aplica ao comércio de serviços, em face de sua incorporação ao GATS), a verificação acerca de uma eventual violação à cláusula NMF deve ser feita por via de um teste de consistência, no qual três questões devem ser respondidas: (i) se a medida em análise confere uma "vantagem" comercial do tipo coberto pelo artigo I.1 (esta questão é de grande importância para a tributação, como a seguir se verá); (ii) se os produtos em questão são "produtos similares"; e (iii) se a vantagem em questão

---

12. Além do artigo I.1, muitas outras disposições do GATT exigem o tratamento da nação mais favorecida: por exemplo, artigo III.7; artigo IV.b; artigos V.2, V.5 e V.6; artigo XIII.1; artigo XVII.1; artigo XVIII.20; artigo XX,i).

13. No caso "*European Communities – Conditions for the Granting of tariffs preferences to developing countries*" (WT/DS246/AB/R, relatório adotado em 07/04/2004), o Órgão de Apelação declarou que a obrigação associada à cláusula NMF (prevista no artigo I.1 do GATT), é uma "pedra angular" do GATT" e "um dos pilares do sistema da OMC", nos seguintes termos: "101. It is well settled that the MFN principle embodied in Article I:1 is a "cornerstone of the GATT" and "one of the pillars of the WTO trading system, which has consistently served as a key basis and impetus for concessions in trade negotiations".

é concedida "imediatamente e incondicionalmente" para todos os produtos similares.

Em relação à primeira questão, tem-se, pela redação do artigo I.1, que a cláusula NMF se aplica em relação a "qualquer vantagem, favor, imunidade ou privilégio concedido por uma Parte Contratante em relação a um produto originário de ou destinado a qualquer outro país", o que inclui: (i) direitos aduaneiros; (ii) imposições de qualquer espécie que incidem sobre as importações ou exportações; (iii) imposições de qualquer espécie que são aplicadas por ocasião das importações ou exportações; (iv) imposições que incidem sobre as transferências internacionais de fundos destinados ao pagamento de importações ou exportações; (v) modo de arrecadação dos direitos aduaneiros e outras imposições; (vi) todas as regulamentações e formalidades relativas às importações e às exportações; (vii) tributos internos ou outros encargos (em razão da vinculação do artigo I.1 ao artigo III.2); e (vii) leis, regulamentos e exigências relacionadas com a venda, oferta para venda, compra, transporte, distribuição e utilização no mercado interno de qualquer produto (em razão da vinculação do artigo I.1 ao artigo III.4).

Sintetizando ainda mais, a cláusula NMF está associada a qualquer vantagem concedida por um Membro com respeito a: (i) direitos aduaneiros, outros encargos incidentes sobre importações e exportações e outras matérias aduaneiras; (ii) tributos internos; e (iii) regras internas que afetam a venda, distribuição e uso dos produtos.

Do ponto de vista tributário, a primeira questão do teste de consistência tem especial relevância, porque, como visto, a imposição de tributos internos está dentro do escopo da cláusula NMF. E isto remete à questão do âmbito de aplicação das disposições do GATT em matéria tributária, tão importante quanto controversa na doutrina internacional. É que há estudiosos que defendem o entendimento de que como o GATT aplica-se apenas ao comércio de bens, sua aplicação ficaria restrita aos tributos que incidem sobre bens (os chamados tributos indiretos), sejam eles os incidentes sobre o comércio exterior ou aqueles aplicados internamente; assim, não estariam cobertos pelo GATT, os tributos diretos, dentre os quais é exemplo o imposto sobre a renda. Outra corrente, entretanto, defende posição contrária, fazendo-o com base num entendimento bem resumido por Michael Daly, o qual afirma que muito embora o artigo III.2 do GATT faça menção expressa a "tributos internos sobre bens", "[...] dada a aparente equivalência entre o fluxo de produtos e o fluxo de fatores e o fato de que os tributos indiretos incidem sobre aqueles e os tributos diretos sobre estes, os dois tipos de tributos podem ter efeitos equivalentes".[14]

Afora, porém, o argumento de natureza econômica de Michael Daly, certo é que a extensão da disciplina do comércio internacional aos tributos diretos se justifica, antes de qualquer coisa, pelo argumento pragmático destacado por Franco Falzon, de que "é largamente reconhecido na literatura do comércio internacional que a estreita interconexão entre comércio e tributação necessita que as medidas de tributação direta não sejam ignoradas na esfera da liberalização do comércio internacional".[15] Ou seja, não se pode mais interpretar as menções do GATT a tributos incidentes "sobre produtos", como uma estrita referência a tributos que pretensamente teriam, apenas eles, reflexos nos preços dos produtos. De há muito se sabe que uma das distinções entre tributos diretos e indiretos - a de que os primeiros gravam o produtor dos bens e não seus produtos e, por conta disto, não alteram os preços destes produtos – não tem mais razão de ser num mundo onde, dada a disseminação dos mecanismos tributários de natureza protecionista (grande parte deles referentes à tributação direta), não há mais como manter incólume aquela distinção.

Quando Iris Schlatzer nega a inclusão dos tributos diretos dentro da disciplina do GATT, o faz afirmando as dificuldades em se estabelecer em que medida a carga tributária referente aos tributos diretos estaria sendo repassada para os preços.[16] O argumento, porém, é destituído de conteúdo, pois na medida em que atualmente se reconhece a influência dos tributos diretos no fluxo de bens e serviços ao redor do mundo, poder-se-ia levantar as mesmas dificuldades apontadas pela autora, mas num contexto um pouco mais amplo, ou seja, enfatizando as dificuldades de se separar em que medida os preços são influenciados pelos tributos indiretos, e em que medida pelos tributos diretos; o que não se pode é afirmar que apenas uma destas classes de exações afeta, indiscutivelmente, o preço dos produtos.

Dentro deste contexto é que se entende a evolução da jurisprudência do sistema multilateral do comércio. Na esfera do sistema de

14. Daly, 2005, p. 4.
15. Falzon, 2006, p. 145.
16. Schlatzer, 2005, p. 32.

solução de controvérsias do antigo GATT/1947 (anterior à criação da OMC), predominava o entendimento de que as disposições do Acordo não cobriam medidas relacionadas com a tributação direta. Já sob a égide do atual MSC, o entendimento foi alterado no julgamento do Caso *Foreign Sales Corporation*, no qual o Painel se manifestou no sentido de que o artigo III do GATT/1994 se aplica a medidas que atribuem vantagens relativas ao imposto sobre a renda.

Em resumo, muito embora se possa dizer que os dispositivos do GATT/1994 estejam primordialmente relacionados com os tributos indiretos, podem eles, em determinadas circunstâncias, ter relevância também para a tributação direta. E tal entendimento se justifica do ponto de vista dos objetivos do sistema, dado que, atualmente, os Estados, na busca de meios para driblarem as disposições do Acordo, têm intensificado o uso de mecanismos tributários protecionistas associados aos tributos diretos.[17]

Tais considerações relativas à primeira questão do teste de consistência referente à verificação de uma violação à cláusula NMF, são suficientes para o que aqui importa, que são as repercussões tributárias do tema.

Quanto à segunda questão do teste de consistência, qual seja a destinada a verificar se os produtos em questão são "produtos similares", suscita ela muitos debates na doutrina internacional e nas decisões tanto do MSC do antigo GATT quanto do da OMC, havendo muito pouco consenso acerca das múltiplas facetas do tema. Este tema, entretanto, será abordado com mais detalhes no item seguinte, quando se analisará a cláusula do TN, mas de qualquer modo há que se enfatizar desde já que as dificuldades relativas à caracterização da similaridade entre produtos estão centradas, em especial, no fato que a expressão "produto similar", essencial à aplicação da cláusula NMF, aparece não só no artigo I.1, mas também nos artigos II.2.a; III.2 e III.4; VI.1.a e VI.1.b; IX.1; XI.2.c; XIII.1; e XVI.4. Além disso, outras expressões, tais como "mercadoria similar", "produtos diretamente concorrentes", ou "produto concorrente ou substituto" aparecem, respectivamente, nos artigos VII.2, XIX.1, e na nota adicional ao artigo III.2.

A similaridade entre produtos é, assim, uma questão cujos critérios de resolução solução ainda estão em fase de construção, sen-

17. Thiel, 2005, p. 17; Daly, 2006, p. 534-535.

do que as soluções para os casos concretos já julgados pelo MSC do GATT e da OMC foram e têm sido dadas com base em critérios adotados como válidos para cada caso olhado isoladamente, segundo suas especificidades. Mas isto, como se disse, se verá com mais detalhes no item seguinte.

No que se refere à terceira questão do teste de consistência, há que se enfatizar, apenas, aquilo que o artigo I.1 do GATT já determina de forma textual: qualquer vantagem concedida por um Membro da OMC para importações de qualquer país, devem ser estendidas "imediata e incondicionalmente" para as importações oriundas de todos os outros Membros da OMC. Em outras palavras, se um Membro da OMC concede uma vantagem para as importações de um determinado país, ele não pode condicionar a extensão desta vantagem aos demais Membros a que algo seja dado em retorno ou a que algum pagamento seja feito como compensação.[18] Da mesma forma, a extensão da vantagem não pode ficar condicionada ao preenchimento de determinados requisitos por parte dos outros Membros (por exemplo, a existência de certas características ou de certo tipo de legislação ou a tomada ou supressão de alguma ação específica).[19]

Abordadas as questões referentes ao teste de consistência, uma outra observação que deve ser aqui feita se refere à questão da origem dos produtos no âmbito da cláusula NMF. O artigo I.1 do GATT utiliza a expressão "originário" e não "proveniente", e o faz precisamente para evitar que as mercadorias beneficiárias da cláusula NMF percam esse estatuto se provenientes de um país não sujeito às regras do GATT. Não interessa, portanto, se a exportação é efetuada diretamente ou através do território de um terceiro país.[20] A questão

---

18. Van den Bossche, 2006, p. 317.

19. Caso "*Belgian Family Allowances - Allocation Familiales*" (C/32 – IS/59), relatório adotado em 07/11/1952, item 3.

20. A fluidez e a expansão do comércio internacional pressupõem, necessariamente, a liberdade de circulação das mercadorias entre os países compradores e vendedores, especialmente através daqueles que se encontram no meio do caminho. A esta espécie de princípio da boa vizinhança, consagrado no preâmbulo e no artigo 74 da Carta das Nações Unidas, foi dada substância, em termos de circulação de mercadorias, no artigo V do GATT. Segunda esta disposição, "haverá liberdade de trânsito através do território de cada membro para o tráfico em trânsito com destino a, ou proveniente de um território de outro membro, que utilize as vias mais convenientes para o trânsito internacional" (artigo V.2). No fundo, pretende-se que cada membro conceda "aos produtos que, em trânsito, atravessem o território de qualquer outro membro, um tratamento não menos favorável que o que lhes teria sido concedido se tivessem sido transportados, do lugar de origem ao lugar de destino, sem passarem por tal território" (artigo V.6).

da proveniência dos produtos tem relevância, sim, para a aplicação eventual de medidas de ordem sanitária ou fitossanitária.

Por fim, serão analisadas algumas exceções à cláusula NMF.

Algumas delas não se referem especificamente à cláusula NMF, conformando-se como exceções gerais ao regime do GATT, razão pela qual alcançam também a cláusula TN, que será abordada no item seguinte. Estão elas previstas no artigo XX do GATT, que expressamente determina que quando houver ameaça à saúde, moral pública, à vida humana, animal ou vegetal etc., medidas que afrontem a disciplina do GATT devem ser acatadas por razões de proteção. Porém, o próprio artigo XX condiciona a validação destas exceções aos casos em que as medidas pretensamente destinadas à proteção de algum daqueles bens ou valores "não sejam aplicadas de forma a constituir quer um meio de discriminação arbitrária, ou injustificada, entre os países onde existem as mesmas condições, quer uma restrição disfarçada ao comércio internacional".[21] À evidência, estas restrições às medidas de exceção, constantes do *caput* do artigo XX, destinam-se a evitar o mau uso das exceções, nisto refletindo, na opinião de Iris Schlatzer, o princípio da boa-fé.[22]

Além destas exceções gerais, há outras destinadas a preservar a segurança nacional (artigo XX do GATT) e a proteger o equilíbrio da balança de pagamentos (artigo XII do GATT). E também há outras de muita relevância para a matéria tributária: as que se referem às uniões aduaneiras e às zonas de livre comércio (artigo XXIV do GATT).

Em razão do artigo XXIV do GATT, as uniões aduaneiras e as zonas de livre comércio estão excetuadas da cláusula NMF; e isto, por óbvio, pela própria natureza destes arranjos, baseados que são em acordos de integração regionais que estabelecem tratamentos específicos intra-bloco. Assim, com o fim de não erodir os objetivos destes arranjos, foi criada a exceção. Mas há outra razão para a exceção, e está ela no artigo XXIV.4 do GATT, qual seja a de que tais arranjos regionais sejam um caminho para a gradativa integração internacional.[23] Entretanto, no próprio artigo XXIV.4 está expresso que

21. Redação em português constante do Anexo da Lei n.º 313, de 30/07/1948.

22. Schlatzer, 2005, p. 32.

23. GATT – "Artigo XXIV.4. As Partes Contratantes reconhecem que é recomendável aumentar a liberdade do comércio desenvolvendo, através de acordos livremente concluídos, uma integração mais estreita das economias dos países participantes de tais acordos. Reconhecem igualmente que o estabelecimento de uma união aduaneira ou de uma zona de livre comércio deve ter por finalidade

"o estabelecimento de uma união aduaneira ou de uma zona de livre comércio deve ter por finalidade facilitar o comércio entre os territórios constitutivos e não opor obstáculos ao comércio de outras Partes Contratantes com esses territórios"; ou seja, a facilitação do comércio intra-bloco não pode ser obtido por via da imposição de restrições às relações comerciais com os outros Membros da OMC.

Outra importante restrição ao acatamento dos arranjos regionais está posta no artigo XXIV.5 do GATT: tais arranjos não poderão impor obrigações aduaneiras e outras regulamentações em níveis mais elevados que os que já existiam antes do processo de integração; ou seja, a integração não pode ser efetuada com base na criação de maiores restrições ao comércio do que as que já existiam anteriormente. Também aqui se percebe, com clareza, a visão do sistema multilateral do comércio de que os arranjos regionais devem ser um passo a mais na direção da efetiva integração comercial.

Este o quadro relativo à cláusula NMF. Pode-se passar, agora, à análise da segunda cláusula que compõe o princípio da não discriminação no marco da OMC, a do tratamento nacional.

4.3.2.2 A cláusula do tratamento nacional: a dimensão interna do princípio da não discriminação

A cláusula NMF representa apenas parte do regime anti-discriminação posto no GATT, dado que cobre apenas a discriminação entre os Membros da OMC. A não discriminação, em seu sentido íntegro, só é alcançada pela adição da cláusula do tratamento nacional (TN), por meio da qual se busca evitar a atribuição, aos produtos estrangeiros, de um tratamento menos favorável que o concedido aos produtos nacionais similares. Em outras palavras, a cláusula TN busca impedir a aplicação, aos produtos importados, de tributos, leis e outras exigências administrativas que, colocando tais produtos em situação de desigualdade perante a produção interna, protejam a produção nacional.[24] A cláusula TN busca evitar, assim, que por

facilitar o comércio entre os territórios constitutivos e não opor obstáculos ao comércio de outras Partes Contratantes com esses territórios" (Redação em português constante do Anexo da Lei n.° 313, de 30/07/1948).

24. Com efeito, segundo o relatório do Painel no caso "*Italy - Discrimination against Imported Agricultural Machinery*" (L/833 - 7S/60), adotado em 23/10/1958, "11. [...] the intention of the drafters of the Agreement was clearly to treat the imported products in the same way as the like domestic

meio de medidas de variada ordem (por exemplo, a aplicação de impostos e outras imposições internas), sejam produzidos efeitos protecionistas, eliminando-se, por consequência, as vantagens resultantes da aplicação da cláusula da NMF. Em face destas características é que enquanto a cláusula NMF é considerada a dimensão externa do princípio da não discriminação, a cláusula TN é tida como sua dimensão interna.[25]

Deste modo, as cláusulas NMF e TN mostram-se como complementares. Entretanto, em alguns casos, raros é certo, podem gerar efeitos divergentes. É que um Estado, quando aplica a outro a cláusula TN, assegura aos produtos deste, um tratamento igual ao atribuído aos seus próprios produtos similares; já no caso da cláusula NMF, o seu fim imediato reside na garantia de que o beneficiário gozará do melhor tratamento enquanto estrangeiro, em regra mais desfavorável que o tratamento doméstico. Assim, no caso de um eventual tratamento externo mais favorável que o interno, haverá contraposição de efeitos na aplicação das duas cláusulas.

A cláusula TN está posta no artigo III.1, assim redigido:

> Artigo III – Tratamento nacional no tocante a tributação e regulamentação internas
>
> 1. As Partes Contratantes reconhecem que os impostos e outros tributos internos, assim como leis, regulamentos e exigências relacionadas com a venda, oferta para venda, compra, transporte, distribuição ou utilização de produtos no mercado interno e as regulamentações sobre medidas quantitativas internas que exijam a mistura, a transformação ou utilização de produtos, em quantidade e proporções especificadas, não devem ser aplicados a produtos importados ou nacionais, de modo a proteger a produção nacional.
>
> 2. Os produtos do território de qualquer Parte Contratante, importados por outra Parte Contratante, não estão sujeitos, direta ou indiretamente, a impostos ou outros tributos internos de qualquer espécie superiores aos que incidem, direta ou indiretamente, sobre produtos nacionais. Além disso, nenhuma Parte Contratante aplicará de outro modo, impostos ou

products once they had been cleared through customs. Otherwise indirect protection could be given".

25. Schlatzer, 2005, p.21

> outros encargos internos a produtos nacionais ou importados, contrariamente aos princípios estabelecidos no parágrafo 1.
>
> 3. Relativamente a qualquer imposto interno existente, incompatível com o que dispõe o parágrafo 2, mas expressamente autorizado por um acordo comercial, em vigor a 10 de abril de 1947, no qual se estabelece o congelamento do direito de importação que recai sobre um produto à Parte Contratante que aplica o imposto será lícito protelar a aplicação dos dispositivos do parágrafo 2 a tal imposto, até que possa obter dispensadas obrigações desse acordo comercial, de modo a lhe ser permitido aumentar tal direito na medida necessária compensar a supressão da proteção assegurada pelo imposto.
>
> 4. Os produtos de território de uma Parte Contratante que entrem no território de outra Parte Contratante não usufruirão tratamento menos favorável que o concedido a produtos similares de origem nacional, no que diz respeito às leis, regulamento e exigências relacionadas com a venda, oferta para venda, compra, transporte, distribuição e utilização no mercado interno. Os dispositivos deste parágrafo não impedirão a aplicação de tarifas de transporte internas diferenciais, desde que se baseiem exclusivamente na operação econômica dos meios de transporte e não na nacionalidade do produto.[26]

Importante transcrever, também, a nota adicional artigo ao artigo III.2, igualmente constante do GATT:

> Um tributo que satisfaça às prescrições da primeira frase do parágrafo 2 somente deve ser considerado como incompatível com as prescrições da segunda frase nos casos em que haja concorrência entre, de um lado, o produto tributado e, de outro, um produto diretamente competidor ou que possa ser substituto direto e que não seja tributado igualmente.

A compreensão do conteúdo e das inter-relações das disposições que compõem o artigo III do GATT tem demandado muitas divergências na doutrina; tanto é assim que há uma farta literatura sobre o tema.[27] De qualquer modo, à margem das discordâncias postas, há algumas condicionantes que se pode identificar, tendo em

26. Redação em português constante do Anexo da Lei n.º 313, de 30/07/1948.

27. Ver, por exemplo: Singh (2000); Horn e Mavroidis (2004).

vista, até mesmo, manifestações do MSC já formalizadas em casos concretos já julgados.

A ideia básica da cláusula TN é evitar o protecionismo, fazendo-o por via da proibição aos Membros da OMC de adotarem medidas que tenham o efeito de atribuir uma vantagem aos produtos domésticos, em detrimento dos produtos estrangeiros. Com isto, o artigo III.1 do GATT reconhece que a exigência de tributos internos e outros encargos de forma discriminatória, compromete o objetivo básico do sistema multilateral do comércio, que é o da promoção do comércio internacional livre e justo. Ainda mais, incita à criação de um *level playing field* no mercado doméstico, com vistas à assegurar igualdade nas condições competitivas estabelecidas entre produtos domésticos e produtos importados. Neste sentido, a manifestação do OAp no caso "*Japan – Taxes on Alcoholic Beverages*":[28]

> D. [..] O mais amplo e fundamental objetivo do Artigo III é evitar o protecionismo na aplicação de tributos e exigências regulamentares internas. Mais especificamente, o objetivo do Artigo III é "assegurar que medidas internas 'não sejam aplicadas a produtos importados e domésticos' com o fim de conceder proteção à produção doméstica'". Com este fim, o Artigo III obriga os Membros da OMC a conceder igualdade de condições competitivas para os produtos importados em relação aos produtos domésticos. A intenção dos arquitetos do Acordo foi claramente o de tratar os produtos importados da mesma forma que os produtos domésticos similares, depois que aqueles tenham sido desembaraçados pela aduana. (tradução nossa)[29]

Uma definição bastante precisa da cláusula TN está posta no relatório do Painel "*United States - Section 337 of the Tariff Act of 1930*",[30] segundo o qual:

28. "*Japan – Taxes on Alcoholic Beverages*" (WT/DS11/AB/R), relatório do Órgão de Apelação adotado em 04/10/1996.
29. Redação original: "D. [...] The broad and fundamental purpose of Article III is to avoid protectionism in the application of internal tax and regulatory measures. More specifically, the purpose of Article III 'is to ensure that internal measures 'not be applied to imported or domestic products so as to afford protection to domestic production'". Toward this end, Article III obliges Members of the WTO to provide equality of competitive conditions for imported products in relation to domestic products. '[T]he intention of the drafters of the Agreement was clearly to treat the imported products in the same way as the like domestic products once they had been cleared through customs."
30. Caso "*United States - Section 337 of the Tariff Act of 1930" (L/6439 - 36S/345)*, relatório do Painel adotado em 07/11/1989.

> 5.11. [...] as palavras 'tratamento não menos favorável' constante do parágrafo 4 demanda por efetiva igualdade de oportunidades para os produtos importados no que se refere à aplicação de leis, regulamentos e demais exigências que afetam a venda interna, a oferta à venda, a compra, o transporte e o uso dos produtos. Isto claramente define um *standard* mínimo admissível. Por um lado, as partes contratantes podem aplicar aos produtos importados diferentes exigências legais, no caso em que, fazendo isto, estaria concedendo aos produtos importados tratamento mais favorável. De outro lado, deve-se reconhecer que pode haver casos nos quais, apesar de haver a aplicação de disposições legais formalmente idênticas, o resultado é a concessão de tratamento menos favorável para os produtos importados, situações estas que virão a demandar à parte contratante a obrigação de aplicar diferentes disposições legais com o fim de assegurar que o tratamento concedido àqueles produtos importados seja, de fato, não menos favorável. Por estas razões, o mero fato de que produtos importados estão sujeitos, em razão da Seção 337, a disposições legais que são diferentes daquelas aplicadas a produtos de origem nacional, não é, por si só, conclusivo acerca da inconsistência com o artigo III.4. Nestes casos, deve ser avaliado se tais diferenças nas disposições legais aplicáveis resultam ou não em concessão ao produto importado de tratamento menos favorável. Dado que o objetivo que subjaz é a garantia de igualdade de tratamento, é incumbência da parte contratante que aplica tratamento diferente mostrar que, a despeito de tais diferenças, o tratamento não menos favorável do artigo III está presente. (tradução nossa)[31]

31. Redação original: "5.11. The words "treatment no less favourable" in paragraph 4 call for effective equality of opportunities for imported products in respect of the application of laws, regulations and requirements affecting the internal sale, offering for sale, purchase, transportation, distribution or use of products. This clearly sets a minimum permissible standard as a basis. On the one hand, contracting parties may apply to imported products different formal legal requirements if doing so would accord imported products more favourable treatment. On the other hand, it also has to be recognised that there may be cases where application of formally identical legal provisions would in practice accord less favourable treatment to imported products and a contracting party might thus have to apply different legal provisions to imported products to ensure that the treatment accorded them is in fact no less favourable. For these reasons, the mere fact that imported products are subject under Section 337 to legal provisions that are different from those applying to products of national origin is in itself not conclusive in establishing inconsistency with Article III:4. In such cases, it has to be assessed whether or not such differences in the legal provisions applicable do or do not accord to imported products less favourable treatment. Given that the underlying objective is to guarantee equality of treatment, it is incumbent on the contracting party applying differential treatment to show that, in spite of such differences, the no less favourable treatment standard of Article III is met".

A partir das decisões acima transcritas, elucida-se uma importante questão relativa ao conteúdo da cláusula TN: ela não obriga os Membros a conceder tratamento legal igual para os produtos nacionais e importados, mas sim que as diferenças nas disposições legais não resultem em tratamento menos favorável para os produtos importados. Em outras palavras, produtos nacionais e estrangeiros não precisam estar submetidos às mesmas normas, mas da aplicação delas não pode resultar um ambiente no qual seja negada aos produtos importados a possibilidade de concorrer, no mercado nacional, em igualdade de condições.

Do ponto de vista tributário, o artigo III.1 do GATT não pretende, assim, a harmonização dos sistemas fiscais, apenas a observância do princípio da igualdade em matéria de tributação interna. Nesse sentido, tem-se não só o relatório do Painel sobre o caso "*United States – Measures Affecting Alcoholic and Malt Beverages*",[32] no qual está posto que "o objetivo do artigo III não é harmonizar os tributos e regulamentos internos das partes contratantes, os quais podem diferir de um país para outro",[33] como também o relatório do Órgão de Apelação no caso "*Japan – Taxes on Alcoholic Beverages*",[34] que declara que os "Membros da OMC são livres para perseguir seus próprios objetivos domésticos através da tributação e regulação internas, desde que o faça de modo tal a não violar o artigo III [do GATT] ou qualquer outro compromisso que tenham assumido no Acordo da OMC".[35] Da mesma forma, o conteúdo do artigo III.1, no qual está posta apenas a obrigação de os Membros não aplicarem os impostos e outras imposições internas aos produtos importados ou nacionais de maneira a proteger a produção nacional.[36] Por conseguinte, "os produtos do território de qualquer membro, importados no território

32. Caso "*United States-Measures Affecting Alcoholic and Malt Beverages*" (DS23/R - 39S/206), relatório do Painel adotado em 19/06/1992.

33. Redação original: "5.71. [...] The purpose of Article III is not to harmonize the internal taxes and regulations of contracting parties, which differ from country to country".

34. Caso "*Japan – Taxes on Alcoholic Beverages*" (WT/DS11/AB/R), relatório do Órgão de Apelação adotado em 04/10/1996.

35. Redação original: "D. [...] Members of the WTO are free to pursue their own domestic goals through internal taxation or regulation so long as they do not do so in a way that violates Article III or any of the other commitments they have made in the WTO Agreement".

36. Um imposto aplicado uniformemente aos produtos importados e aos produtos nacionais similares só pode ser considerado contrário à cláusula TN nos casos em que exista concorrência no mercado interno entre esses produtos e outros produtos substitutos tributados menos pesadamente. Neste caso, a proteção manifesta-se sem que os impostos sejam discriminatórios. Assim, por exemplo, uma

de qualquer outro membro, não estarão sujeitos, direta ou indiretamente, a impostos ou outras imposições internas, qualquer que seja a sua espécie, superiores aos aplicados, direta ou indiretamente, aos produtos nacionais similares" (artigo III.2). Além disso, "os produtos do território de qualquer membro, importados no território de qualquer outro membro, estarão sujeitos a um tratamento não menos favorável que o concedido aos produtos similares de origem nacional no que se refere a todas as leis, regulamentos ou prescrições que afetem a sua venda, compra, transporte, distribuição ou utilização no mercado interno" (artigo III.4).[37] A cláusula do TN aplica-se somente às importações, já que as exportações se encontram sujeitas ao regime estabelecido para os subsídios.

Questão muito importante e que deve ser bem enfatizada é que, em respeito ao acima referido artigo III.2 do GATT – que como se viu proíbe a aplicação aos produtos importados de impostos ou disposições internas em valores superiores ao aplicados sobre os produtos nacionais –, a vedação à aplicação aos produtos importados de impostos ou disposições internas em valores superiores ao aplicados sobre os produtos nacionais se estende a quaisquer tributos internos, referentes aos vários níveis governamentais (federal, estadual e municipal). É o que se infere do dispositivo legal e do relatório do Painel do caso "*Canada - Import, Distribution and Sale of Certain Alcoholic Drinks by Provincial Marketing Agencies*", no qual está expresso que o Artigo III.2, primeira parte, se aplica aos tributos estaduais e federais incidentes sobre as vendas.[38]

Os Membros da OMC devem aplicar, portanto, aos produtos importados de outros Membros o mesmo tratamento que prestam

imposição aplicada igualmente à margarina nacional e importada pode ter por efeito favorecer a produção nacional de manteiga, produto de maior importância para a economia do país em causa.

37. Caso "*Canada - Import, Distribution and Sale of Certain Alcoholic Drinks by Provincial Marketing Agencies*" (DS/17/R, relatório do Painel adotado em 16/10/1991): "5.6. [...] by allowing the access of domestic beer to points of sale not available to imported beer, Canada accorded domestic beer competitive opportunities denied to imported beer", e "5.4. [...] the imposition of the six-pack configuration requirement on imported beer but not on domestic beer was inconsistent with that provision [artigo III.4 do GATT]."

38. Caso "*Canada - Import, Distribution and Sale of Certain Alcoholic Drinks by Provincial Marketing Agencies*" (DS/17/R, relatório do Painel adotado em 16/10/1991): "5.24. The Panel noted that, according to Article III:2, first sentence, imported products 'shall not be subject, directly or indirectly, to internal taxes or other internal charges of any kind in excess of those applied, directly or indirectly, to like domestic products'. The Panel considered that this provision applied not only to the provincial and federal sales taxes but also to the mark-ups levied by the liquor boards because they also constituted internal governmental charges borne by products".

aos produtos nacionais em matéria de impostos, imposições internas, leis e regulamentos administrativos internos. Os direitos aduaneiros, dado serem intrinsecamente discriminatórios, e os outros obstáculos fronteiriços, por se aplicarem quando da entrada dos bens no país da importação, não são, por conseguinte, abrangidos por esta cláusula.[39] Os impostos e outras imposições internas aplicados tanto aos produtos importados como aos produtos nacionais não deixarão, por fim, de estar sujeitos à cláusula TN pelo fato de terem sido lançados sobre os produtos importados por ocasião do despacho aduaneiro.[40]

Um Membro, para que possa se prevalecer da violação das disposições do artigo III por outro Membro, fazendo valer os seus direitos, deverá provar não só que os produtos importados e os produtos nacionais em causa são similares (e não meramente substitutos ou diretamente concorrentes), mas também que o tratamento, em matéria de impostos e legislação, aplicado aos produtos importados, é mais rigoroso do que o aplicado aos produtos nacionais. Não interessa, pois, saber se o volume das importações em causa é substancial, pequeno ou inexistente. Isto porque o artigo III visa "não apenas proteger o comércio corrente, mas também criar a previsibilidade necessária ao planejamento do comércio futuro".[41] No relatório do

39. Os direitos aduaneiros, contrariamente aos impostos e imposições internas, são cobrados no momento, e como condição, da entrada dos bens no país da importação e aplicam-se exclusivamente aos produtos importados, sem qualquer relação com as imposições semelhantes que incidem sobre os produtos nacionais.

40. Um exemplo associado ao sistema tributário brasileiro bem ilustra a situação: em 2004, com a edição da Lei n.º 10.865/2004, o Brasil instituiu a incidência, sobre a importação, de duas contribuições sociais (a Contribuição para o Programa de Integração Social – PIS e a Contribuição para o Financiamento da Seguridade Social – Cofins). Tais contribuições, anteriormente exigidas apenas em relação às operações no mercado interno, passaram a ter uma incidência complementar sobre as operaçoes de importação, sendo exigidas juntamente com os tributos incidentes sobre o comércio exterior, quando do ingresso dos bens no território nacional. Pois bem, tais incidências complementares do PIS e da Cofins não gravam os produtos nacionais, mas apenas os produtos importados, configurando-se aí, à evidência, a exigência de tributos internos em montantes superiores ao exigidos em relação aos produtos nacionais. Neste caso, o fato de o PIS e a Cofins estarem sendo cobrados por ocasião do despacho aduaneiro, não torna as incidências legítimas do ponto de vista da cláusula TN. A verdade é que, ao final e ao cabo, sobre os produtos importados estarão sendo exigidas aquelas duas contribuições sociais tanto na importação quanto nas operações posteriores de comercialização no mercado interno. O fato de que no âmbito do PIS e da Cofins apurados pelo regime da não-cumulatividade os valores pagos a título destas contribuições podem ser deduzidos do valor devido nas operações posteriores, não infirma o caráter potencialmente discriminatório das incidências, pois é preciso ter em conta que ainda subsiste no Brasil o regime cumulativo, que deve ser adotado obrigatoriamente por algumas pessoas jurídicas ou em relação a algumas atividades específicas.

41. Caso *"United States-Taxes on Petroleum and Certain Imported Substances"* (L/6175 - 34S/136), relatório do Painel adotado em 17/06/1987: "5.2.2. [...] Both articles [artigos III e XI do GATT] are not only to protect current trade but also to create the predictability needed to plan future trade".

Painel sobre o caso "*United States – Taxes on Petroleum and Certain Imported Substances*", é ressalvado que o "Artigo III.2, primeira sentença, não pode ser interpretado para proteger expectativas sobre volumes de exportação; ele protege expectativas sobre o relacionamento competitivo entre produtos importados e domésticos. Uma mudança no relacionamento competitivo contrária àquele dispositivo deve ser tida *ipso facto* como uma anulação ou dano aos benefícios acordados dentro do Acordo Geral".[42]

Um dos aspectos mais importantes (e uma das maiores dificuldades) quanto à aplicação da cláusula TN diz respeito à definição de "produtos similares", visto que esta cláusula tem por objeto as mercadorias ou produtos similares aos nacionais e não quaisquer substitutos. O GATT, não fornecendo qualquer definição, levou a que, em caso de necessidade, as dificuldades na identificação de "produtos similares" fossem resolvidas casuísticamente. Nesse sentido, o relatório do grupo de trabalho sobre "*Border Tax Adjustments*" considerou que "problemas surgidos da interpretação dos termos devem ser examinados caso-a-caso" e, tendo em conta este método, avançou com alguns critérios para determinar se os produtos são ou não similares: "o uso final dos produtos em um dado mercado; os hábitos e gostos dos consumidores, os quais variam de país para país; as propriedades, natureza e qualidade dos produtos".[43] Mais tarde, no relatório do Painel sobre o caso "*Japan - Customs Duties, Taxes and Labelling Practices on Imported Wines and Alcoholic Beverages*", houve a superveniência de

42. Caso "*United States-Taxes on Petroleum and Certain Imported Substances*" (L/6175 - 34S/136), relatório do Painel adotado em 17/06/1987: "5.1.11. [...] For these reasons, Article III:2, first sentence, cannot be interpreted to protect expectations on export volumes; it protects expectations on the competitive relationship between imported and domestic products. A change in the competitive relationship contrary to that provision must consequently be regarded *ipso facto* as a nullification or impairment of benefits accruing under the General Agreement. A demonstration that a measure inconsistent with Article III:2, first sentence, has no or insignificant effects would therefore in the view of the Panel not be a sufficient demonstration that the benefits accruing under that provision had not been nullified or impaired even if such a rebuttal were in principle permitted".

43. "*Report by the Working Party on Border Tax Adjustments*" (L/3464), adotado em 20/11/1970: "18. With regard to the interpretation of the term '... like or similar products ...', which occurs some sixteen times throughout the General Agreement, it was recalled that considerable discussion had taken place in the past, both in GATT and in other bodies, but that no further improvement of the term had been achieved. The Working Party concluded that problems arising from the interpretation of the term should be examined on a case-by-case basis. This would allow a fair assessment in each case of the different elements that constitute a 'similar' product. Some criteria were suggested for determining, on a case-by-case basis, whether a product is 'similar': the product's end-uses in a given market; consumers tastes and habits, which change from country to country; the product's properties, nature and quality. It was observed, however, that the term '... like or similar products ...' caused some uncertainty and that it would be desirable to improve on it; however, no improved term was arrived at".

um outro critério: "classificação uniforme usual dentro das nomenclaturas tarifárias".[44] Por último, do relatório do Painel sobre o caso "*United States – Measures Affecting Alcoholic and Malt Beverages*", tem-se que "na determinação se dois produtos sujeitos a tratamento diferente são produtos similares, é necessário considerar se tal diferenciação foi criada com o fim de assegurar proteção à produção doméstica"; neste mesmo relatório, porém, é feita a ressalva de que tal entendimento foi feito no contexto estrito do artigo III do GATT e que, dado o fato de que a expressão "produtos similares" tem significados e objetivos diferentes em outras disposições do próprio GATT, ela pode vir a ser interpretada de forma diferente nestes outros contextos.[45]

Este problema dos diferentes contextos de aferição da similaridade é ressaltada por John Jackson, que adverte que "[...] não há uma definição precisa de 'produtos similares' ou expressões análogas e que o mesmo termo, quando utilizado em diferentes cláusulas do Acordo Geral, pode ter diferentes significados. Contudo, a interpretação da expressão em um determinado contexto pode ter influência, em razão de analogia, na interpretação da expressão em um outro contexto [...]". O mesmo autor acrescenta que "[...] quando usada no artigo VI e no artigo XI.2.c, a expressão 'produtos similares' é definida de forma muito restrita. Isto pode ser assim porque estes dispositivos são exceções às obrigações relativas ao GATT e, por conta disto, deveriam ser construídas de forma restritiva".[46]

Sobre esta questão dos diferentes significados que a expressão "produtos similares" pode ter no âmbito do próprio GATT, importa destacar um exemplo dado por Chandrajit Singh.[47] Depois de destacar que a expressão não tem mesmo uma definição na esfera do Acordo,

---

44. Caso "*Japan - Customs Duties, Taxes and Labelling Practices on Imported Wines and Alcoholic Beverages" (L/6216 - 34S/83)*, relatório do Painel adotado em 10/11/1987: "5.6. [...] The Panel found that the following alcoholic beverages should be considered as 'like products' in terms of Article III:2 in view of their similar properties, end-uses and usually uniform classification in tariff nomenclatures: imported and Japanese-made *gin*; imported and Japanese-made *vodka*; [...]".

45. Caso "*United States-Measures Affecting Alcoholic and Malt Beverages"* (DS23/R - 39S/206), relatório do Painel adotado em 19/06/1992: "5.25. [...] in determining whether two products subject to different treatment are like products, it is necessary to consider whether such product differentiation is being made 'so as to afford protection to domestic production'. While the analysis of 'like products' in terms of Article III:2 must take into consideration this objective of Article III, the Panel wished to emphasize that such an analysis would be without prejudice to the 'like product' concepts in other provisions of the General Agreement, which might have different objectives and which might therefore also require different interpretations".

46. Jackson, 1969, p. 263-264.

47. Singh, 2006, p. 53-54.

o autor explicita as diferenças de seu significado dentro do artigo III. Segundo ele, na primeira frase do parágrafo 2 do artigo III ("Os produtos do território de qualquer Parte Contratante, importados por outra Parte Contratante, não estão sujeitos, direta ou indiretamente, a impostos ou outros tributos internos de qualquer espécie superiores aos que incidem, direta ou indiretamente, sobre produtos nacionais."), a similaridade deve ser interpretada de uma forma bastante restrita, mesmo tendo-se em conta os fatos e as circunstâncias de cada caso. Tal interpretação restrita se justificaria em razão da ausência de qualquer padrão mínimo acerca do que se deve ter por "tributos internos de qualquer espécie superiores aos que incidem [...] sobre produtos nacionais" (ou seja, inexistência de qualquer critério para definir a partir de qual montante se teria tributação "em excesso" aplicada aos produtos importados). É que sem um padrão mínimo do que seja o mencionado "excesso", mesmo diferenças pequenas no montante dos tributos devidos são suficientes para a caracterização da discriminação. Assim, a estreita e rígida natureza do "excesso", obrigaria a uma definição também estreita da similaridade; a não ser assim, por via da adoção de um critério mais amplo para a definição da similaridade se poderia neutralizar o "excesso" de tributação interna.[48]

Entretanto, ao mesmo tempo em que defende a interpretação estreita para a similaridade no âmbito da primeira frase do artigo III.2 do GATT, Chandrajit Singh argumenta que a expressão "produtos similares" deve ter uma interpretação mais larga na esfera do artigo III.4.[49] É que enquanto na primeira frase do artigo III.2 a visão mais estreita se justifica em face da lógica do dispositivo, no artigo III.4 a expressão não está tão limitada pelo contexto que a cerca. Neste dispositivo, "a existência de um relacionamento competitivo entre os dois produtos [nacional e estrangeiro] e o grau e natureza deste relacionamento é que são os fatores-chave para a determinação da similaridade". Deste modo, a similaridade teria, no artigo III.4, uma acepção mais ampla que a da primeira frase do artigo III.2.[50]

48. É que o país importador poderia, por exemplo, alegar que a similaridade se daria em relação a uma gama mais variada de produtos nacionais, dentro da qual existiriam apenas um ou alguns com carga tributária maior, com isso legitimando excessos que estariam caracterizados em relação à maior parte dos produtos nacionais tidos como similares.

49. Singh, 2006, p. 58.

50. Em verdade, Chandrajit Singh defende que a interpretação da expressão "produtos similares" no artigo III.4 do GATT é mais ampla que a da primeira frase do artigo III.2, e mais estreita que a da segunda

De qualquer modo, a aferição da similaridade entre produtos é uma questão cujos critérios de solução ainda são dados caso-a-caso, com base, como se viu, em critérios adotados como válidos para cada caso olhado isoladamente, segundo suas especificidades.

Por fim, importa falar de algumas das exceções à cláusula TN.

A primeira delas, prevista no artigo III.8.a do GATT, é uma das mais importantes, em razão das possibilidades que abre para que os Estados adotem medidas que escapem do alcance da cláusula. Consta do referido artigo que a cláusula não se aplica "às leis, regulamentos ou exigências que se refiram a aquisições, por órgãos governamentais, de produtos comprados para atender às necessidades dos poderes públicos e não se destinam à revenda, no comércio, ou à produção de bens para venda no comércio".[51] Permite-se, assim, aos poderes públicos, práticas discriminatórias quando o Estado intervém na economia, como consumidor. Esta exceção levanta, porém, algumas dificuldades de interpretação, tais como o alcance das expressões "órgãos governamentais" e "necessidades dos poderes públicos", pois como observa John Jackson, "as nações têm uma larga variedade de idéias sobre o que é a esfera apropriada de atuação governamental. Em alguns países é tido como função do governo ter a propriedade e operar ferrovias, sistema telefônico, toda a geração de eletricidade, agências de viagens, companhias aéreas e muitas outras atividades que empreendimentos privados conduzem em outros lugares. [...] Tal importante exceção às regras de comércio do GATT claramente diminuem os efeitos liberalizantes daquelas regras.[52]

Também é importante, no âmbito das exceções à cláusula TN, o artigo XX do GATT. Tais exceções são de caráter genérico, portanto aplicáveis à disciplina do GATT como um todo, e já foram analisadas no item anterior, no qual se tratou da cláusula NMF. Tudo o que lá se disse, vale aqui, no contexto da cláusula TN.

---

frase do artigo III.2 (considerado o conteúdo da nota adicional ao artigo III.2, também constante do GATT, que faz menção a que a situação indicada na primeira frase do dispositivo só gera incompatibilidade com a segunda frase no caso de evidenciação de que há concorrência entre o produto tributado e outro diretamente competidor ou que possa ser substituto direto). Para o autor, na tessitura do artigo III, a expressão "produtos similares", na primeira frase do artigo III.2, se constitui numa sub-categoria dos produtos diretamente competidores ou substituíveis referidos, em razão da nota adicional mencionada, na segunda frase do mesmo dispositivo. Já a expressão, no contexto do artigo III.4, teria uma extensão que se colocaria entre as atribuídas aos dois dispositivos anteriores: menos ampla que a da segunda frase do artigo III.2 e mais ampla que a da primeira frase do mesmo dispositivo.

51. Redação em português constante do Anexo da Lei n.º 313, de 30/07/1948.

52. Jackson, 1989, p. 200.

É este, portanto, o quadro referente à cláusula TN.

4.3.3 As especificidades da não discriminação no âmbito do GATS

Com relação ao princípio da não discriminação e as duas cláusulas em que se desdobra, há algumas especificidades no GATS que precisam ser destacadas.

De início, é preciso enfatizar a questão da abrangência do GATS em relação às espécies tributárias (a questão de se saber se o Acordo alcança apenas os tributos indiretos ou se estende sua disciplina aos tributos diretos), nos mesmos termos em que já se fez em item anterior, quando se tratou do GATT. Tal questão tem importância fulcral porque, como se viu, o alcance das cláusulas que compõem o princípio da não discriminação pode ficar bastante alterados em sede tributária, dependendo da posição que se adote em relação a ela.

Quanto ao tema, é de se dizer, de início, que enquanto outros acordos abrangidos suscitam discussões acerca de suas aplicações sobre os tributos diretos, o GATS claramente estende seu alcance por sobre estas exações. É certo que mesmo em relação aos demais acordos abrangidos, já há hoje o reconhecimento majoritário de que, dada a interconexão entre comércio internacional e tributação e o fato de que tributos diretos e indiretos podem exercer os mesmos efeitos distorcivos sobre o comércio internacional, não há como ignorar a tributação direta;[53] porém, no GATS, tal tributação está incluída, e isto por conta das especificidades e do conteúdo de suas disposições.

Primeiro, tem-se no artigo XXVIII.a que a expressão "medidas" representa "qualquer medida tomada por um Membro na forma de lei, regulamento, regra, procedimento, decisão, ato administrativo ou qualquer outra forma". Ora, considerando-se que as medidas relativas à tributação direta são parte da legislação doméstica dos Membros, não parece haver dúvidas que elas acabam incluídas na larga acepção adotada para a expressão no âmbito do Acordo.

Segundo, o artigo II.1 expressamente determina que se aplica ele tanto a medidas que afetam os serviços quanto as que afetam os fornecedores de serviços; nestes termos, também aqui aparece a previsão da

53. Sobre a questão da abrangência da disciplina do GATT aos tributos diretos, ver item 4.3.2.1.

extensão da disciplina aos tributos diretos, pois são estes que incidem sobre os ganhos dos fornecedores dos serviços, em contraposição aos tributos indiretos, que usualmente incidem sobre os serviços.

Terceiro, no artigo XIV estão listadas algumas medidas específicas de tributação direta que, a teor do dispositivo, permitem o afastamento da cláusula NMF no âmbito do GATS. Ora, se há algumas poucas medidas de tributação direta que, como exceção, podem ficar à margem da disciplina do GATS, por certo que as demais estão nele incluídas, pois seria ilógico excetuar algumas medidas se, em regra, a tributação direta não estivesse sujeita ao Acordo.

Como se vê, portanto, o GATS se aplica, indistintamente, às medidas vinculadas à tributação indireta e direta, com isso se alinhando à tendência de, no âmbito da disciplina do comércio internacional, dar mais relevo ao resultado final ou ao conteúdo de uma determinada medida nacional, do que à mera forma com que se exterioriza.

Evidenciada a extensão da disciplina do GATS aos tributos diretos, pode-se tratar agora, especificamente, das peculiaridades das cláusulas NMF e TN no âmbito do Acordo.

Em relação ao comércio de serviços, a cláusula TN está prevista no artigo XVII do GATS.[54] Neste dispositivo está expresso que todos os serviços e fornecedores de serviços[55] de qualquer outro Membro, em relação a todas as medidas que afetem[56] a prestação de serviços, não podem ter tratamento menos favorável que o concedido a serviços similares e fornecedores de serviços nacionais. Novamente, o ponto decisivo é "similaridade", expressão que não está explicitamente

54. Artigo XVII do GATS: "1. Nos setores inscritos em sua lista, e salvo condições e qualificações ali indicadas, cada Membro outorgará aos serviços e prestadores de serviços de qualquer outro Membro, com respeito a todas as medidas que afetem a prestação de serviços, um tratamento não menos favorável do que aquele que dispensa a seus próprios serviços similares e prestadores de serviços similares. 2. Um Membro poderá satisfazer o disposto no parágrafo 1 outorgando aos serviços e prestadores de serviços dos demais Membros um tratamento formalmente idêntico ou formalmente diferente do que dispense a seus próprios serviços similares e prestadores de serviços similares. 3. Um tratamento formalmente idêntico ou formalmente diferente será considerado menos favorável se modificar as condições de competição em favor dos serviços ou prestadores de serviços do Membro em comparação com serviços similares ou prestadores de serviços similares de qualquer outro Membro". (Redação em português constante da Ata Final da Rodada Uruguai, apensada ao Decreto n.º 1.355, de 30/12/1994).

55. No artigo XXVIII.b do GATS, a prestação de serviços "inclui a produção, distribuição, marketing, venda e entrega de um serviço".

56. No artigo XXVIII.c do GATS, as medidas que afetam o comércio de serviços incluem medidas relativas: (i) a compra, pagamento ou uso de um serviço; (ii) ao acesso e uso de serviços oferecidos ao público de forma geral; (iii) a presença, incluindo presença comercial, de pessoas de um Membro para o fornecimento de um serviço no território de outro Membro.

definida no GATS, mas cujos critérios de interpretação podem ser buscados no artigo III do GATT.[57]

É irrelevante se o tratamento é formalmente idêntico ou formalmente diferente comparado ao tratamento de serviços ou fornecedores de serviços nacionais, desde que as condições de competição não sejam distorcidas em favor destes (artigo XVII.2 e 3 do GATS).

Ao contrário do GATT, a cláusula TN prevista no artigo XVII do GATS não se aplica automaticamente a todos os países contratantes e a todos os setores de serviços, mas é necessário que os países contratantes concordem sobre a obrigação do tratamento nacional em listas de compromissos específicos anexadas ao GATS.[58] A cláusula TN tem esta restrição, no âmbito do GATS, em razão da complexa natureza do comércio de serviços; é que ao contrário do comércio de bens, cujo fluxo transfronteiriço é claramente identificável, o comércio de serviços é feito de formas variadas, por meios ainda não inteiramente disciplinados e visíveis.

Quanto à cláusula NMF, ela está prevista no artigo II do GATS,[59] e poucas diferenças tem em conteúdo e extensão com a que está prevista no GATT. Entretanto, o artigo XIV.e do GATS permite que um Membro faça discriminações entre Membros, quando tal medida se justificar em face da adoção de um acordo para evitar a dupla tributação internacional sobre a renda.

Quanto a esta questão das exceções, porém, é preciso ter cuidado com um importante detalhe no âmbito tributário: enquanto o artigo XIV e do GATS protege as medidas para evitar a dupla tributação no âmbito da cláusula NMF, o artigo XIV.d do GATS limita a cláusula TN nos casos de medidas destinadas a prevenir a evasão tributária.

57. Sobre a questão da similaridade entre produtos, ver item 4.3.2.2.

58. As listas de compromissos específicos devem especificar, entre outras coisas, condições de acesso a mercado. Tais listas devem ser anexadas ao GATS e devem fazer parte integral do Acordo (artigo XX do GATS).

59. Artigo II do GATS: "1. Com respeito a qualquer medida coberta por este Acordo, cada Membro deve conceder imediatamente e incondicionalmente aos serviços e prestadores de serviço de qualquer outro Membro, tratamento não menos favorável do que aquele concedido a serviços e prestadores de serviços similares de qualquer outro país. 2. Um Membro poderá manter uma medida incompatível com o parágrafo 1 desde que a mesma esteja listada e satisfaça as condições do Anexo II sobre isenções ao Artigo II. 3. As disposições deste Acordo não devem ser interpretadas de forma a impedir que qualquer Membro conceda vantagens a países adjacentes destinadas a facilitar o intercâmbio de serviços produzidos e consumidos localmente em zonas de fronteira contígua". (Redação em português constante da Ata Final da Rodada Uruguai, apensada ao Decreto n.º 1.355, de 30/12/1994).

Nestes dois casos, fica evidenciada a não estanqueidade do sistema da OMC, mesmo no âmbito do texto literal dos acordos abrangidos (diz-se isto porque a não estanqueidade, no mais das vezes, é alcançada por via interpretativa, através da evolução jurisprudencial dos entendimentos). Com efeito, tais exceções às cláusulas TN e NMF demonstram a preocupação dos Membros da OMC (ou dos negociadores dos acordos abrangidos), com esforços conduzidos no âmbito de outras organizações internacionais dedicadas, de alguma forma, com a tributação.

As medidas destinadas a evitar a dupla tributação internacional, traduzidas em acordos bilaterais firmados com base em convenções-modelo da ONU e da OCDE, destinam-se a neutralizar os efeitos nocivos das incidências tributárias duplicadas sobre o fluxo internacional de bens, serviços, capital, trabalho e tecnologia.[60] Neste sentido, como se vê, tais medidas intentam alguns objetivos similares aos do regime internacional do comércio, mesmo que adotados por via de enfoques diferentes. Ocorre que, sob uma disciplina irrestrita da cláusula NMF, não haveria espaço para as medidas que são adotadas para evitar a dupla tributação, quais sejam a concessão, por via de acordos bilaterais, de créditos ou isenções em relação às rendas obtidas no exterior por um residente de um Membro da OMC. Em face, justamente, da natureza bilateral dos acordos para evitar a dupla tributação, é previsível que a cada acordo firmado por um mesmo Membro, haja uma variação no critério escolhido para neutralizar a dupla incidência tributária, o que criaria um conflito com a cláusula NMF, que exige o mesmo tratamento para todos os demais Membros. Assim, o GATS excetua da obrigação vinculada à cláusula NMF as distinções tributárias relacionadas especificamente com os acordos para evitar a dupla tributação, com isso entendendo a natureza parcialmente convergente dos objetivos dos dois sistemas.

O caso da exceção à cláusula TN em relação às medidas para evitar a evasão tributária internacional, caminha no mesmo sentido. Muitos países vêm adotando, nos últimos anos, medidas destinadas a evitar as práticas desleais no âmbito da competição tributária internacional e as práticas de evasão tributária que, atualmente, corroem as bases tributáveis de muitas jurisdições tributárias. Tais medidas

60. Daly, 2006, p. 527.

estão baseadas, em especial, em esforços conduzidos no âmbito da OCDE.[61]

Assim, medidas que podem ser consideradas afrontosas à cláusula TN vêm sendo adotadas por muitos países, com o fim de combater aquelas práticas ilegais e/ou desleais; um exemplo é a tributação mais gravosa aplicável aos casos de operações que envolvam um paraíso fiscal (assim entendido um país que não tributa a renda ou que a tributa abaixo de um limite definido pelos países que adotam as medidas neutralizadoras). Entretanto, também aqui a OMC abre espaço para a adoção das medidas anti-elisivas, mesmo considerando-se que, neste caso, as razões de fundo são diversas das que justificam a exceção para os acordos para evitar a dupla tributação. É que se entre os objetivos destes acordos e os dos acordos da OMC há, ao menos em parte, a intenção comum da facilitação das trocas internacionais, no caso das medidas anti-elisivas inspiradas pela OCDE não há esta identidade de intenções, pois tais medidas visam a eliminação das práticas desleais, mesmo que ao custo de uma influência negativa no fluxo das negociações internacionais.

De qualquer modo, não se pode dizer que as medidas anti-elisivas e os acordos da OMC são incompatíveis ou desprovidos de afinidades. Considerando-se que o regime internacional do comércio busca o chamado *level playing field*, ou seja, condições niveladas e equitativas para seus Membros no âmbito do comércio internacional, não se pode deixar de reconhecer, portanto, que tal meta se coaduna com um cenário internacional regido por regras igualmente niveladas, equitativas e, acima de tudo leais, entre seus Membros.

De tal sorte, pode-se afirmar, mesmo correndo-se o risco que as generalizações excessivas normalmente trazem, que: (i) no caso da exceção à cláusula NMF, trazida pelo artigo XIV.e do GATS em favor das medidas para evitar a dupla tributação, a razão da exceção é de natureza eminentemente técnica (confluência de objetivos técnicos comuns); e (ii) no caso da exceção à cláusula TN, trazida pelo artigo XIV.d do GATS em favor das medidas anti-elisivas e destinadas ao

61. Muito embora a OCDE não tenha poder de impor medidas coercitivas, seus trabalhos, em vários campos relacionados à economia e ao direito internacionais têm tido ampla repercussão e aceitação mundiais, tornando-se, em muitos casos, padrões seguidos por expressiva parcela dos Estados (mesmo aqueles que não são seus membros). No caso do combate às práticas tributárias desleais, a OCDE editou em 1998 um relatório entitulado "*Harmful Tax Competition: An Emerging Global Issue*", no qual encoraja os países, membros ou não, a adotar medidas defensivas que propõe.

combate às práticas tributárias desleais, a razão da exceção é eminentemente axiológica, ou seja, situa-se no plano da busca por um ambiente competitivo leal.

Este o quadro relativo às especificidades do princípio da não discriminação na esfera do GATS.

Importa agora, dado o *status* de verdadeiro pilar fundamental que o princípio da não discriminação – e as duas cláusulas em que se desdobra – tem na esfera do marco normativo da OMC, fazer uma comparação entre as normas de não discriminação previstas no âmbito de três sistemas internacionais diferentes: o sistema multilateral do comércio, de caráter vinculante, da OMC (composto pelas regras gerais do GATT e pelas especificidades do GATS, acima vistas); o regime internacional da tributação ditado predominantemente pelos acordos para evitar a dupla tributação internacional da renda firmados com base na convenção-modelo da OCDE; e o arranjo integrativo supranacional da União Européia – UE. Busca-se, com esta comparação, pinçar elementos de convergência, divergência e complementaridade, com o fim de evidenciar o papel que a OMC pode ter na disseminação e no aperfeiçoamento de padrões de não discriminação de natureza tributária na cena internacional.

4.3.4 Uma comparação entre diferentes regimes de não discriminação

Tanto os acordos da OMC, quanto a Convenção-Modelo da OCDE para evitar a dupla tributação internacional da renda (CMO) e o Tratado da União Europeia (TUE), trazem normas que preveem o princípio da não discriminação. Entre tais normas, entretanto, há importantes diferenças, que acabam se traduzindo na adoção do princípio com importantes variações dentro de cada contexto normativo. Na OMC, o princípio da não discriminação é tido como um conceito-chave de suas normas e políticas;[62] na CMO ele é tido como de abrangência mais restrita, até mesmo sendo considerado, por parte da doutrina, como desnecessário para o fim precípuo de prevenir a dupla tributação internacional;[63] no TUE, apesar de estar expresso de forma mais ampla do que na CMO, há um certo consenso de que a amplitude

62. Van den Bossche, 2006, p. 308.

63. Graetz, 2003, p. 436.

que ele hoje goza no marco normativo da EU se deve principalmente à jurisprudência da Corte de Justiça da União Europeia (CJUE), que tratou de interpretar extensivamente as normas do TUE que tratavam da não discriminação e da liberdade de movimentação.[64]

Sobre as normas da OMC que tratam da não discriminação, já se tratou em item anterior deste trabalho. Importa agora abordar o princípio no contexto da CMO e do TUE, para que depois se possa traçar um perfil comparativo, pelo menos do ponto de vista tributário.

4.3.4.1 As normas do artigo 24 da Convenção-Modelo da OCDE

Segundo Alberto Xavier, o princípio da não discriminação ou da igualdade de tratamento, apesar de ter sua fonte, no âmbito estrito do direito internacional tributário atual, no artigo 24 da CMO, já constava de acordos consulares e de comércio no século XIX; entretanto, ressalta o autor, o estudo do princípio só recentemente passou a ser feito com profundidade doutrinária, o que justifica, em parte, as várias divergências hoje postas.[65]

De outra parte, como bem ressalta a doutrina, "uma norma de não-discriminação não é um ingrediente necessário, nem mesmo óbvio, de um acordo de bitributação. As normas de não-discriminação atualmente veiculadas em acordos de bitributação não lidam com o objeto primordial de tais acordos, mas refletem as opções políticas dos Estados-contratantes em criar, como países da fonte, um ambiente fiscal isonômico para os residentes do outro país".[66] Em outras palavras, para fins de expurgo da dupla tributação internacional da renda, os mecanismos destinados à repartição das competências impositivas entre os Estados – entre tais, os métodos da isenção e da imputação –, já seriam os meios necessários e suficientes, colocando-se o princípio da não discriminação não como um meio em si de contribuir para evitar a dupla tributação, mas como um objetivo complementar de concessão de tratamento isonômico entre nacionais de diferentes Estados.

De qualquer modo, não se pode dizer que, do ponto de vista dos objetivos dos acordos para evitar a dupla tributação, o princí-

64. Van Raad, 2005, p. 52.
65. Xavier, 2004, p. 278.
66. Van Raad, 2005, p. 58.

pio da não discriminação esteja descontextualizado. É que a ideia do tratamento isonômico entre nacionais de distintos Estados pode ser facilmente associada àquele que é o objetivo mais amplo dos acordos para evitar a dupla tributação, qual seja a promoção da livre movimentação de pessoas, negócios e capitais.[67]

O artigo 24 da CMO possui seis parágrafos, nos quais estão previstos dois fatores que, em linhas gerais, determinam os efeitos práticos do dispositivo; tais fatores são: a nacionalidade e a residência. Em verdade, tais fatores estão postos no primeiro parágrafo, que é onde se encontra a própria essência da não discriminação no âmbito da iniciativa da OCDE; os demais parágrafos são decorrência do primeiro, tratando apenas de detalhar sua aplicação em relação a situações específicas.

Para que se analise o conteúdo do primeiro parágrafo do artigo 24 da CMO, importa ter em conta, antes de mais nada, seu conteúdo:

> Artigo 24. Não-Discriminação
>
> 1. Os nacionais de um Estado-contratante não ficarão sujeitos no outro Estado-contratante a nenhuma tributação ou obrigação com ela conexa diferente ou mais gravosa do que aquelas a que estejam ou possam estar sujeitos os nacionais desse outro Estado que se encontrem na mesma situação, em especial no que se refere à residência. (tradução nossa)[68]

Como se infere do dispositivo, a discriminação proibida é apenas aquela relacionada com a nacionalidade. Já a residência aparece como critério legítimo de tratamento fiscal diferenciado, dado que foi colocado no dispositivo como um elemento a ser considerado na aferição

67. Como expresso na "Introdução" da "*OECD – Model Tax Convention on Income and on Capital*": "1. International juridical double taxation can be generally defined as the imposition of comparable taxes in two (or more) States on the same taxpayer in respect of the same subject matter and for identical periods. Its harmful effects on the exchange of goods and services and movements of capital, technology and persons are so well known that it is scarcely necessary to stress the importance of removing the obstacles that double taxation presents to the development of economic relations between countries" (OECD, 2003).

68. "*Model Convention with Respect to Taxes on Income and on Capital*": Redação original: "Article 24 – Non-Discrimination. 1. Nationals of a Contracting State shall not be subjected in the other Contracting State to any taxation or any requirement connected therewith, which is other or more burdensome than the taxation and connected requirements to which nationals of that other State in the same circumstances, in particular with respect to residence, are or may be subjected. This provision shall, notwithstanding the provisions of Article 1, also apply to persons who are not residents of one or both of the Contracting States. (Disponível em: http://www.oecd.org/dataoecd/50/49/35363840.pdf).

da igualdade de situação entre os nacionais das Partes-contratantes. Nem sempre foi assim, entretanto. É que apenas em 1992 foi adicionada ao dispositivo a frase final "em especial no que se refere à residência", razão pela qual, no período anterior, a residência não era levada em conta na definição quanto à presença ou não da "mesma situação".[69]

Com a residência elevada ao *status* de critério legítimo de discriminação tributária, há um certo consenso na doutrina de que o escopo do parágrafo 1 do artigo 24 da CMO restou bastante reduzido.[70] É que como um estrangeiro não residente não está, a teor do dispositivo, nas mesmas circunstâncias de um nacional residente, é perfeitamente possível que para estes dois entes um Estado-contratante conceda um tratamento tributário diferenciado, mais gravoso para o estrangeiro não residente. Com isto, percebe-se que a limitação do critério baseado apenas na nacionalidade acaba se traduzindo na drástica redução da amplitude do princípio da não discriminação na esfera do CMO.

Em linhas gerais, os demais parágrafos do artigo 24 da CMO tratam da extensão do princípio da não discriminação, na forma como acima delineado, aos apátridas (pessoas físicas sem nacionalidade), às sociedades estrangeiras, às filiais de sociedades domiciliadas no exterior e às subsidiárias de sociedades domiciliadas no exterior. Ou seja, tanto pessoas físicas quanto pessoas jurídicas estão alcançadas pelo princípio da não discriminação.

Ainda, é também nos parágrafos segundo a sexto que aparecem algumas exceções à assertiva de que a residência um critério legítimo de tratamento fiscal diferenciado. Com efeito, há alguns casos em que a discriminação com base na residência não é admitida, quais sejam: (i) a tributação de um estabelecimento permanente (estável) que uma empresa de um Estado-contratante tenha em outro Estado-contratante, não estará sujeita neste outro Estado a tratamento menos favorável do que o concedido a empresas desse outro Estado que atuem na mesma atividade (parágrafo 3.º); (ii) os juros e *royalties* oriundos de um Estado-contratante e recebidos por um beneficiário de um outro Estado-contratante, terão o mesmo tratamento tributário concedido pelo Estado da fonte dos rendimentos às mesmas atividades e sob as mesmas condições (parágrafo 4.º); e (iii) as empresas de um

---

69. Xavier, 2004, p. 279.

70. Moreira Júnior, 2003, p.142; Van Raad, 2005, p. 53.

Estado-contratante cujo capital seja possuído ou controlado por um ou mais residentes de outro Estado-contratante, não estarão sujeitas, no Estado-contratante, a tratamento tributário mais gravoso do que o concedido a empresas similares (parágrafo 5.º). Afora tais exceções, porém, a não discriminação só está vedada nos casos em que o elemento discriminador seja a nacionalidade.

De outra parte, importa ressaltar que no âmbito da CMO, o princípio da não discriminação está limitado aos tributos diretos, ou seja, incidências tributárias aplicadas sobre as pessoas físicas e jurídicas, a qualquer título (renda, *royalties*, juros etc.). Paulo Caliendo afirma que "quanto ao âmbito de aplicação material (*ratione materiae*), o art. 24 aplicar-se-á a todas as classes de tributos, mesmo àqueles que não estejam abrangidos pelo art. 2.º do Modelo OCDE (*taxes covered*)",[71] com isto parecendo defender a aplicação ampla do princípio a quaisquer exações tributárias. Com tal assertiva, porém, não se pode concordar, dado que o próprio texto do artigo 2.º da CMO define, em seu parágrafo 1.º, que a "Convenção se aplica aos tributos incidentes sobre a renda e o capital exigidos pelos Estados-contratantes ou por suas subdivisões políticas ou autoridades locais, independentemente da forma como são arrecadados". Nos demais parágrafos (segundo a quarto), está apenas especificado o que se deve ter por tributos incidentes sobre a renda e o capital (e que incluem tributos sobre ganhos na alienação de bens móveis e imóveis, tributos sobre salários, enfim, os chamados tributos diretos), bem como as advertências de que a Convenção se aplica aos tributos que vierem a substituir os anteriores (independentemente dos nomes que vierem a ter) e de que as mudanças tributárias devem ser comunicadas ao outro Estado-contratante. Assim, como se disse, não é correta, pelo menos do ponto de vista estrito da Convenção, a afirmação de Paulo Caliendo de que a CMO se aplica a quaisquer tributos. Uma forma de entender a afirmação do autor seria aceitar que quando ele fala em aplicação a quaisquer tributos, está a fazer menção a quaisquer tributos diretos, nos termos do parágrafo primeiro do artigo 2.º. Para além disto, porém, a posição não se justifica.

Não se trata aqui de negar a possibilidade de uma interpretação alargada para a expressão "*taxes covered*" constante do artigo 2.º do Modelo OCDE, mas sim a de afirmar que, para além do conteúdo

71. Caliendo, 2005, p. 429.

literal do dispositivo, também os enfoques sistemático e contextual induzem à conclusão de que no âmbito da CMO os tributos cobertos são apenas os diretos. É que na medida em que a Convenção-modelo se destina, justamente, a evitar a dupla tributação da renda, é razoável concluir que toda sua estrutura normativa esteja em torno deste objetivo, não se estendendo para outros tributos externos ao seu escopo (notadamente os tributos indiretos).

Por fim, é importante ter em conta que, em razão do modo como foi formulado o princípio na CMO, não está vedado a um Estado a concessão de um tratamento mais favorável a entes de nacionalidade estrangeira, com o fim, por exemplo, de atrair investimentos estrangeiros. É que como o princípio foi formulado por via negativa (não discriminação), ao invés de por via positiva (igualdade de tratamento), não há impedimento à medida.

Em resumo, no âmbito da CMO, o princípio da não discriminação: (i) não é um elemento apto a contribuir para evitar a dupla tributação, estando incorporado à CMO em razão do objetivo mais amplo dos acordos para evitar a dupla tributação, que é o de promover a livre movimentação de pessoas, negócios e capitais; (ii) proíbe a discriminação com base no critério da nacionalidade; (iii) utiliza o critério da residência, em regra, como critério legítimo de tratamento fiscal diferenciado, e como critério de caracterização de discriminação, apenas como exceção; (iv) aplica-se tanto a pessoas físicas quanto jurídicas; (v) limita-se aos tributos diretos; e (vi) não veda a concessão de tratamento tributário mais favorável a entes de nacionalidade estrangeira.

A partir deste panorama relativo ao princípio da não discriminação na CMO, pode-se passar à abordagem relativa ao TUE.

4.3.4.2 As normas no Tratado da União Européia

Em termos de não discriminação, a norma básica no âmbito do Tratado da União Europeia (TUE) está posta no artigo 12, que assim dispõe: "No âmbito de aplicação do presente Tratado, e sem prejuízo das suas disposições especiais, é proibida toda e qualquer discriminação em razão da nacionalidade".[72] A norma, portanto, do ponto de vista

72. Versão consolidada do Tratado que institui a União Européia – Versão em Português (Jornal Oficial da União Européia, 29/12/2006).

literal, restringe a definição da discriminação proibida à verificação da existência de tratamento diferenciado baseado na nacionalidade.

Ocorre, porém, que não obstante os estreitos limites da norma, sua amplitude tem sido bastante ampliada por conta da atuação da Corte de Justiça da União Europeia (CJUE) que, ao longo dos anos, tem construído uma sólida jurisprudência dirigida à extensão do escopo do artigo 12, buscando abranger outros fatores de *discrímen* que possam atuar em detrimento de nacionais e outros Estados-membros. Na prática, como ressalta Kees van Raad, trata-se de uma atuação ativa da CJUE no sentido de encontrar outros fatores que sirvam para criar aquilo que é chamado de "discriminação oculta" fundada na nacionalidade, ou seja, discriminação pretensamente baseada em fatores outros que não a nacionalidade, mas que de fato discriminam, somente ou predominantemente, estrangeiros.[73]

Este entendimento da CJUE, apesar de associado à interpretação de uma norma de aplicação genérica, é especialmente importante em matéria tributária porque, em princípio, nenhum dos Estados-membros da EU impõe incidências tributárias baseadas na nacionalidade do contribuinte, preferindo operar com o conceito de residência. Assim, diferenças de tratamento tributário baseadas no critério da residência são tidas como discriminação oculta, e isto em razão da constatação de que, na prática, não residentes são, em geral, nacionais de outros Estados-membros.[74]

Outro aspecto importante da construção jurisprudencial levada a cabo pela CJUE é o de que, apesar de predominarem os casos nos quais a discriminação envolve não residentes que são nacionais de outros Estados-membros, também estão protegidos os entes nacionais das medidas adotadas por seu próprio Estado-membro que representem afronta às liberdades previstas no TUE. Assim, há jurisprudência da CJUE no sentido de que é proibido o tratamento tributário discriminatório imposto a uma empresa subsidiária sob a justificativa de que seu estabelecimento matriz é residente de um outro Estado-membro.[75]

As considerações até aqui feitas se referem a desdobramentos relativos à regra genérica da não discriminação prevista no artigo 12

73. Van Raad, 2005, p. 55.
74. Kofler, 2005, p. 25
75. Kofler, 2005, p. 25.

do TUE. Há, porém, outra regra que deve ser destacada, em razão de sua afetação tributária. É ela a que consta do artigo 90 do TUE, que assim determina:

> Nenhum Estado-Membro fará incidir, directa ou indirectamente, sobre os produtos dos outros Estados-membros imposições internas, qualquer que seja a sua natureza, superiores às que incidam, directa ou indirectamente, sobre produtos nacionais similares.
>
> Além disso, nenhum Estado-Membro fará incidir sobre os produtos dos outros Estados-Membros imposições internas de modo a proteger indirectamente outras produções.[76]

Em razão da referência expressa a imposições internas incidentes sobre produtos, uma interpretação literal do dispositivo leva à conclusão de que a UE só submeteu à disciplina da não discriminação as medidas relativas à tributação indireta. Tal entendimento, apesar de predominante, não é, entretanto, unânime. M. L. Escudero e J. M. Pérez de Nanclares, por exemplo, sustentam que os dois parágrafos vedam tanto a discriminação direta como a indireta, nos seguintes termos: "O artigo 90 contém duas proibições complementares, já que o parágrafo primeiro proíbe a discriminação tributária direta e o parágrafo segundo o protecionismo tributário indireto". (tradução nossa).[77]

Em relação a esta divergência, há que se dizer que ela se aproxima muito da também controversa questão acerca do alcance das disposições do GATT acerca da não discriminação. Como já se abordou em item anterior e se voltará a abordar em item posterior – que tratará de comparar o princípio da não discriminação como adotado na OMC, na OCDE e na EU –, também no âmbito do GATT há divergências sobre se suas disposições cobrem tanto os tributos diretos quanto os tributos indiretos; e também lá a razão da divergência repousa no fato de que as disposições do GATT se referem a exigências incidentes sobre "produtos". Sem que se queira aqui antecipar as conclusões a que se chegará quando da comparação dos diferen-

76. Versão consolidada do Tratado que institui a União Européia – Versão em Português (Jornal Oficial da União Européia, 29/12/2006).

77. Escudero e Pérez de Nanclares, citados por Fernandes, 2006, p. 99. Redação original: "El artículo 90 contiene dos prohibiciones complementarios, ya que el párrafo primero prohíbe la discriminación fiscal directa y el párrafo segundo el proteccionismo fiscal indirecto".

tes regimes anti-discriminação, é preciso dizer, apenas com o fim de marcar posição acerca da divergência doutrinária quanto à abrangência do artigo 90 do TUE, que a questão dever-se-ia resolver de forma pragmática, de forma similar à que toma corpo no âmbito do regime internacional do comércio: na medida em que os tributos diretos podem ter os mesmos efeitos discriminatórios que os tributos indiretos, não há porque não ler a frase "imposições internas, qualquer que seja a sua natureza, superiores às que incidam, directa ou indirectamente, sobre produtos nacionais similares" (primeiro parágrafo do artigo 90 do TUE), como extensiva à tributação direta.

De qualquer modo, é preciso reconhecer que o TUE não contém disposições relativas aos tributos diretos que se comparem, tanto em conteúdo quanto em extensão, com as disposições relativas aos tributos indiretos. Com isto, os Estados-membros detém maior competência legislativa em matéria de tributação direta (por exemplo, imposto sobre a renda das pessoas físicas e jurídicas). Entretanto, como ressalta George W. Kofler, mesmo quando uma matéria permanece dentro do poder dos Estados-membros, deve ela ser exercitada de forma compatível com o direito comunitário, de modo tal a evitar a discriminação, oculta ou não, baseada na nacionalidade (em respeito à norma genérica do artigo 12 do TUE).

Para este autor, tal obrigação atribuída aos Estados-membros é resultado da confluência da norma genérica de vedação à discriminação baseada na nacionalidade (artigo 12 do TUE), com o princípio da igualdade de tratamento (que a CJUE retira, em parte, do TUE e, em outra parte, das próprias leis nacionais dos Estados-membros, que têm importância decisiva na interpretação do TUE) e com as chamadas "quatro liberdades" previstas no TUE: (i) a liberdade de movimento dos trabalhadores dentro da Comunidade, incluindo a abolição de qual discriminação baseada na nacionalidade (artigo 39 do TUE); (ii) a liberdade de estabelecimento de nacionais de um Estado-membro no território de outro Estado-membro (artigo 43 do TUE); (iii) a liberdade à prestação de serviços dentro da Comunidade (artigo 43 do TUE); e (iv) a liberdade do movimento de capitais entre os Estados-membros e entre os Estados-membros e terceiros países (artigo 56 do TUE). Estas liberdades fundamentais, prossegue afirmando George W. Kofler, "têm como objetivo remover as fronteiras entre os Estados-membros (tanto quanto possível) para as atividades econômicas intra-comunitárias e dar expressão enfática à proibição de discriminação baseada na nacionalidade prevista no artigo 12 do TUE – ela mesma uma manifestação do princípio geral da igualdade de tratamento.[78]

Em razão desta confluência de disposições é que a CJUE, apesar de não ter uma jurisprudência firme e reiterada que autorize o entendimento de que também as medidas relativas à tributação direta estão incluídas entre as discriminações proibidas no TUE, já se manifestou sobre a questão, num caso paradigmático, julgado em 1986: o "*Commission v. France case*", também chamado "*avoir fiscal case*". Em sua decisão, a Corte decidiu que era contrária ao direito comunitário uma lei tributária nacional que recusava um crédito tributário relativo à imputação de dividendos para estabelecimentos permanentes de companhias estrangeiras (não residentes), ao mesmo tempo em que garantia tal tratamento a companhias residentes.[79] A decisão da CJUE causou espanto em tributaristas, habituados com o fato de que as diferenças de tratamento tributário entre residentes e não residentes eram, como ainda são hoje, pedras angulares de muitos sistemas tributários, mas, como se disse, a decisão usou como base a confluência das liberdades fundamentais com o princípio da igualdade de tratamento, com isto abrindo espaço para a eliminação, dentro da UE, de distinções entre os tributos diretos e indiretos, pelo menos no plano da caracterização das medidas discriminatórias.

Falou-se até agora no princípio da não discriminação sob o ponto de vista, especialmente, dos artigos 12 e 90 do TUE, mas importa que se faça agora, até com o fim de permitir as comparações que serão feitas no item seguinte entre os sistemas de garantia da não discriminação da OMC, da OCDE e da própria UE, algumas considerações sobre como se desdobra o princípio da não discriminação dentro do TUE.

Neste sentido, é de se dizer que no âmbito da UE, ao mesmo tempo em que existe um sofisticado e detalhado conjunto de regras que asseguram a existência da cláusula TN, assim não é com a cláusula NMF. Com efeito, não há qualquer disposição no TUE que assegure este tratamento.

---

78. Kofler, 2005, p. 23-24.

79. Sobre o "*Avoir Fiscal Case*", ver Graetz, 2003, p. 476-477.

A ausência de uma cláusula NMF expressa no TUE suscita muitas divergências doutrinárias, que aqui serão sumarizadas em duas posições distintas. Primeiro, há aqueles que entendem que a cláusula NMF pode ser considerada como um conceito inerente a uma comunidade fechada de países; em outras palavras, um Estado-membro não poderia dar um tratamento aos nacionais de outro Estado-membro que é menos favorável do que o tratamento dado aos nacionais de um particular Estado-membro ou de um terceiro país.[80] Em contraposição, entretanto, há outros doutrinadores que defendem a ideia de que onde o TN existe, não há espaço para a cláusula da NMF, porque aquele representa um estágio mais avançado de integração; dizendo de outro modo, a cláusula NMF pressupõe que o tratamento discriminatório é possível (dado que assume que nacionais de outros países podem não ser tratados como nacionais do país onde a comparação é feita), mas como a discriminação é proibida sob o direito comunitário, o NMF seria inaplicável.[81]

A discussão resta irresolvida, mas a verdade é que, do ponto de vista estrito da formação de bloco regionais, a compatibilidade com a cláusula NMF é mesmo duvidosa, dado que, dentro deles, há a definição de tratamentos que não são estendidos a terceiros países.

De outro lado, há que se mencionar também a incompatibilidade entre a cláusula NMF e os tratados internacionais para evitar a dupla tributação da renda, que são formalizados entre os Estados-membros da UE ou entre Estados-membros e terceiros países do mesmo modo como o são entre os demais países ao redor do mundo: por meio de tratados bilaterais. Ora, na medida em que tais tratados, apesar de parecidos (até porque usam convenções-modelo como base, como a da OCDE), usualmente variam de conteúdo, atribuindo critérios diferentes de distribuição de direitos tributários entre as partes, sua conformidade com a cláusula da NMF fica prejudicada, pois não haverá extensão de concessões a terceiros que não sejam partes de cada acordo específico.

Em resumo, no âmbito da UE, o princípio da não discriminação: (i) proíbe a discriminação com base no critério da nacionalidade; (ii) proíbe a chamada "discriminação oculta" fundada na nacionalidade, ou

80. Ceulaer, 2003.

81. Martín-Jiménez e Prats, 2001.

seja, discriminação pretensamente baseada em fatores outros que não a nacionalidade, mas que de fato discriminam, somente ou predominantemente, estrangeiros; (iii) aplica-se não apenas aos tributos indiretos (expressamente mencionados no artigo 90 do TUE), como também em relação aos tributos diretos, dado que estes, apesar de não expressamente incluídos no TUE, devem ser regulados pelos Estados em conformidade com o direito comunitário (assim, restam abrangidos pelo direito comunitário em razão da confluência da norma genérica de vedação à discriminação com o princípio da igualdade de tratamento e com as chamadas "quatro liberdades" previstas no TUE); (iv) aplica-se tanto a pessoas físicas quanto jurídicas; (v) incorpora a cláusula TN como essência do próprio arranjo integrativo, mas não prevê a cláusula NMF.

A partir deste panorama relativo ao princípio da não discriminação na UE, pode-se passar à comparação das disciplinas relativas à não discriminação no âmbito da OMC, da OCDE e da EU.

4.3.4.3 O princípio da não discriminação em matéria tributária: uma comparação entre os sistemas da OMC, OCDE e União Europeia

Nos itens anteriores, o princípio da não discriminação foi abordado no âmbito da OMC, da OCDE e da UE, com um enfoque voltado, predominantemente, para a tributação. Importa agora, aferir o que há de divergente, convergente ou complementar entre estas distintas disciplinas.

De início, importa ressaltar que, do ponto de vista dos esforços hodiernos no sentido da eliminação das barreiras à livre circulação internacional de bens, serviços, capital, trabalho e tecnologia, o princípio da não discriminação, nas formas em que aparece inserido nos acordos da OMC, no TUE e nos tratados bilaterais para evitar a dupla tributação da renda formalizados com base na CMO, impõem restrições à atuação unilateral dos Estados.[82] Entretanto, há diferenças importantes entre os meios de combate à discriminação constantes destas três fontes.

Na esfera da CMO, o princípio da não discriminação proíbe um país de aplicar tributação discriminatória a empreendimentos

82. Sobre se esta restrição à atuação unilateral se conforma ou não como uma limitação à soberania dos Estados, isto tem a ver com a visão que se adote do que seja, nos dias atuais, a soberania estatal. Para tal discussão, remete-se à abordagem já feita no capítulo 1.

comerciais que estão em operação dentro de seu território e que pertencem, são conduzidos ou controlados por residentes de um outro país com o qual tenha firmado tratado. Entretanto, o país pode aplicar tributação discriminatória para contribuintes não residentes, porque, como se viu anteriormente, estes não são considerados como estando "nas mesmas circunstâncias" que as dos contribuintes domésticos.

A mesma exceção não é aplicável no âmbito dos acordos da OMC, pois a discriminação, seja de fato ou de direito, entre bens, serviços e prestadores de serviços domésticos e estrangeiros, é proibida por tais acordos. Por exemplo, se um país cria um tributo que incide sobre o consumo, por seus residentes, de bens e serviços de não residentes, mas não sobre o consumo de bens ou serviços fornecidos por residentes, este tratamento discriminatório estará violando princípio o princípio da não discriminação posto no GATT e no GATS. De modo geral, se a discriminação se der em relação a todos os países estrangeiros, estará sendo violada a cláusula TN; se, entretanto, a discriminação se der em relação a apenas um país estrangeiro, a violação será da cláusula NMF. Do ponto de vista da CMO, porém, não haveria, no caso posto, discriminação vedada.[83]

No caso do TUE, do ponto de vista estrito de seus termos, é proibida a discriminação baseada na nacionalidade, o que faz com que, em princípio, a regra se mostre similar à adotada na CMO. Ocorre, porém, que na UE não há a previsão do uso da residência como critério de discriminação, o que faz com que os dois sistemas se distanciem bastante. Para além disso, porém, a CJUE tratou de alargar a abrangência da regra restrita à nacionalidade, ao proibir outros fatores de discrímen que, de fato, ensejavam a "discriminação oculta" baseada na nacionalidade. Com isto, a UE se afastou ainda mais da CMO e caminhou em um sentido muito mais próximo ao da OMC, ao buscar contemplar não apenas casos de discriminação de direito, mas também casos de discriminação de fato.

No que se refere aos tributos alcançados pelos três distintos marcos normativos, afora as inúmeras polêmicas antes mencionadas, pode-se fazer as afirmações que seguem.

83. Por exemplos como este que Monroe Olsen (2006, p. 106), defende que "os acordos da OMC podem também cobrir dupla tributação econômica, enquanto que um tratado para evitar a dupla tributação cobre somente a dupla tributação jurídica".

No caso da CMO, só estão alcançados os tributos diretos, até por conta da natureza mesma dos acordos para evitar a dupla tributação "da renda".

Quanto ao TUE, apesar de os tributos diretos não estarem tão enfatizados como estão os tributos indiretos (o que repercute concretamente na reconhecida falta de harmonização da tributação direta dentro da UE), verdade é que os tributos diretos podem ter efeitos tão discriminatórios quanto os tributos indiretos. Assim, há espaço legal para que se adote em relação ao TUE uma interpretação similar à que toma corpo no âmbito do GATT, qual seja a de que quando o artigo 90 do TUE fala em tributos que incidem sobre produtos, está fazendo referência a todos os tributos que podem estar associadas a medidas discriminatórias, independentemente de espécie. Neste sentido, aliás, já caminhou a CJUE, no já antes comentado "*avoir fiscal case*". De tal sorte, no marco normativo da UE, as regras contra a discriminação hão de ser tidas como extensivas aos tributos diretos.

Já em relação à OMC, o MSC já se inclinou pela inclusão dos tributos diretos. No Caso "*United States – Tax Treatment for Foreign Sales Corporation*",[84] por exemplo, já houve a expressa afirmação de que eles podem constituir subsídios proibidos. Ademais, no âmbito do GATS as próprias disposições expressas do Acordo confirmam tal abrangência do marco normativo da OMC. Mesmo no GATT tal abrangência é confirmada, e isto em razão, em especial, de duas constatações: primeiro, a de que os dois tipos de tributos podem ter efeitos equivalentes; segundo, a de que, em face da estreita interconexão entre comércio e tributação, as medidas relativas à tributação direta não podem ser ignoradas na esfera da liberalização do comércio internacional, sob pena de o sistema restar eivado de inocuidade.

Um outro fator de comparação entre os três sistemas se refere à presença ou não das cláusulas em que o princípio da não discriminação normalmente se desdobra: as cláusulas NMF e TN.

No caso da CMO, como se destina ela a ser fonte de tratados bilaterais, a cláusula NMF não tem razão de ser, pois não há outras partes para as quais estender o tratamento acordado. É preciso que se ressalte, entretanto, que os tratados para evitar a dupla tributação podem ter efeitos no âmbito da cláusula NMF prevista nos acordos

84. WT/DS108/AB/R, de 24/02/2000.

da OMC. É que se por um lado o GATS expressamente exclui aqueles tratados do alcance da cláusula NMF, assim não é no âmbito do GATT. Assim, do ponto de vista estrito do GATT, se um Membro da OMC firmar um tratado bilateral concedendo um regime tributário mais favorável para a outra parte (seja ela Membro ou não da OMC), tal tratamento poderá ter de vir a ser automaticamente estendido para os demais Membros da OMC. Não obstante, entretanto, tal diferença de tratamento entre a disciplina do comércio de serviços e a disciplina do comércio de bens, não é improvável que, entendendo a natureza parcialmente convergente dos objetivos dos dois sistemas, venha a OMC, quer seja pela revisão de seus acordos, quer seja pela atuação do MSC, tornar regra geral a disposição posta no GATS (o que se justificaria até em razão da hodierna tendência do MSC de considerar a disciplina do GATT extensível aos tributos diretos, que são os tributos que gravam, por exemplo, os prestadores de serviços).

Quando ao TUE, enquanto a cláusula TN está presente através de várias disposições do Tratado, não há qualquer referência à cláusula NMF. Como se viu, grande parte da doutrina justifica a omissão em razão de considerar que tal cláusula é inerente a uma comunidade fechada de países ou então que ela estaria coberta pela cláusula TN, mas é preciso reconhecer que do ponto de vista estrito da formação de blocos regionais a compatibilidade com a cláusula NMF é mesmo duvidosa. Tanto é assim que uma das mais importantes exceções do GATT em relação à cláusula NMF é, justamente, a existência de uniões aduaneiras e as zonas de livre comércio (exceção esta destinada, como se viu, a não erodir os objetivos destes arranjos).

Já em relação à OMC, as cláusulas TN e NMF estão expressamente previstas como partes integrantes e indissociáveis de todo o sistema multilateral do comércio, com exceções destinadas apenas à proteção de algumas iniciativas caras à sociedade internacional (como os blocos regionais, os acordos para evitar a dupla tributação, as medidas destinadas a prevenir a evasão tributária etc.). À evidência, tais exceções às cláusulas TN e NMF demonstram a preocupação dos Membros da OMC com os esforços conduzidos no âmbito de outras organizações internacionais dedicadas, de alguma forma, com a tributação.

Feitas tais comparações entre os três distintos sistemas, percebe-se que entre eles há convergências, divergências e complementaridades. Tais circunstâncias, porém, estão associadas primordialmente aos distintos objetivos perseguidos por cada um daqueles sistemas. Muito embora existam objetivos convergentes, certo é que enquanto a UE busca uma completa integração na forma de um mercado comum, o que inclui a busca pela liberdade de movimento de pessoas, bens, serviços e capital, a OMC intenta apenas a busca do *level playing field*, ou seja, a eliminação das distorções no comércio internacional e a obtenção de condições equitativas de concorrência entre os países, estando fora de seu escopo, portanto, o livre movimento de capital e de trabalhadores. Já a CMO tem pontos de convergência com o TUE e a OMC, dado que objetiva a promoção da livre movimentação de pessoas, negócios e capital, mas se consubstancia num instrumento de muito menor alcance; é que apesar de amplamente disseminados pelo mundo, os tratados bilaterais para evitar a dupla tributação são limitados no que concerne à difusão de *standards* tributários.

Com tal quadro comparativo relativo ao princípio da não discriminação, conclui-se a parte deste capítulo destinada à análise das repercussões tributárias do GATT (e do GATS, incidentalmente). Passa-se agora a analisar outro importante Acordo da OMC em termos tributários, o Acordo sobre Subsídios e Medidas Compensatórias (ASMC).

4.4 ACORDO GERAL SOBRE SUBSÍDIOS E MEDIDAS COMPENSATÓRIAS (ASMC)

4.4.1 Considerações iniciais

O Acordo sobre Subsídios e Medidas Compensatórias da Rodada Uruguai (ASMC) é tido como um dos maiores avanços trazidos com a criação da OMC, e isto porque estabeleceu uma definição clara e precisa do que seja "subsídio", traçando parâmetros minuciosos para a investigação de medidas compensatórias e definindo disciplinas multilaterais funcionais acerca de subsídios. Como exposto pelo MSC da OMC, no painel do Caso "*United States – Tax Treatment for Foreign Sales Corporation*" (Caso FSC):

> [...] em nenhuma parte do Artigo XVI do GATT 1947 encontra-se qualquer definição do termo "subsídio". Na realidade, este termo é primeiramente definido no contexto do

> GATT/OMC apenas no artigo I do ASCM e a inclusão dessa detalhada e abrangente definição do termo "subsídio" é via de regra considerada como uma das mais importantes conquistas da Rodada Uruguai sobre a disciplina dos subsídios. Sob essas circunstâncias, seria, em nossa visão, inapropriado interpretar a definição de subsídio encontrada no Artigo I do Acordo ASCM, fundando-se no entendimento relativo ao Artigo XVI: 4 do GATT 1947, que foi adotado mais de uma década antes da formulação da referida definição. (tradução nossa)[85]

Os subsídios, dado seu evidente efeito sobre os fluxos comerciais, vêm sendo regulados de há muito nas regras que regem o comércio internacional. Entretanto, com o advento da OMC, a disciplina do instituto foi aperfeiçoada. É que o artigo XVI do GATT/1994 e o os artigos 1 e 3 do ASMC trouxeram uma definição mais precisa e ampliada do que sejam os subsídios, criando as figuras dos subsídios proibidos, dos subsídios acionáveis e dos subsídios não acionáveis, definindo que proibidos são os subsídios condicionados à exportação ou ao uso de bens domésticos em detrimento dos importados.

As novas regras passaram a definir como subsídio qualquer contribuição financeira governamental que confira um benefício, como tal os incentivos de natureza tributária, por meio do qual o governo deixa de arrecadar valores que de outro modo (ou seja, sem o benefício concedido) seriam devidos. A íntegra do artigo 1.1 do ASMC assim dispõe:

> ARTIGO 1 - Definição de Subsídio
>
> 1. Para os fins deste Acordo, considerar-se-á a ocorrência de subsídio quando:
>
> (a) (1) haja contribuição financeira por um governo ou órgão público no interior do território de um Membro (denominado a partir daqui "governo"), *i.e.*:

85. WT/DS/108/R, item 7.80. Redação original: "7.80 [...] nowhere in Article XVI of GATT 1947 is there any definition whatsoever of the term "subsidy". Rather, that term is first defined in the GATT/WTO context only in Article 1 of the SCM Agreement, and the inclusion of this detailed and comprehensive definition of the term "subsidy" is generally considered to represent one of the most important achievements of the Uruguay Round in the area of subsidy disciplines.Under these circumstances, it would in our view be inappropriate to place any weight in interpreting the definition of subsidy found in Article 1 of the SCM Agreement on an understanding regarding Article XVI:4 of GATT 1947 which was adopted more than a decade before that definition was formulated".

> (i) quando a prática do governo implique transferência direta de fundos (por exemplo, doações, empréstimos e aportes de capital), potenciais transferências diretas de fundos ou obrigações (por exemplo garantias de empréstimos);
>
> (ii) quando receitas públicas devidas são perdoadas ou deixam de ser recolhidas (por exemplo, incentivos fiscais tais como bonificações fiscais);
>
> (iii) quando o governo forneça bens ou serviços além daqueles destinados a infra-estrutura geral ou quando adquire bens;
>
> (iv) quando o Governo faça pagamentos a um sistema de fundos ou confie ou instrua órgão privado a realizar uma ou mais das funções descritas nos incisos (i) a (iii) acima, as quais seriam normalmente incumbência do Governo e cuja prática não difira de nenhum modo significativo da prática habitualmente seguida pelos governos;
>
> ou
>
> (a) (2) haja qualquer forma de receita ou sustentação de preços no sentido do Artigo XVI do GATT 1994;
>
> e
>
> (b) com isso se confira uma vantagem.
>
> 2. Um subsídio, tal como definido no parágrafo 1, apenas estará sujeito às disposições da PARTE II ou às disposições das PARTES III ou V se o mesmo for específico, de acordo com as disposições do Artigo 2.[86]

Uma primeira questão controversa associada à aplicação dos subsídios, se refere a qual deva o ser o parâmetro de comparação em relação ao qual se estabelece que um determinado valor deixou de ser arrecadado. A doutrina se inclina, na ausência de um sistema tributário internacional ou de regras uniformes de tributação ao redor do mundo que pudessem servir como base comparativa, pela ideia de que o parâmetro de comparação deve ser, justamente, as próprias regras gerais de tributação prevista pelo Estado que concede um benefício fiscal; ou seja, há subsídio desde que o benefício fiscal concedido se mostre como uma exceção àquela que é a regra geral de tributação

86. Redação em português constante da Ata Final da Rodada Uruguai, apensada ao Decreto n.º 1.355, de 30/12/1994.

adotada pelo Estado.[87] Tal posição predominante da doutrina, é de se ressaltar, foi o adotado, com poucas ressalvas, pelo MSC da OMC, no julgamento do Caso FSC.[88]

Passando-se à análise específica dos aspectos fiscais associados ao ASMC, é de se dizer, já de início, que grande parte das hodiernas ajudas estatais aos empreendimentos nacionais, concedidos em detrimento dos empreendimentos estrangeiros, não seriam mais que formas engenhosas de concessão de benefícios fiscais, não fosse o fato de que, no âmbito dos Acordos que compõem o marco normativo da OMC, há disposições que proíbem certos subsídios ou ajudas públicas à exportação. Em particular, são relevantes os artigos 1 e 3 do ASMC. No artigo 1, como acima se viu, aparece a definição do termo "subsídio" como uma contribuição financeira pública mediante a qual é outorgado um benefício e que tem como uma de suas formas o perdão ou não arrecadação de "receitas públicas que em outros casos seriam recebidas".

É preciso ter em conta, porém, que conforme o artigo 1.2, os efeitos jurídicos previstos no ASMC não se estendem a qualquer medida que, de acordo com a definição acima posta, tenha o caráter de "subsídio", já que tais efeitos ficam reservados para aquelas medidas que, para além de caracterizáveis como subsídios, possam ser tidas, em consonância com o artigo 2, como "específicas". Com este propósito, o artigo 2 se utiliza de distintos critérios para estabelecer a especificidade de um subsídio, como tais: (i) o limite explícito ao seu acesso (artigo 2.1.a); (ii) a evidenciação de que apenas um grupo reduzido de sujeitos se beneficia do incentivo (artigo 2.1.c); (iii) a limitação do benefício a uma região geográfica da jurisdição da autoridade outorgante (artigo 2.2); e (iv) um critério de delimitação negativo, pois não se consideram específicos os subsídios concedidos por via da aplicação de critérios objetivos - imparciais, de caráter econômico e de aplicação horizontal -, e cujo direito a eles seja automático – ou seja, diretamente resultante do preenchimento daqueles requisitos objetivos.

87. Stricker, 2005, p. 333.

88. Ver Capítulo 5 (item 5.4.2), no qual a decisão do OAp acerca desta questão está analisada com mais detalhes. Como lá está exposto, apesar de ter concordado com a posição do painel de que o referencial normativo deveria ser o do próprio Membro que havia criado o subsídio, o OAp ressalvou os limites do critério para casos nos quais o Membro não tivesse apenas um referencial normativo para servir de comparação.

Interessa aqui, para os limites do presente trabalho, especialmente o disposto no artigo 2.3, no qual está posto que "todo subsídio compreendido nas disposições do artigo 3 será considerado específico". E é exatamente o artigo 3 do ASMC que estabelece as regras por meio das quais se pode identificar os subsídios proibidos, fazendo-o nos seguintes termos:

> Artigo 3.1. Com exceção do disposto no Acordo sobre Agricultura, serão proibidos os seguintes subsídios, conforme definidos no Artigo 1:
>
> (a) subsídios vinculados de fato ou de direito ao desempenho exportador, quer individualmente, quer como parte de um conjunto de condições, inclusive aqueles indicados a título de exemplo no Anexo I;
>
> (b) subsídios vinculados de fato ou de direito ao uso preferencial de produtos nacionais em detrimento de produtos estrangeiros, quer individualmente, quer como parte de um conjunto de condições; [...][89]

Como se pode ver, o artigo 3.1.a do ASMC define o que são os subsídios proibidos, fazendo: (i) menção a que os subsídios proibidos se caracterizam como tal nos casos em estejam vinculados, de fato ou de direito, ao desempenho exportador; e (ii) referência a uma lista de subsídios proibidos constantes do Anexo I, mas ressalvando expressamente que esta lista não é exaustiva. Tratar-se-á de analisar, a seguir, estes dois segmentos do ASMC e, complementarmente, o conteúdo da Nota 1 do ASMC, na qual está firmada uma importante exceção à caracterização de subsídios em matéria tributária.

4.4.2 Os subsídios e a vinculação (de fato ou de direito) ao desempenho exportador

Em relação a este tema, é bastante elucidativo o entendimento manifestado pelo OAp no Caso "*Canada – Measures Affecting the Export of Civilian Aircraft*",[90] acerca da interpretação da Nota 4 do

89. Redação em português constante da Ata Final da Rodada Uruguai, apensada ao Decreto n.º 1.355, de 30/12/1994.

90. Caso "*Canada – Measures Affecting the Export of Civilian Aircraft*" (WT/DS70/AB/R - relatório do Órgão de Apelação adotado em 02/08/1999), itens 169 a 173.

ASMC, nota esta que se destina a esclarecer quando um subsídio se considera "condicionado de direito ou de fato aos resultados de exportação". Está disposto nesta Nota que:

> Esta norma se cumpre quando os fatos demonstram que a concessão de um subsídio, ainda que não tenha sido condicionado de direito aos resultados de exportação, está de fato vinculado às exportações ou aos ingressos de exportação reais ou previstos. O mero fato de um subsídio seja outorgado a empresas que exportem não será razão suficiente para considerá-la subsídio a exportação no sentido desta disposição.[91]

O OAp manifestou-se no sentido de que a verificação de que um subsídio está condicionado de fato à exportação pode ser decomposta em três elementos, quais sejam: (i) "a concessão de um subsídio"; (ii) que "está [...] vinculado às"; e (iii) "às exportações ou ingressos de exportação reais ou previstos". Em relação ao primeiro elemento, afirma o OAp que "a investigação inicial deve ocupar-se de saber se a autoridade outorgante impôs uma condição baseada nos resultados de exportação ao conceder o subsídio".[92] Em relação ao segundo elemento, é ressaltado que "é necessário que os fatos 'demonstrem' que a concessão de um subsídio está vinculado ou condicionado a exportações reais ou previstas. Não basta apenas demonstrar que o governo que outorgou o subsídio previu que este daria lugar a exportações. A proibição contida no artigo 3.1.a se aplica aos subsídios que estão condicionados aos resultados de exportação".[93] Já em relação ao terceiro elemento, se observa que este não implica em indagar as expectativas da autoridade outorgante, mas sim uma análise dos elementos de prova objetivos para concluir se as exportaçoes foram previstas ou esperadas. E complementa o OAp: "um subsídio pode muito bem ser outorgado sabendo-se ou prevendo-se que dará lugar a exportações. Entretanto, isto não basta por si só, porque isola-

91. Redação em português constante da Ata Final da Rodada Uruguai, apensada ao Decreto n.º 1.355, de 30/12/1994.

92. WT/DS70/AB/R, item 170: "The first element of the standard for determining de facto export contingency is the 'granting of a subsidy'. In our view, the initial inquiry must be on whether the granting authority imposed a condition based on export performance in providing the subsidy [...]".

93. WT/DS70/AB/R, item 171: "[...]. It does not suffice to demonstrate solely that a government granting a subsidy anticipated that exports would result. The prohibition in Article 3.1 (a) applies to subsidies that are contingent upon export performance".

damente não é prova de que a concessão do subsídio está vinculada à previsão de exportação".[94]

Nos termos deste entendimento, portanto, qualquer medida governamental concessiva de um subsídio não será tida, automaticamente, como afrontosa ao ASMC, caso apenas evidencie ou faça presumir que a ela estão potencialmente associados ganhos com exportações. Como tais exportações podem não vir a ocorrer ou ocorrer em quantidades mínimas, a disciplina, nestas hipóteses, restaria afastada.

4.4.3 Os subsídios proibidos constantes do Anexo I do ASMC

No Anexo I do ASMC, aparecem relacionados alguns subsídios que não possuem grande importância para a esfera tributária, razão pela qual limitar-se-á aqui a análise àqueles que possuem, potencialmente, tal afetação. Neste sentido, a sistematização do conteúdo do Anexo I, no que se refere aos subsídios que possuem relação com a tributação, pode ser feita como a seguir exposto, com a divisão das normas em três grupos distintos: (i) normas em matéria de tributação direta; (ii) normas em matéria de tributação indireta; e (iii) normas em matéria de tributos vinculados à importação.

4.4.3.1 Normas em matéria de tributação direta

Em primeiro lugar, há duas regras em matéria de tributação direta, postas nas letras (e) e (f). Em razão do disposto na letra (e), é considerado subsídio proibido a:

> (e) isenção, remissão ou diferimento total ou parcial, relacionados especificamente com as exportações, dos impostos diretos ou das contribuições para a seguridade social que paguem ou devam pagar as empresas industriais e comerciais.[95]

Estão proibidas, portanto, as vantagens fiscais relacionadas especificamente com as exportações, já que os termos "isenção", "remissão" e "diferimento" compreendem formas diversas de concessão de

94. WT/DS70/AB/R, item 172: "[...]. A subsidy may well be granted in the knowledge, or with the anticipation, that exports will result. Yet, that alone is not sufficient, because that alone is not proof that the granting of the subsidy is tied to the anticipation of exportation".

95. Redação em português constante da Ata Final da Rodada Uruguai, apensada ao Decreto n.º 1.355, de 30/12/1994.

benefícios fiscais: nos termos da nota de rodapé número 58 do ASMC, "a remissão de impostos compreende reembolso ou redução de impostos" e "remissão ou devolução compreende isenção ou diferimento total ou parcial dos direitos de importação". Deve-se ter em conta, porém, em razão do que diz a nota de rodapé número 59 do ASMC, que em qualquer caso: (i) "o diferimento para o pagamento poderá não constituir subsídio à exportação quando são percebidos os juros respectivos"; (ii) "os preços de bens praticados em transações entre empresas exportadoras e compradoras estrangeiras controlados pelas primeiras, ou ambos sob o mesmo controle, devem, para fins tributários, ser os mesmos que se praticariam entre empresas independentes umas das outras em condições de livre concorrência"; e (iii) a regra posta "não tem por finalidade impedir um Membro de tomar medidas para evitar a dupla tributação sobre ganhos de fonte situada no estrangeiro por suas empresas ou pelas empresas de outro Membro".

Em relação a este último caso, há que se tê-lo como uma importante exceção à caracterização dos subsídios de natureza tributária. Quando a nota de rodapé número 59 do ASMC explicita que a definição de subsídios posta no Acordo não tenciona restringir a ação dos Membros no sentido de adotar medidas para evitar a dupla tributação internacional da renda, está a dizer que, em princípio, os valores não arrecadados em face da adoção de medidas para evitar a dupla tributação (o que geralmente é feito no âmbito de acordos internacionais específicos, de natureza bilateral), não seriam tidos como subsídios.

Ocorre, porém, que grandes divergências existem acerca da extensão desta exceção. É que para alguns autores, a exceção só se aplicaria naqueles casos em que a medida para evitar a dupla tributação adotasse o método da imputação ou compensação, ou seja, quando o Estado desconta, do tributo devido relativo à renda auferida fora de seu território, o tributo já pago na origem; para estes autores, a exceção não valeria para o caso da adoção do método da isenção, ou seja, quando o Estado simplesmente isenta de tributação a renda auferida no exterior, dado que neste caso haveria ofensa aos princípios do arranjo multilateral quando o tributo devido na origem fosse menor que o devido no destino.[96] As definições acerca das relações entre os

96. Gustavo E. Luengo Hernández de Madrid (2000, p. 34-39), fornece um panorama geral das posições doutrinárias acerca da confrontação entre a exceção posta no Anexo I do ASCM e as características dos métodos para evitar a dupla tributação internacional da renda.

acordos da OMC e os acordos para evitar a dupla tributação internacional são importantes, porque servem para delimitar espaços de atuação destas duas importantes fontes do processo de aproximação das ordens tributárias.

Voltando-se a abordar as regras em matéria de imposição direta, tem-se, além da acima exposta letra (e), a letra (f) do Anexo I, na qual há a seguinte proibição:

> f) A concessão, no cálculo da base sobre a qual impostos diretos são aplicados, de deduções especiais diretamente relacionadas com as exportações ou com o desempenho exportador, superiores aquelas concedidas à produção para consumo interno.[97]

Do conteúdo do dispositivo se pode inferir que, neste caso, a norma está dirigida ao exame da forma como determinado ordenamento disciplina a apuração da base de cálculo do tributo, ou seja, a base de quantificação da exação devida. Enquanto o disposto na letra (e) se dirige a regular as vantagens aplicadas sobre o imposto já determinado (quantificado), a letra (f) estabelece a proibição de vantagens no processo de quantificação (apuração da base de cálculo). Neste caso, estão proibidas não apenas as vantagens "diretamente relacionadas com as exportações" – como o faz a letra (e) -, mas também aquelas que estão condicionadas aos resultados da exportação ("desempenho exportador").

4.4.3.2 Normas em matéria de tributação indireta

Para além destas duas primeiras hipóteses veiculadas nas letras (e) e (f), há também, no Anexo I, duas modalidades de normas proibidas no âmbito da tributação indireta. A primeira delas está contida na letra (g), que expressamente proíbe:

> (g) A isenção ou remissão de impostos indiretos sobre a produção e a distribuição de produtos exportados, para além daqueles aplicados sobre a produção e a distribuição de produto similar vendido para consumo interno.

97. Redação em português constante da Ata Final da Rodada Uruguai, apensada ao Decreto n.º 1.355, de 30/12/1994.

Importa destacar que o que esta disposição proíbe não é a remissão de impostos indiretos na oportunidade da exportação das mercadorias, mas sim a remissão em excesso, ou seja, para além da carga suportada pelas mercadorias em seu processo produtivo. Por esta disposição, portanto, são perfeitamente compatíveis com o ASMC as isenções integrais concedidas às exportações no âmbito de vários tributos.[98] A norma, assim, permite liberar as mercadorias exportadas de toda carga tributária que efetivamente tenham sofrido em matéria de tributação indireta.

Esta determinação, constante da letra (g) do Anexo I, de que os incentivos fiscais relativos aos tributos indiretos não constituem subsídios proibidos desde que tais benefícios se limitem aos tributos que seriam normalmente exigidos no mercado interno, está em estrita consonância com a nota de rodapé 1 do ASMC e com a nota adicional ao artigo XVI do GATT, que estão assim expressas:

> <u>Nota de rodapé I do ASMC</u>
>
> De acordo com as disposições do Artigo XVI do GATT 1994 (nota do Artigo XVI) e de acordo com os anexos I a III deste acordo, não serão consideradas como subsídios as isenções em favor de produtos destinados a exportação, de impostos ou taxas habitualmente aplicados sobre o produto similar quando destinado ao consumo interno, nem a remissão de tais impostos ou taxas em valor que não exceda os totais devidos.
>
> <u>Nota adicional ao artigo XVI do GATT</u>
>
> A isenção em favor de um produto exportado, dos direitos ou taxas que atingem o produto similar quando este é destinado ao consumo interno, ou a remissão, desses direitos ou taxas em quantidade que não excedam aqueles que eram devidos, não serão considerados como um subsídio.[99]

Assim, há aqui uma importante distinção: enquanto que pela letra (e) do Anexo I a isenção (ou a remissão ou o diferimento total ou parcial) concedida especificamente em função de exportações, de impostos diretos ou contribuições sociais pagos ou pagáveis por empresas industriais ou comerciais, é tida como um subsídio proibido independentemente de qualquer comparação com a tributação no

98. No Brasil, por exemplo, as exportações são isentas de ICMS, IPI, PIS e COFINS.

99. Redação em português constante da Ata Final da Rodada Uruguai, apensada ao Decreto n.º 1.355, de 30/12/1994.

mercado interno, pela letra (g) do Anexo I (e pelas nota de rodapé 1 do ASMC e nota adicional ao artigo XVI do GATT) a concessão do mesmo benefício em relação a tributos indiretos só será tida como subsídio proibido no caso de a vantagem concedida ser superior aos tributos que seriam normalmente devidos.[100]

Já a letra (h) do Anexo I contém uma regra análoga à da letra (g), mas que diz respeito, especificamente, aos impostos indiretos que têm incidência em cascata (no Brasil, os chamados tributos cumulativos). Por este dispositivo, está proibida:

> (h) A isenção, remissão ou diferimento de impostos indiretos sobre etapas anteriores de bens ou serviços utilizados no fabrico de produtos exportados, para além da isenção, remissão ou diferimento de impostos indiretos equivalentes sobre etapas anteriores de bens ou serviços utilizados no fabrico de produto similar destinado ao mercado interno, desde que, porém, impostos indiretos cumulativos sobre etapas anteriores possam ser objeto de isenção, remissão ou diferimento sobre produtos destinados à exportação, mesmo quando tal não se aplique a produtos similares destinados ao consumo interno, se os impostos indiretos cumulativos sobre etapas anteriores são aplicados aos insumos consumidos no fabrico do produto de exportação (levando-se em devida conta os desperdícios). Este item será interpretado de acordo com as diretrizes sobre consumo de insumos no processo de produção contidas no Anexo II.[101]

Como se percebe, a regra é a mesma da exposta na letra (g), apenas adequada ao cenário das exações incidentes, de forma cumulativa, nas várias etapas do ciclo econômico do produto.

4.4.3.3 Normas em matéria de tributos vinculados à importação

Por fim, em terceiro e último lugar tem-se a letra (i) do Anexo I, que contém uma regra de proibição em matéria de tributos vinculados à importação. Por este dispositivo, é proibida:

100. Michael Daly (2006, p. 532), dá notícia de que já em 1960, uma declaração que tratava de dar efeito às disposições do artigo XVI:4 do GATT dispunha que: 'remission, calculated in relation to exports, of direct taxes or social welfare charges on industrial or commercial enterprises' are considered as export subsidies, whereas tariff or consumption tax refunds on exports are not".

101. Redação em português constante da Ata Final da Rodada Uruguai, apensada ao Decreto n.º 1.355, de 30/12/1994.

> (i) A remissão ou devolução de direitos de importação além daquelas praticadas sobre insumos importados que sejam consumidos no fabrico do produto exportado (levando na devida conta os desperdícios normais), desde que, porém, em casos especiais uma empresa possa utilizar certa quantidade de insumos nacionais como substitutivo equivalente aos insumos importados, com as mesmas características e com a mesma qualidade, com vistas a beneficiar-se desta disposição, se tanto a importação quanto a exportação ocorrem dentro de prazo razoável, não superior a 2 anos. Este item será interpretado de acordo com as diretrizes sobre consumo de insumos para o processo produtivo indicadas no Anexo II e de acordo com as diretrizes para determinar se os sistemas de devolução de tributos sobre a importação em casos de substituição constituem subsídios à exportação enunciadas no Anexo III.[102]

À evidência, esta norma busca evitar uma possível utilização abusiva das facilidades que se concedem no âmbito de regimes aduaneiros nos quais se permite importar, livres de tributos aduaneiros, mercadorias que serão utilizadas em produtos que serão posteriormente exportados (um destes regimes é, no Brasil, o chamado "Drawback", que possui várias modalidades diferentes de efetivação). Consegue-se, assim, incentivar a atividade econômica desenvolvida no território aduaneiro, que se serve de insumos importados para produzir mercadorias que serão destinadas aos mercados exteriores. O objetivo desta norma da OMC é o de impedir que esta facilidade se estenda para além da isenção dos tributos aduaneiros que correspondam aos insumos importados que tenham sido incorporados às mercadorias exportadas, isto é, se trata de impedir que o regime aduaneiro mencionado acabe se constituindo em uma oportunidade para a oferta de vantagens fiscais que se estendam para além do que comporta o próprio conteúdo do regime.

De outro lado, a norma também permite, dentro do regime aduaneiro, que o produtor realize primeiro a exportação de mercadorias e que, depois de produzidas estas, possa importar, sem recolher os tributos incidentes sobre a importação, mercadorias do exterior equivalentes às que foram utilizadas para exportar aquelas que foram objeto de exportação. Em comparação com o regime aduaneiro ordi-

102. Idem.

nário, esta possibilidade supõe, por consequência, uma alteração na ordem de sua mecânica operacional, já que há uma inversão do processo lógico. De qualquer modo, o resultado econômico, em ambos os casos, deve ser o mesmo: o exportador vai introduzir no território aduaneiro os insumos necessários para produzir as mercadorias exportadas, sem recolher os tributos aduaneiros respectivos.

Além dos subsídios proibidos, regulados no artigo 3 do ASMC e explicitados em seu Anexo I, o ASMC também define, em seus artigos 5, 6 e 7, os "subsídios recorríveis", que são aqueles que, sendo específicos conforme o disposto no artigo 2, causam efeitos desfavoráveis para os interesses de outros Membros. Nesta categoria de subsídios, importam para a matéria tributária as seguintes medidas: os subsídios para cobrir perdas de exploração sofridas por uma empresa (artigo 6.1.c do ASMC) e o perdão de dívida na qual o governo seja o credor (artigo 6.1.d do ASMC). No primeiro caso, o preceito descaracteriza como subsídio recorrível aqueles que se constituam como medidas excepcionais, que não sejam recorrentes e nem possam repetir-se para uma mesma empresa e que se apliquem simplesmente para dar tempo para o alcance de soluções de longo prazo, com isto evitando-se graves problemas sociais. Já no segundo caso, o preceito também determina que se tenha como subsídio recorrível as doações para cobrir o reembolso de dívida.

Por fim, há os subsídios irrecorríveis, previstos no artigo 8 do ASMC. Por este dispositivo, são irrecorríveis os subsídios que não sejam específicos, no sentido do artigo 2, e também os subsídios que, apesar de específicos, preencham todas as condições enumeradas no artigo 8.2, quais sejam, em especial, a de que tenham por objeto a assistência para atividades de investigação (artigo 8.2.a), a assistência para regiões desfavorecidas (artigo 8.2,b) ou a assistência para promover a adaptação de instalações existentes a novas exigências ambientais (artigo 8.2.c).

4.5 CONSIDERAÇÕES FINAIS

As relações entre comércio internacional e tributação não se limitam às repercussões destes das disposições relativas aos três acordos abrangidos aqui abordados (GATT, GATS e ASMC), dado que existem outros dispositivos que importam para a matéria, tanto no âmbito destes acordos aqui abordados, como nos demais (o Acordo sobre Investimentos - TRIMS, o Acordo sobre Agricultura - AA e o Mecanismo de Revisão das Políticas Comerciais - TPRM, também trazem disposições que também se relacionam ao tema). Entretanto, as disposições aqui abordadas, além de serem os mais relevantes, bem servem para a evidenciação da complexidade assumida pelo tema e para a demonstração da inequívoca afetação tributária dos acordos da OMC. Com efeito, com disposições tão amplas do que sejam medidas obstaculizadoras do comércio internacional, vários problemas sobrevêm, dentre os quais destaca-se a delicada questão da divisão de prerrogativas entre o Membro da OMC e a própria OMC; em outras palavras, como os acordos abrangidos ampliaram em muito o alcance daquilo que se deve ter por medidas distorcivas do comércio internacional, reduzida restou a autonomia dos Membros de, soberana e unilateralmente, produzir sua legislação tributária interna.

Do que foi abordado neste capítulo, importa destacar a demonstrada convergência parcial dos sistemas de combate à discriminação tributária constantes do TUE, da CMO e da OMC. Quanto às diferenças, são elas resultado, em grande parte, da natureza e objetivos distintos de cada um destes sistemas, mas operam num sentido positivo: o da gradativa construção de um princípio de não discriminação tributária que seja o resultado do cruzamento destas diferenciadas lógicas. À evidencia, na disciplina da não discriminação é que se pode ver, como em poucos outros contextos, como a construção de um regime internacional da tributação depende de várias fontes.

Quanto ao ASMC, ele tem importância fulcral para a matéria tributária, tanto no âmbito do sistema da OMC em si, como para a tributação internacional de modo mais amplo. Neste capítulo, fez-se uma abordagem mais teórica do ASMC, porque no próximo capítulo será ele o pano de fundo de grande parte das discussões acerca do caso que é tido como paradigmático em matéria tributária no MSC: o Caso "*United States - Tax Treatment for Foreign Sales Corporation*". Neste sentido, no capítulo 5 se terá uma abordagem complementar do ASMC.

Capítulo 5

O CASO *FOREIGN SALES CORPORATION* COMO PARADIGMA TRIBUTÁRIO DA JURISPRUDÊNCIA DA OMC

5.1 CONSIDERAÇÕES INICIAIS

No presente capítulo, tratar-se-á de completar o quadro que se começou a montar no capítulo anterior, qual seja o de fornecer um panorama das disposições e decisões da OMC que possuem repercussão tributária. Antes, a abordagem se deu sobre o âmbito dos textos dos acordos abrangidos. Agora, a abordagem se concentrará sobre outra fonte do arranjo internacional do comércio, as decisões do MSC da OMC. O MSC, além de ser tido hoje, como já antes se expôs, como um dos mais importantes tribunais internacionais (inclusive com um grau de cumprimento de suas decisões sem precedentes em qualquer outra corte internacional), é o foro com responsabilidade de interpretar o conteúdo dos acordos abrangidos, a partir de litígios concretos propostos pelos Membros. Assim, nenhuma análise do marco regulatório da OMC ficaria completa sem a abordagem da jurisprudência do MSC.

A jurisprudência em matéria tributária do MSC da OMC é hoje considerável. Com efeito, já desde o antigo sistema de solução de controvérsias do GATT 1947, o sistema multilateral do comércio vinha se manifestando, mesmo que nos limites estreitos permitidos pelo marco normativo mais modesto do GATT 1947, sobre várias questões relativas à tributação. Com o advento da OMC, e com a ampliação da regulação do comércio internacional, o novo MSC também produziu importantes decisões com afetação tributária. Tanto é assim que existem alguns casos que são referências para a construção do sentido de várias disposições dos acordos abrangidos. Exemplos são os seguintes casos:

(i) caso "*Japan – Taxes on Alcoholic Beverages*",[1] no qual foi afirmado que os Membros da OMC são livres para perseguir seus próprios objetivos domésticos através da tributação e regulação internas, desde que o façam de modo tal a não violar qualquer compromisso que tenham assumido no âmbito da OMC. É também considerado um caso importante em relação à interpretação do artigo III.2 do GATT, dispositivo este que trata da não discriminação tributária;

(ii) caso "*United States – Section 337 of the Tariff Act of 1930",2 (L/6439 – 36S/345),* relatório do Painel adotado em 07/11/1989, no qual há importantes definições acerca da extensão da cláusula TN;

(iii) caso "*United States – Measures Affecting Alcoholic and Malt Beverages*",[3] no qual está dito que o objetivo do artigo III não é harmonizar os tributos e regulamentos internos das partes contratantes, os quais podem diferir de um país para outro. Além disso, estabelece critérios de aferição da similaridade entre produtos;

(iv) caso "*Canada – Import, Distribution and Sale of Certain Alcoholic Drinks by Provincial Marketing Agencies*",[4] onde aparece expresso que a disciplina da não discriminação, no GATT, se aplica aos tributos de todos os entes federativos;

(v) caso "*United States-Taxes on Petroleum and Certain Imported Substances*", [5] que esclarece que a disciplina do GATT não pode ser interpretada no sentido de que protege expectativas sobre volumes de exportação, mas expectativas sobre o relacionamento competitivo entre produtos importados e domésticos;

---

1. "*Japan – Taxes on Alcoholic Beverages*" (WT/DS11/AB/R), relatório do Órgão de Apelação adotado em 04/10/1996.
2. Caso "*United States - Section 337 of the Tariff Act of 1930*" (L/6439 - 36S/345), relatório do Painel adotado em 07/11/1989.
3. Caso "*United States-Measures Affecting Alcoholic and Malt Beverages*" (DS23/R - 39S/206), relatório do Painel adotado em 19/06/1992.
4. Caso "*Canada – Import, Distribution and Sale of Certain Alcoholic Drinks by Provincial Marketing Agencies*" (DS/17/R), relatório do Painel adotado em 16/10/1991.
5. Caso "*United States-Taxes on Petroleum and Certain Imported Substances*" (L/6175 - 34S/136), relatório do Painel adotado em 17/06/1987.

(vi) caso "*Japan - Customs Duties, Taxes and Labelling Practices on Imported Wines and Alcoholic Beverages*",[6] que define critérios para a caracterização da similaridade entre produtos, especialmente o que se utiliza da classificação uniforme adotada pelas nomenclaturas tarifárias;

(vii) caso "*Chile - Alcoholic Beverages*",[7] no qual está reafirmada a liberdade dos membros da OMC de adotarem medidas tributárias, desde que tais medidas não se destinem à proteção da produção nacional;

(viii) caso "*Canada - Measures Affecting the Export of Civilian Aircraft*",[8] que trata de esclarecer quando um subsídio está condicionado, de fato ou de direito, aos resultados da exportação.

Tais casos não esgotam a jurisprudência da OMC em matéria tributária, mas são exemplos representativos. Entretanto, mesmo sendo representativos, não serão abordados em detalhes no presente capítulo, e isto por duas razões: primeiro, porque já foram eles referenciados no capítulo 4, quando foram utilizados com o fim de clarificar disposições dos acordos abrangidos lá tratadas; segundo, porque muito embora este capítulo se destine à análise da jurisprudência do MSC em matéria tributária, verdade é que há um caso específico, o Caso "*United States - Tax Treatment for Foreign Sales Corporation*" (Caso FSC),[9] que é tido como paradigmático em matéria tributária e que justifica uma abordagem exclusiva.

Esta controvérsia, submetida pelas Comunidades Europeias (CE) à OMC em 01/07/1998, e só finalmente decidida em 13/02/2006, transformou-se em caso paradigmático não apenas porque envolveu o maior volume de sanções retaliatórias já autorizado pela Organização (aproximadamente US$ 4 bilhões), mas também, e em especial, porque apesar de a OMC já ter, em decisões anteriores, se manifestado acerca de questões tributárias, neste caso é que foram levantadas

6. Caso "*Japan – Customs Duties, Taxes and Labelling Practices on Imported Wines and Alcoholic Beverages" (L/6216 - 34S/83)*, relatório do Painel adotado em 10/11/1987.

7. Caso "*Chile – Alcoholic Beverages*" (WT/DS87/AB/R, WT/DS110/AB/R), relatório do OAp adotado em 19/12/1999.

8. Caso "*Canada – Measures Affecting the Export of Civilian Aircraft*" (WT/DS70/AB/R), relatório do OAp adotado em 02/08/1999.

9. Há um farto conjunto de documentos emitidos pela OMC, nos quais as decisões do MSC relativas ao Caso FSC estão postas. Ver, em especial: WT/DS108/2, de 09/07/1998, WT/DS108/R, de 08/10/1999, WT/DS108/AB/R, de 24/02/2000, WT/DS108/RW, de 20/08/2001, WT/DS108/ARB, de 30/08/2002, WT/DS108/26, de 25/04/2003, e WT/DS108/AB/RW2, de 13/02/2006.

questões especialmente relevantes, que trazem repercussão direta e expressiva sobre a matéria.

Diz-se isto porque a decisão, ao se deparar com questões relacionadas com características do sistema tributário dos EUA e dos países das CE, acabou determinando a adoção de medidas que, na prática, representam não apenas a demanda pela adequação de determinadas normas (como aquelas que criam ou majoram um imposto ou instituem um incentivo tributário específico), mas o expurgo de todo um regime tributário regularmente editado sob as leis norte-americanas e que está, de há muito, incorporado à cultura jurídico-tributária dos EUA. A decisão da OMC, assim, inova no sentido de que discute ela princípios e filosofias e, com isso, acaba por demandar ajustes na base principiológica do sistema tributário de um Estado.

É preciso ressaltar, ainda, que o Caso FSC é igualmente paradigmático não apenas por conta de tudo que foi expressamente abordado e respondido em seu contexto, mas também por várias questões que, apesar de suscitadas pelas partes, acabaram não respondidas pelo MSC por razões formais ou porque se conformavam como questões irrelevantes diante do acatamento de uma questão prejudicial às suas análises. As questões não respondidas representam, no entanto, problemas de inter-relação com matérias tributárias com os quais o regime internacional do comércio provavelmente terá de se defrontar num futuro próximo.

É assim, em razão de o Caso FSC ser paradigmático, sem precedentes e indutor de discussões de variados temas relativos à matéria tributária quando confrontada com o comércio internacional, que justificada resta sua abordagem isolada no âmbito deste trabalho. Pode-se dizer que o restante da jurisprudência do MSC em matéria tributária não traz questões que não tenham sido, de alguma forma, suscitadas no Caso FSC.

Do ponto de vista da estrutura deste capítulo, serão abordadas primeiro as questões que teriam sido respondidas pelo MSC na apreciação do litígio e, depois, as questões que, apesar de levantadas pelas partes e não analisadas pelo MSC, apontam para outras importantes envolvências entre o regime do comércio internacional e o regime internacional da tributação. Antes de mais nada, porém, importa situar o Caso FSC e o litígio que lhe é respectivo, no complexo âmbito em que ele está inserido – qual seja o de uma verdadeira disputa transatlântica entre os EUA e as CE –, o que vai servir para evidenciar ainda mais a importância do caso para a cena internacional e para o âmbito deste trabalho.

5.2 O CONTEXTO DO CASO FSC

A primeira questão a ser ressaltada é que o Caso FSC[10] não representa um litígio específico, mas o desdobramento de uma série de controvérsias em matéria tributária que envolveram os EUA de um lado e as CE de outro, ao longo de décadas. Entender os antecedentes e desdobramentos do caso é, assim, importante não apenas porque contextualiza a abordagem, mas também porque os EUA, vencidos na disputa, reiteradamente alegaram que as decisões do MSC incorreram em erro ao deixar de ter em conta a longa história da disputa.[11]

Para que se entenda a longa disputa, é preciso ter em conta, antes de mais nada, o fato de que os EUA não têm, ao contrário de grande parte dos países, um imposto indireto equivalente ao Imposto sobre o Valor Agregado – IVA (há alguns Estados norte-americanos que aplicam um imposto incidente sobre a venda, mas não têm eles grande peso relativo na arrecadação tributária total) ; aliás, os EUA são o único membro da OCDE que não aplica um imposto baseado no IVA.[12]

Em razão disto, predomina no sistema tributário norte-americano a tributação direta, o que penaliza muito os exportadores dos EUA. Por um exemplo comparativo, a situação fica bem clarificada. Confrontando-se dois exportadores, um dos EUA e outro de um país europeu, tem-se que o exportador europeu, ao enviar seus produtos para os EUA, tem a isenção total do IVA, saindo da Europa livre

10. A expressão "Caso FSC" será usada, nesta tese, como referência genérica à longa disputa travada pelos EUA e pelas CE. A razão da escolha está em que foi justamente no âmbito do julgamento das medidas relativas às FSC que foram levantadas as questões jurídicas que dão os contornos principais do litígio. Pode-se dizer que os desdobramentos processuais posteriores, relativos aos regimes ETI e JOBS (regimes que, como se verá posteriormente, substituíram o regime das FSC e foram igualmente contestados junto ao MSC), estão centrados, justamente, na análise do grau de (in)cumprimento destes novos regimes ao que foi decidido no âmbito estrito da contestação ao regime das FSC.

11. Apesar de os desdobramentos do Caso FSC constarem da literatura (Crane e Rangel, 2003, por exemplo, fazem um exposição geral da história da disputa entre EUA e CE), uma das fontes mais importantes para a contextualização do litígio são, justamente, as decisões do Órgão Apelação que julgaram cada um dos litígios que envolvem os regimes das FSC, ETI e JOBS. É que tais decisões possuem, em geral, uma seção inicial, chamada de "antecedentes", na qual o contexto em que está inserido cada litígio aparece descrito. Ver, por exemplo: em relação ao regime das FSC, WT/DS108/AB/R, Seção II; em relação ao regime ETI, WT/DS108/AB/RW, Seção II.

12. Carrera e outros, 2001, p. 15.

de tributos indiretos (o que representa boa parte da carga tributária, dada a não predominância da tributação direta). Depois, quando os produtos ingressam nos EUA, após o pagamento dos direitos aduaneiros, sobre eles não incidirão impostos adicionais (a menos que sejam vendidos em um Estado no qual o imposto sobre as vendas seja exigido). Já o exportador dos EUA, ao vender seus produtos na Europa, não tem qualquer isenção na saída destes produtos, tendo de suportar toda a carga tributária que, como se viu, está centrada na tributação direta. Depois, ao ingressar na Europa, sobre os produtos norte-americanos incidirão não apenas os direitos aduaneiros (que ficarão, inclusive, majorados em razão de que o valor aduaneiro, base imponível do imposto de importação, estará ampliado por conta da maior carga tributária sofrida na origem), mas também o IVA relativo à importação. Assim, no âmbito das relações comerciais entre os EUA e os países europeus, os exportadores norte-americanos têm um custo tributário maior, que resulta numa importante desvantagem competitiva.

Em face deste quadro é que, em linhas gerais, se iniciou a longa disputa entre os EUA e as CE, no âmbito do GATT/OMC. Os EUA, cientes das desvantagens de seus exportadores, passaram a tentar compensá-las com a criação de benefícios relacionados à exportação.

Em sua gênese, a controvérsia se iniciou com a criação, em 1971, por parte dos EUA, das disposições fiscais relativas às *Domestic International Sales Corporation* (DISC). Nesta primeira tentativa dos EUA de favorecer suas exportações, tais disposições permitiam o diferimento indefinido da tributação das receitas obtidas com a exportação de bens norte-americanos, dado que as receitas atribuídas às DISC (as obtidas com as exportações), só eram tributadas quando suas receitas fossem objeto de distribuição (a título de lucros distribuídos, dividendos etc.).

Em 1972, porém, as CE solicitaram a abertura de consultas no âmbito do MSC do antigo GATT 1947,[13] em razão de que consideravam as medidas fiscais relativas às DISC um subsídio à exportação. Em contrapartida, os EUA solicitaram a abertura de consultas com a França, Bélgica e Holanda, alegando que se a medida relativa às DISC

13. Como se viu no capítulo 2, a realização das consultas é um pré-requisito para eventuais pedidos de instalação de painéis.

era um subsídio à exportação, isto implicava que as isenções fiscais concedidas por estes países para as receitas de fonte estrangeira também se conformavam como subsídios à exportação. É que como os países europeus adotam, predominantemente, a tributação da renda com base no critério da territorialidade (ou seja, só tributam as receitas auferidas em seu território) – ao contrário dos EUA, que se utilizam do critério da universalidade (segundo o qual quaisquer receitas, auferidas dentro ou fora do território, sujeitam-se à tributação) –, buscaram os EUA defender a ideia de que tal regime igualmente se mostrava como um subsídio à exportação.

Os relatórios dos painéis que examinaram estes assuntos, que acabaram denominados "assuntos sobre legislação tributária", foram publicados em 1976, e neles as conclusões foram as de que tanto as medidas referentes às DISC quanto os regimes fiscais europeus apresentavam características de um subsídio à exportação proibido em face do artigo XVI do GATT 1947. Ocorre, porém, que no âmbito do MSC do GATT 1947, os relatórios dos painéis somente eram adotados por consenso das partes contratantes (o chamado "consenso positivo", a que já se fez referência no capítulo 2); assim, como as partes, neste grupo de controvérsias, não concordaram com a aprovação dos relatórios, eles permaneceram não adotados durante vários anos.

Em 1979, várias partes contratantes, incluídas aquelas envolvidas nos "assuntos sobre legislação tributária", passaram a ser partes do Acordo relativo à Interpretação e Aplicação dos Artigos VI, XVI e XXIII do GATT (o "Código de Subsídios da Rodada Tóquio"), do qual constava a nota 2 à Lista Ilustrativa de Subsídios à Exportação. A nota 2 abordava os elementos fundamentais dos relatórios dos painéis sobre os "assuntos sobre legislação tributária", dentre os quais questões relativas ao diferimento da exigência de tributos e a fixação de preços de transferência em condições de competição plena, mas não se imiscuía nas questões relativas às interfaces com as medidas para evitar a dupla tributação da renda, limitando-se a dizer que os países poderiam adotar medidas destinadas a evitar esta dupla tributação.

Posteriormente, em 1981, as partes resolveram concordar com a adoção dos relatórios relativos aos "assuntos sobre legislação tributária", mas na forma de um "entendimento" aprovado pelo Conselho do GATT 1947 (que depois ficou conhecido como "Entendimento de 1981"). Entretanto, novas controvérsias surgiram a partir da edição do Entendimento, grande parte delas associadas ao fato de que os EUA acabaram adotando a interpretação de que o Entendimento havia revisado os relatórios dos painéis, em razão de a eles incorporar os princípios da nota 2 da Lista Ilustrativa do Código de Subsídios da Rodada Tóquio. Como resultado prático, os EUA substituíram as disposições relativas às DISC pelas disposições relativas às FSC, afirmando que elas tinham por fim estabelecer um sistema de imposição tributária de tipo territorial limitado, aplicável às exportações norte-americanas que se ajustavam às normas do GATT relativas aos subsídios, em particular as estabelecidas na nota 2 da Lista Ilustrativa do Código de Subsídios da Rodada Tóquio e no Entendimento de 1981.

As medidas relativas às FSC foram, entretanto, novamente contestadas pelas CE, mas já agora sob o marco normativo da Organização Mundial do Comércio (OMC), em especial em face do superveniente Acordo sobre Subsídios e Medidas Compensatórias (ASMC). E uma vez mais as medidas norte-americanas foram consideradas como afrontosas ao regime do comércio internacional, como definitivamente julgado pelo OAp em 2000.[14]

Com o fim de pretensamente tentar colocar suas medidas internas relativas às exportações em conformidade com a decisão do MSC, os EUA criaram, em 15/11/2000, por via do "*FSC Repeal and Extraterritorial Income Exclusion Act of 2000*" (também chamado de "*replacement law*"), o *Extraterritorial Income Exclusion Regime* (ETI). Pelo ETI, foi implantado um novo regime de incentivos à exportação que se limitava, ao final e ao cabo, em considerar como não tributável nos EUA uma parte das receitas obtidas por empresas residentes no país e que se referissem a vendas de bens norte-americanos no exterior. Em verdade, a única diferença concreta entre os regimes das FSC e do ETI é que deixou de ser exigida a implantação daquilo que Santiago Ibáñez Marsilla chama de "sociedade de papel",[15] para fins de gozo do benefício fiscal. É que no regime das FSC, como se verá em item posterior, a isenção de parte das receitas de exportação dependia da criação de uma FSC, ou seja, uma empresa localizada no exterior dedicada à venda de produtos norte-americanos, que no mais das vezes era controlada por uma matriz localizada nos EUA e que tinha vida quase que meramente formal; com o regime ETI, caracterização

14. WT/DS108/AB/R, de 20/02/2000.
15. Marsilla, 2004, p. 66.

de parte das receitas com exportação como "receitas extraterritoriais" passíveis, em parte, de isenção, deixou de estar condicionada à criação de empresas no exterior.

Em razão destas circunstâncias, o ETI também foi contestado pelas CE, sob o fundamento de que ele também não satisfaria a decisão anterior da OMC, o que resultou numa nova decisão desta Organização declarando irregular o regime.[16]

A etapa seguinte foi inaugurada em 2004, com a tentativa dos EUA de, uma vez mais, adequar-se às decisões do MSC, agora por via da substituição do regime ETI pelo "*American Jobs Creation Act*" (JOBS), ato pelo qual o regime tributário FSC/ETI é substituído por outro no qual são concedidos incentivos aos fabricantes norte-americanos e ampliados os poderes da Administração Tributária norte-americana (o *Internal Revenue Service*) para fins de coibir os abusos nas práticas de elisão fiscal.[17] Novamente, porém, o novo regime acabou contestado pelas CE junto ao MSC da OMC; e uma vez mais, agora em 2006, as medidas foram consideradas como insuficientes para dar cumprimento integral às decisões anteriores que haviam declarado os regimes das FSC e ETI como incompatíveis com as obrigações contraídas pelos EUA no âmbito dos acordos abrangidos.[18]

O resultado é que, depois de décadas de discussão, os EUA ainda não encontraram uma alternativa legal para a concessão de incentivos às suas exportações que se subordine às decisões do MSC. Sobre se isto é possível dentro do atual sistema tributário, é difícil dizer (de qualquer modo, algumas opções serão abordadas mais adiante). Da mesma forma, é igualmente difícil dizer se as tentativas reiteradas dos EUA de adequar-se aos comandos do MSC estão mesmo voltadas a tal objetivo. De qualquer modo, os desdobramentos do Caso mostram que, seja lá qual for a disposição norte-americana, não há espaço, hoje, para que os EUA simplesmente ignorem as decisões do MSC – pelo menos não de forma tão frontal como o fazem em relação às decisões que lhes são desfavoráveis no âmbito de outras cortes internacionais, como é o caso, por exemplo, da Corte Internacional de Justiça.

16. WT/DS108/AB/RW, de 14/01/2002.
17. Informações constantes da seção *News* do *International Tax Review*, edição de 01/06/2004, p. 1.
18. WT/DS108/AB/RW2, de 13/02/2006.

Por este rápido sumário de uma disputa que já toma mais de 35 anos e que sobreviveu às profundas mudanças operadas no regime internacional do comércio, já é possível perceber que se está aqui diante de interesses conflitantes de grande monta. E assim é tanto porque o litígio envolveu o maior volume de sanções retaliatórias já autorizado pela OMC (aproximadamente US$ 4 bilhões), como também porque mexe com questões muito caras não apenas às partes que compõem o confronto, dentre as quais estão algumas importantes prerrogativas vinculadas ao poder de tributar, área em relação à qual, como já se abordou no capítulo 3, os Estados têm muito pouca predisposição para fazer concessões.

Assim contextualizado o Caso FSC, pode-se passar aos seus detalhes específicos, fazendo-se a advertência inicial, porém, de que a análise que será feita restringir-se-á, em grande parte, ao litígio especificamente relacionado com as FSC. Faz-se isto em razão de que nos litígios envolvendo o ETI e o JOBS o que estava em jogo era, justamente, o não cumprimento, por parte dos EUA, da decisão relativa ao regime das FSC,[19] havendo, portanto, muita sobreposição de abordagens. De qualquer forma, sempre que algo relevante houver nestes dois últimos litígios, referências específicas serão feitas a eles.

Outra advertência se refere ao limite da abordagem dentro do próprio Caso FSC. O Caso envolve, predominantemente, a questão relativa aos subsídios proibidos no âmbito de dois acordos: o Acordo sobre Subsídios e Medidas Compensatórias (ASMC) e o Acordo sobre Agricultura (AA). Entretanto, a análise que será aqui feita ficará restrita ao ASMC. Tal delimitação, além de se mostrar suficiente para os objetivos deste trabalho, servirá para que se dê destaque àquela que é, em verdade, a própria essência do litígio e das decisões prolatadas e, também, para que se privilegie aquelas questões que, do ponto de vista jurídico, trazem consequências importantes para o plano da conformação das ordens tributárias nacionais.

Em termos de exposição e análise das questões, é preciso relembrar que no âmbito do Caso FSC, as alegações das partes suscitaram problemas que não foram, muitos deles, expressamente analisados pelo MSC da OMC, o que se deu, na maior parte dos casos, em razão do acatamento de alguma questão preliminar que se mostrou preju-

19. Medida prevista no artigo 21.5 do ESC.

dicial ao conhecimento daquelas, ou então por questões de natureza formal. De qualquer modo, mesmo as questões não expressamente abordadas levantam problemas que, cedo ou tarde, terão de ser concretamente enfrentados, razão pela qual também em relação a eles serão aqui tecidas considerações. Assim, serão analisadas tanto as questões decididas pelo MSC ("questões suscitadas e abordadas"), quanto as questões não decididas ("questões suscitadas e não abordadas"). Antes, porém, há que se começar com a definição do que são as FSC e o detalhamento do regime tributário a elas concedido, a fim de que se entenda o teor das alegações das partes, na sequência expostas.

5.3 AS FSC E O LITÍGIO ACERCA DE SEU REGIME TRIBUTÁRIO

As FSC eram empresas constituídas fora dos cinquenta Estados norte-americanos e do Distrito de Colúmbia e que atendiam a alguns requisitos complementares, entre os quais: (i) deviam dedicar-se à venda de produtos produzidos nos EUA para outros países que não os EUA; (b) deviam ser estabelecidas em países com os quais os EUA mantinham acordos bilaterais ou multilaterais de troca de informações ou tratados para evitar a dupla tributação da renda; (iii) não podiam ter mais de 25 acionistas a qualquer tempo durante o exercício fiscal e não podiam emitir ações preferenciais; (iv) deviam manter registros de suas operações no escritório mantido fora dos EUA, devendo tais registros estar duplicados em escritório mantido dentro dos EUA; (v) pelo menos um dos diretores devia ser uma pessoa não residente nos EUA; (vi) as reuniões entre diretores e acionistas deviam ser feitas fora dos EUA; (vii) todas as operações vinculadas ao processo de venda (como pedidos, negociações e contratação) deviam ser feitas fora dos EUA.[20]

Às FSC eram concedidas isenções tributárias sobre parte de seus ganhos, que eram receitas oriundas do comércio exterior. Tais receitas eram aquelas geradas por operações que se relacionavam com o comércio de "bens de exportação". Segundo a legislação norte-americana, eram bens de exportação aqueles: (i) destinados à venda ou ao arrendamento; (ii) fabricados, produzidos, cultivados, criados ou extraídos nos EUA, por um ente que não seja uma FSC; (iii) vendidos, dados em arrendamento financeiro ou alugados para seu uso ou con-

20. Artigos 921 a 927 do *Internal Revenue Code*.

sumo fora dos EUA; e (iv) cujo preço de mercado não era imputável, em mais de 50%, a importações.[21] Não havia obrigação de as FSC estarem associadas a empresas norte-americanas ou serem controladas por estas, mas como havia benefícios tributários extras para os casos em que tal associação existisse, normalmente elas eram subsidiárias estrangeiras de companhias norte-americanas.[22]

Apesar de as FSC serem empresas estrangeiras e não domiciliadas em solo norte-americano, os EUA estendiam sua jurisdição fiscal sobre elas, uma vez que estavam engajadas em operações comerciais do país. Entretanto, os contribuintes que se utilizavam de uma FSC recebiam benefícios fiscais que, na prática, tornavam isentas a quase totalidade de seus ganhos com estas empresas. Em relação aos tributos incidentes sobre os ganhos de exportação, uma parcela era tratada diretamente como isenta de tributos no âmbito das FSC. Já a outra parcela não tinha este benefício direto, dado que era considerada como regularmente tributável, mas mesmo em relação a esta havia um benefício: os dividendos pagos aos acionistas (normalmente as companhias estabelecidas em solo norte-americano), eram integralmente dedutíveis como despesas na apuração dos tributos devidos dentro dos EUA. Ou seja, as operações de exportação executadas por via das FSC tinham uma tributação muito mitigada.

Para fins de melhor visualização dos benefícios tributários ofertados às FSC, pode-se dividi-los em quatro grupos principais.

Primeiro, uma isenção relacionada com a aplicação, pelos EUA, de normas "baseadas em fórmulas" para determinar se as receitas de uma FSC eram de fonte nacional ou de fonte estrangeira. No parágrafo "a" do artigo 926 do *Internal Revenue Code*, estava estabelecido que as receitas tributáveis de uma empresa estrangeira que desenvolvesse atividades comerciais ou empresariais nos EUA, compreendia apenas as receitas "que têm conexão efetiva com a realização de atividades comerciais ou empresariais nos EUA", sendo que o artigo 864 do mesmo diploma legal é que determina as normas para identificar se as receitas de uma empresa estrangeira têm ou não aquela conexão efetiva.

21. Artigo 927 do *Internal Revenue Code*.

22. Como informa Carmichael (2002), mais de setenta das maiores corporações americanas se beneficiam do sistema de tributação das FSC, entre tais: 3M, Cargill, Boeing, Microsoft, Eli Lilly, Eastman Kodak, Exxon Mobil, Lockheed Martin, General Motors, General Eletric, Motorola e Walt Disney Company.

Entretanto, o parágrafo "a" do artigo 921 estabelece que "as receitas de comércio exterior isentas de uma FSC serão tratadas como receitas de fonte estrangeira sem conexão efetiva com a realização de atividades comerciais ou empresariais nos EUA"; e o parágrafo "a" do artigo 923 prescreve que 32%, ou 16/32, das receitas de comércio exterior de uma FSC (segundo se apliquem ou não as normas de determinação administrativa de preços de transferência) serão tidas como "receitas de comércio exterior isentas". Deste modo, foi determinado por lei, e não por razões de fato, que uma parte das receitas de fonte estrangeira das FSC constituem "receitas sem conexão efetiva", razão pela qual não se sujeitavam a tributação.[23]

Segundo, foi atribuída uma forma de isenção indireta, por meio da qual não se aplicavam às receitas de comércio exterior de uma FSC as normas destinadas a impedir o diferimento da tributação que se aplicavam às "empresas estrangeiras controladas" previsto na Seção F do *Internal Revenue Code.* Os EUA tributam as receitas de fonte estrangeira das filiais estrangeiras de empresas norte-americanas somente no momento em que estas receitas são transferidas para a matriz. Este princípio é chamado de "princípio do diferimento". Entretanto, com base no parágrafo "a" do artigo 951 do *Internal Revenue Code,* um acionista norte-americano de uma empresa estrangeira controlada deve incluir em suas receitas brutas, a cada ano, uma proporção *pro rata* de certos tipos de receitas não distribuídas pela empresa estrangeira controlada, denominadas "receitas da Seção F". Ocorre, porém, que o parágrafo "e" do artigo 951 do *Internal Revenue Code* exime as receitas de comércio exterior de uma FSC das disposições destinadas a evitar o diferimento da tributação contidas na Seção F. Portanto, a matriz de uma FSC não está obrigada a declarar sua parte *pro rata* de receitas não distribuídas pela FSC derivadas das receitas de comércio exterior desta última, ficando tais receitas, assim, livres de tributação.[24]

Terceiro, também foi atribuída uma isenção relacionada com o tratamento fiscal dado aos dividendos distribuídos pelas FSC a suas matrizes. Em geral, os dividendos recebidos por uma empresa norte-americana que têm origem em receitas de fonte estrangeira de uma

23. WT/DS108/R, item 7.95.

24. WT/DS108/R, item 7.96.

empresa estrangeira, são tributáveis. Entretanto, com base no parágrafo "c" do artigo 245 do *Internal Revenue Code,* os acionistas de uma FSC têm direito a uma dedução de 100% dos dividendos recebidos a título de "ganhos e benefícios imputáveis a receitas de comércio exterior" de uma FSC. Com isto, a matriz de uma FSC não está, em geral, sujeita a impostos sobre os dividendos que recebe derivados das receitas de comércio exterior da FSC.[25]

Quarto, por fim, completando o quadro de benefícios contidos nas medidas relativas às FSC, havia a possibilidade de utilização da chamada "determinação administrativa dos preços de transferência" nas operações realizadas entre as matrizes e suas filiais FSC. Considerando-se que as FSC eram, geralmente, filiais controladas por empresas matrizes, os preços das transações efetuadas entre elas (e, por consequência, a alocação entre elas dos benefícios correlatos) deveriam ser, normalmente, os correspondentes às condições de competição plena, ou seja, aqueles resultantes da aplicação do *arm's length principle,* como é a regra geral posta no artigo 482 do *Internal Revenue Code* (que reproduz, em termos gerais, os padrões internacionalmente aceitos). Entretanto, era permitido às FSC e suas empresas matrizes que não aplicassem esta norma, utilizando-se de fórmulas especiais de "determinação administrativa de preços" nas operações entre elas. Tais normas de fixação administrativa de preços estavam reservadas exclusivamente para as transações relacionadas com as FSC, podendo ser aplicadas transação-a-transação e produzir resultados que eram consideravelmente diferentes, e mais benéficos dos que se teria com a aplicação da norma do artigo 482 do *Internal Revenue Code,* já que delas resultavam reduções nos preços das transações em percentuais que iam de 15 a 30%. O resultado é que na expressiva maioria das transações que envolviam as FSC, eram usados os métodos de determinação administrativa de preços.

Segundo as CE, estas "isenções interconectadas" e regimes privilegiados, tomados juntamente, "se complementam entre si e conduzem, como estão destinadas a conduzir, a que se pague um imposto menor que o que se pagaria se não existisse o programa relativo às FSC (ou, melhor dizendo, se este não contivesse as isenções fiscais)".[26]

25. WT/DS108/R, item 7.97.
26. WT/DS108/R, item 7.97.

Assim, demonstrada estaria não apenas a existência de um subsídio (a não exigência de receitas governamentais que, na ausência do regime das FSC seriam devidas, que é uma das definições de subsídio constantes do artigo 1.1.a.1.ii do ASMC, mas também que tal subsídio seria proibido (em razão de que os benefícios tributários estavam condicionados aos resultados da exportação, nos termos do artigo 3.1 a do mesmo ASMC).[27]

Os EUA contestaram as alegações das CE por argumentos de variada ordem, mas aquele que importa aqui destacar é o que justifica o tratamento tributário diferenciado concedido às FSC nas diferenças entre os sistemas tributários de âmbito mundial e de âmbito territorial. Os EUA alegaram que os sistemas de âmbito mundial, como o dos EUA, colocam os exportadores em desvantagem relativa com respeito aos exportadores de países que têm sistema de âmbito territorial porque, com base no sistema territorial, quando as atividades relativas a uma transação de exportação se produzem fora do território da jurisdição fiscal, as receitas derivadas destas atividades não são tributadas.

Na opinião dos EUA, um Membro da OMC pode eleger qualquer tipo de sistema tributário que quiser e, depois, criar meios destinados a compensar eventuais desvantagens competitivas que se mostrem quando da confrontação com os sistemas tributários de outros países: "em reconhecimento aos princípios de soberania fiscal, um país que se utilize do sistema de âmbito mundial tem a liberdade para incorporar elementos de um sistema de âmbito territorial (ou vice-versa), de maneira que uma filial estrangeira, ou determinados tipos de filiais estrangeiras, como uma FSC, acabem tributadas de modo similar às empresas no marco de um sistema de âmbito territorial".[28]

Este é, assim, o conteúdo principal do litígio posto no âmbito do Caso FSC. De se analisar, agora, as questões decididas pelo

27. ASMC: "Article 1 - Definition of a Subsidy - 1.1 For the purpose of this Agreement, a subsidy shall be deemed to exist if: (a) (1) there is a financial contribution by a government or any public body within the territory of a Member (referred to in this Agreement as "government"), i.e. where: [...] (ii) government revenue that is otherwise due is foregone or not collected (e.g. fiscal incentives such as tax credits); [...]".

"Article 3 – Prohibition - 3.1 Except as provided in the Agreement on Agriculture, the following subsidies, within the meaning of Article 1, shall be prohibited: (a) subsidies contingent, in law or in fact, whether solely or as one of several other conditions, upon export performance, including those illustrated in Annex I; [...]".

28. WT/DS108/R, item 7.121.

MSC ("questões suscitadas e abordadas") e as questões não decididas ("questões suscitadas e não abordadas"), nos limites do que aqui importa, ou seja, evidenciar as estreitas inter-relações que podem se estabelecer entre comércio internacional e tributação.

5.4 O CASO *FSC*: QUESTÕES SUSCITADAS E ABORDADAS

5.4.1 O tratamento tributário das FSC como subsídio proibido

O Caso FSC envolve várias questões vinculadas à tributação, entre as quais o papel da tributação direta das receitas (*direct income tax*) e as inter-relações de sistemas tributários distintos. A questão principal, entretanto, está associada às distintas formas com que os EUA e as CE tributam os ganhos de suas empresas auferidos no exterior e aos meios utilizados pelos norte-americanos para compensar a desvantagem competitiva que seus nacionais têm em razão desta diferença.

Existem no mundo, essencialmente, dois sistemas básicos de tributação da renda: um baseado no critério da "residência" (e que é chamado de "*worldwide system*" - WS), adotado pelos EUA, e outro baseado no critério do "território" ("*territorial system*" - TS), predominantemente utilizado pelos países das CE.[29] Em verdade, nenhum país usa um sistema "puro"; a maior parte utiliza alguma combinação dos dois critérios, mas com a predominância de um deles.[30]

Pelo WS, o país tributa todos os ganhos auferidos pelos entes residentes em seu território. Assim, um cidadão norte-americano que obtiver renda em um outro país, se sujeitará à tributação nos EUA, mesmo que tal renda já tenha sido tributada no exterior. Já pelo TS, o país tributa apenas os ganhos auferidos em seu próprio território, não importando se o contribuinte é ou não residente.

A adoção de um ou outro critério – WS ou TS – traz uma outra importante distinção. No âmbito das operações comerciais internacionais, as empresas europeias têm vantagem em operar em mer-

---

29. Para uma abordagem mais ampla dos dois sistemas de tributação da renda, ver Torres (2001, p. 61-94) e Xavier (2004, p. 427-497). De se ressaltar que estes autores se referem ao "*worldwide system*" como "princípio da universalidade". Já Graetz (2003, p. 12-18), compõe um quadro comparativo entre o *worldwide system* e o *territorial system*, enfatizando as distinções entre o sistema adotado pelos EUA e por boa parte dos países que compõem as CE (entre tais a Holanda e a França).

30. Graetz, 2003, p. 13.

cados externos de baixa tributação, em face de não se sujeitarem à tributação destes ganhos em seus países de origem (neste caso, tais empresas calculam seus custos a partir da tributação mais baixa); já as empresas comerciais norte-americanas não têm este benefício, dado que, no final das contas, mesmo que estejam atuando em um mercado externo de baixo nível de tributação, estarão sujeitas ao patamar tributário dos EUA, abaixo do qual não poderão atuar, perdendo competitividade. Assim, por este aspecto específico, as empresas européias possuem uma vantagem relativa importante sobre suas congêneres norte-americanas.

Para pretensamente contrabalançar esta vantagem das empresas europeias é que os EUA, atendendo a muitas pressões internas, criaram as chamadas "*Foreign Sales Corporation*" (FSC) e para elas instituíram um regime especial de tributação.[31]

As FSC, como já antes se viu, são empresas constituídas fora do território norte-americano e que, entre outros requisitos, devem se dedicar a venda de produtos produzidos nos EUA para outros países que não os EUA e serem estabelecidas em países com os quais os EUA mantêm acordos bilaterais ou multilaterais de troca de informações ou tratados para evitar a dupla tributação da renda.

O regime tributário aplicável às FSC e que deu origem à controvérsia com as CE, representava uma exceção à regra norte-americana da tributação via WS. É que os contribuintes que se utilizavam de uma FSC recebiam benefícios fiscais que, na prática, tornavam isentas quase que a totalidade de seus ganhos com estas empresas. Além deste benefício fiscal principal, várias outras vantagens distinguiam o regime tributário das FSC do regime geral de tributação norte-americano, entre tais a de que as FSC dispunham de dois sistemas alternativos de regras para a determinação de preços de transferência (regras estas destinadas à quantificação das operações comerciais realizadas entre as FSC e seu controlador no território dos EUA, bem como à definição do percentual de ganhos das FSC com operações isentas), que podiam ser utilizados segundo sua conveniência. Tais sistemas alternativos eram diferentes e mais favoráveis que os aplicáveis dentro do regime normal de tributação dos EUA.

31. Tal regime está previsto nas seções 921 a 927 do *Internal Revenue Code* e em alguns dispositivos legais complementares.

A insurgência das CE contra o regime tributário das FSC se deu, em especial, por conta deste conjunto de isenções e alternativas. Para ela, o problema era que uma empresa, para se qualificar ao uso destas isenções e alternativas, tinha de estar constituída na forma de uma FSC e, além disso, estar envolvida com transações vinculadas especificamente a exportações norte-americanas, o que, a teor dos artigos 1.1.a.1. ii e 3.1 a do Acordo sobre Subsídios e Medidas Compensatórias (ASMC) e dos artigos 3.3 e 8 do Acordo sobre Agricultura (AA),[32] conformaria a concessão de subsídios proibidos. Assim, a questão principal colocada à OMC pelas CE foi a de saber se o regime de tributação das FSC representava um subsídio condicionado ao desempenho exportador, ou seja, um subsídio proibido, nos termos dos acordos mencionados.

Em análise da questão, o Painel e o OAp concluíram que havia sim a violação, em razão de que o tratamento tributário especial atingia apenas os ganhos das FSC que estavam associados a vendas de produtos fabricados ou extraídos nos EUA, para consumo ou disposição fora dos EUA. Em outras palavras, nos estritos termos do ASMC, aquele tratamento seria um subsídio condicionado aos resultados da exportação, ou seja, um subsídio proibido a teor do artigo 3.1 a do Acordo.

Os EUA argumentaram que a OMC estaria penalizando um país que, por usar o WS, precisava incorporar alguns elementos do TS com o fim de obter, para suas empresas, tratamento tributário comparável ao concedido a empresas de outros países. Entretanto, o painel e o OAp responderam que os EUA eram livres para adotar o WS, o TS, ou qualquer outro tipo de sistema de tributação; o que não poderiam fazer, entretanto, é justificar a concessão de um subsídio dirigido especificamente a algumas operações de exportação, com base na

---

32. AA: "Article 3 - Incorporation of Concessions and Commitments - 1. The domestic support and export subsidy commitments in Part IV of each Member's Schedule constitute commitments limiting subsidization and are hereby made an integral part of GATT 1994. 2. Subject to the provisions of Article 6, a Member shall not provide support in favour of domestic producers in excess of the commitment levels specified in Section I of Part IV of its Schedule. 3. Subject to the provisions of paragraphs 2(b) and 4 of Article 9, a Member shall not provide export subsidies listed in paragraph 1 of Article 9 in respect of the agricultural products or groups of products specified in Section II of Part IV of its Schedule in excess of the budgetary outlay and quantity commitment levels specified therein and shall not provide such subsidies in respect of any agricultural product not specified in that Section of its Schedule. [...]"

"Article 8 - Export Competition Commitments - Each Member undertakes not to provide export subsidies otherwise than in conformity with this Agreement and with the commitments as specified in that Member's Schedule".

alegação de que isto seria necessário para eliminar uma desvantagem para os exportadores que foi criada pelo próprio sistema tributário norte-americano.[33]

Em razão da decisão, os EUA foram instados a colocar o regime tributário das FSC em conformidade com as obrigações assumidas por meio do ASMC. O caso teve inúmeros desdobramentos que já foram detalhados no item 5.2 deste capítulo, mas o que importa destacar é que o tipo de ação exigida dos EUA não é daquelas que se resolve com a remoção de medidas legislativas isoladas. Como a violação dos EUA é resultante, em grande parte, das características intrínsecas do seu sistema tributário, o expurgo da irregularidade não pode ser feito sem uma revisão da própria estrutura tributária norte-americana.

Em verdade, como já antes se viu, o Caso FSC se insere numa sucessão de litígios que vem assolando as relações entre norte-americanos e europeus no âmbito estrito da tributação, e que estão relacionadas à invalidação, por parte do MSC da OMC, não apenas do regime das FSC, como também do regime que o antecedeu, o das DISC, e dos que o sucederam, o ETI e o JOBS, o que demonstra que não se está aqui diante de uma mera demanda pelo expurgo de uma norma nacional, mas de algo de maior monta.

As dificuldades para a resolução da controvérsia que, como se percebe, já toma décadas, está em que ela demanda uma mudança expressiva na ordem tributária norte-americana. A realidade é que os EUA e os países das CE têm diferentes sistemas de tributação sobre a renda e estas diferenças, além de terem gerado, ao longo dos anos, as discussões acima referidas acerca dos subsídios e tributações aplicados às exportações, acabaram, em face da decisão da OMC, criando um indisfarçável confronto nas relações EUA-CE e, com isto, colo-

33. WT/DS108/AB/R, item 179: "We wish to emphasize that our ruling is on the FSC measure only. As always, our responsibility under the DSU is to address the legal issues raised in an appeal in a dispute involving a particular measure. Consequently, this ruling is in no way a judgement on the consistency or the inconsistency with WTO obligations of any other tax measure applied by any Member. Also, this is not a ruling that a Member must choose one kind of tax system over another so as to be consistent with that Member's WTO obligations. In particular, this is not a ruling on the relative merits of "worldwide" and "territorial" systems of taxation. A Member of the WTO may choose any kind of tax system it wishes – so long as, in so choosing, that Member applies that system in a way that is consistent with its WTO obligations. Whatever kind of tax system a Member chooses, that Member will not be in compliance with its WTO obligations if it provides, through its tax system, subsidies contingent upon export performance that are not permitted under the covered agreements".

cando o arranjo multilateral na mira de grande parte da sociedade norte-americana.[34] O resultado é que EUA e CE mantêm-se argumentando que o outro lado não entende seu sistema de tributação, dando margem a muitos embates dentro daquilo que já se pode chamar de uma verdadeira guerra fiscal.[35]

A grande repercussão e o conteúdo do Caso FSC evidenciam com clareza a impossibilidade de colocá-lo lado a lado com as decisões até então prolatadas pela OMC em matéria tributária, e que se referiam, especialmente na esfera do antigo sistema de solução de controvérsias do GATT 1947, em demandas pelo expurgo de medidas discriminatórias contra produtos específicos (tributação com alíquota exacerbada, critérios distorcidos de similaridade entre produtos etc.). É certo que, regra geral, as decisões do MSC têm em comum o fato de que representam demandas pela alteração das ordens jurídicas internas. Entretanto, no Caso FSC, é evidente que um passo maior foi dado.

Reiteradamente a OMC vem afirmando que não é seu objetivo formular normas de tributação internacional, bem como interferir nas características dos sistemas tributários nacionais,[36] mas o certo é que suas decisões vez por outra repercutiram nesta seara, por conta do fato de que não é incomum que países gravem suas matrizes tributárias com dispositivos de natureza extrafiscal que, em última análise, conformam-se como mecanismos protecionistas. Da mesma forma, não são raras as situações em que, por conta das próprias características do sistema tributário adotado (usualmente voltadas para o fim primeiro da maximização da arrecadação), resta comprometida a competitividade internacional das empresas nacionais, o que gera a necessidade de o Estado compensar este gravame com a concessão de subsídios pontuais que, à luz dos acordos internacionais, mostram-se ilegais.

A importância e as dificuldades do Caso FSC ficam evidenciadas pelo fato concreto de que ainda hoje, a decisão ainda não foi integralmente cumprida pelos norte-americanos. Se a solução definitiva virá e em que termos ela virá, é uma questão hoje de difícil aferição (algumas alternativas colocadas à disposição dos EUA serão tratadas mais

34. Como exemplo das críticas à atuação da OMC, ver os artigos publicados em jornais e revistas norte-americanos indicados nas referências bibliográficas: Dougherty (2003) e Sparshott (2003).

35. Carmichael, 2002.

36. Ver, por exemplo, WT/DS108/AB/R, parágrafo 179.

adiante), mas o que é certo é que o Caso FSC, com os desdobramentos que já teve, possui conteúdo suficiente para mostrar sua relevância.

A consequência prática do Caso FSC é a de que os EUA, diante da decisão da OMC e do montante de sanções autorizadas, foram postos diante de um problema que, apesar de não ser insolúvel, oferece alternativas de solução dolorosas, a maior parte delas de grande efeito tributário. Carmichael fornece um sumário das possíveis reações norte-americanas em relação ao desfecho da controvérsia.[37] Segundo este autor, os EUA poderão: (a) ignorar a decisão da OMC e enfrentar a retaliação; (b) pagar as sanções, se forem concretamente impostas pelas CE; (c) remover as exonerações tributárias contestadas, aumentando a carga tributária sobre as empresas norte-americanas; (d) adotar o TS para a tributação da renda, de forma similar à adotada no sistema tributário dos países das CE; (e) manter o WS como base de sua estrutura tributária e conceder subsídios aos fabricantes norte-americanos, incluindo exportadores, que não estejam condicionados ao desempenho exportador; e (f) desafiar o sistema tributário das CE, contestando de forma sistemática, na OMC, eventuais subsídios irregulares concedidos a empresas europeias.

Não se pode, aqui, comentar à exaustão cada uma das opções postas, nem seus desdobramentos em termos de vantagens e desvantagens. O que é possível dizer, entretanto, é que as alternativas (c), (d) e (e), que estão vinculadas a importantes alterações na estrutura tributária dos EUA, parecem ser as mais plausíveis, mesmo tendo grande repercussão para o cotidiano das empresas norte-americanas. As demais opções – exceção feita à (b) –, por se vincularem a ações de enfrentamento político e econômico, criariam um cenário de acirramento em tudo e por tudo indesejado, trazendo um ingrediente de forte potencial para a inauguração de uma verdadeira guerra comercial e para um consequente retrocesso do fenômeno da multilateralização das relações comerciais; tal acirramento também não seria positivo para os EUA, em face da corrente necessidade política de manter fortes relações internacionais.

Do ponto de vista da exequibilidade das opções de natureza tributária, há que se dizer, em relação à (c) – a relativa à remoção das exonerações tributárias contestadas –, que dois grandes problemas exsurgem:

37. Carmichael, 2002.

primeiro, como os maiores prejudicados seriam as grandes corporações norte-americanas, muita pressão política interna existiria contra a medida, dado que estas empresas mantêm *lobbies* poderosíssimos; segundo, como as exportações dos EUA respondem por um terço do crescimento econômico do país, a redução dos benefícios aos exportadores traria grandes consequências para a economia norte-americana.

Quanto à opção (d) – a adoção do TS –, alguns outros problemas sobrevêm: primeiro, a adoção do sistema desestimularia as exportações dos EUA, porque as empresas norte-americanas prefeririam produzir fora do país, em países com menor tributação; segundo, haveria uma expressiva redução da arrecadação de tributos, o que não se coadunaria com a necessidade norte-americana de maximização desta mesma arrecadação. De qualquer modo, nota-se nos últimos anos uma queda na resistência à adoção do TS, talvez até em razão da inocuidade das medidas até hoje concebidas. Exemplo disto é a posição recentemente exteriorizada pela "*The Heritage Foundation*", uma instituição conservadora norte-americana historicamente refratária a interferências externas na legislação dos EUA, defendendo, em muitos de seus informes, a mudança, nos EUA, do WS para o TS.[38]

No que se refere à opção (e) - manter o WS e conceder subsídios que não estejam condicionados ao desempenho exportador -, isto demandaria uma grande reforma do sistema tributário, no sentido da redução da tributação dos ganhos de todos os exportadores, incondicionalmente.

---

38. Exemplos são os seguintes informes constantes do site da "The Heritage Foundation" na internet: "Shifted to a territorial tax system: The United States is among the small minority of nations that tax business income earned outside national borders. This policy of "worldwide taxation" is inconsistent with fundamental tax reform and imposes a heavy compliance burden on U.S.-based corporations. Most important, this policy undermines U.S. competitiveness, which is why territorial taxation would be preferable. Territorial taxation—the common-sense notion of taxing only income earned inside national borders – would enable U.S. companies in foreign markets to compete on a level playing field. Worldwide taxation subjects U.S. companies to higher tax rates than those paid by companies based in other nations. For example, an American-based company competing in Ireland is at a disadvantage since its profits are subject to the 35 percent U.S. corporate income tax in addition to Ireland's 12.5 percent corporate tax. The American company generally can claim a credit for the taxes paid to Ireland, so the overall tax rate on Irish-source income should not exceed 35 percent. But this still means that the U.S. firm pays nearly three times as much in taxes as companies based in other nations, most of which have territorial tax systems." (Disponível na internet em: < http://www.heritage.org/research/taxes/wm509.cfm>). "A territorial system is clearly permissible according to the WTO. A territorial system is good tax policy. It is pro-competitive, and it would dramatically lower compliance costs compared to the current system. Perhaps most important, however, it undeniably passes muster with the WTO. Indeed, most of our trading partners have territorial tax systems. This is why shifting to a territorial system is the only good response to the most recent WTO decision." (Disponível na internet em: < http://www.heritage.org/Press/Commentary/ed073101.cfm>).

Percebe-se, deste modo, que embora não sejam de fácil adoção, as opções colocadas à disposição dos EUA, e que não representam desgaste internacional, são aquelas vinculadas a significativas mudanças em seu sistema tributário, o que faz com que fique bem evidenciado que, num cenário de multilateralização das relações comerciais, de ênfase do livre mercado e de acentuação da liberalização econômica, as decisões da OMC trazem importantes influxos para a conformação dos sistemas tributários nacionais.

A decisão da OMC no Caso FSC bem exemplifica, ainda, uma regra que, pela sua importância, apresenta-se como um verdadeiro princípio a ser seguido pelos países na conformação de suas matrizes tributárias. É ela a de que os Estados são livres para definirem as feições de seus sistemas tributários, mas não podem justificar a concessão de um subsídio proibido com a alegação de que isto seria necessário para eliminar uma desvantagem que foi criada pelos seus próprios sistemas tributários. O preceito, à evidência, estabelece, como nunca antes havia sido feito, uma importante vinculação entre as decisões da OMC e as ações de conformação dos sistemas tributários nacionais.

É preciso, entretanto, analisar com cuidado esta manifestação da OMC. Há muito que o MSC vem afirmando que, de modo geral, em qualquer circunstância e em relação a qualquer matéria, não podem os Estados alegar as características de sua própria ordem jurídica para justificar um subsídio irregular.[39] A regra parece razoável, em face de que o custo da integração é mesmo de adequar a ordem interna aos acordos internacionais. Porém, o quadro muda quando se tem em conta matérias que, como já antes se disse, relacionam-se, por exemplo, com prerrogativas fundamentais do poder estatal.

A resistência dos EUA em cumprir a decisão da OMC e a reação de segmentos da sociedade norte-americana no sentido de que a decisão é excessiva e inaceitável por ferir prerrogativas importantes da soberania norte-americana (são muitos os que, dentro dos EUA, veem assim não apenas esta, mas grande parte das decisões da OMC),[40] evidenciam a presença, aqui, de um "caso difícil", na

39. WT/DS108/AB/R, item 179.

40. Ver, novamente, os artigos publicados em jornais e revistas norte-americanos referenciados na bibliografia: Dougherty (2003) e Sparshott (2003).

acepção que Oran R. Young dá à expressão. Para este estudioso, um "caso difícil", quando se trata de aferir a efetividade das instituições internacionais, "é uma situação em que os participantes têm oportunidade e incentivos para desobedecer ou mudar os requisitos institucionais", e serve ele como recurso analítico para avaliar o papel dos arranjos institucionais no campo internacional, bem como para estabelecer limites a partir dos quais a efetividade da instituição é colocada em questão.[41] Por certo que no Caso FSC estão presentes circunstâncias que podem justificar mudanças de posição dos EUA acerca do arranjo multilateral.

É preciso, ademais, e tendo-se em vista a efetividade do arranjo multilateral, relembrar aqui a distinção feita por Sprinz entre a efetividade vista do ponto de vista operacional e a efetividade vista do ponto de vista dos objetivos institucionais (para Cioppa e Bruyninckx, relembre-se, a distinção é entre efetividade institucional e efetividade ambiental).[42] É certo que, do ponto de vista do repertório jurisprudencial da OMC e de suas regras, o MSC manifestou-se coerentemente com as posições que vinha assumindo ao longo do tempo; isto, por óbvio, mostra a efetividade processual e operacional da instituição, o que atende ao intento de previsibilidade. Entretanto, do ponto de vista dos objetivos institucionais, a conclusão não é tão inequívoca, dado que não se pode afirmar, a partir da reação que a decisão gerou e à luz das prerrogativas estatais vinculadas ao poder de tributar, que tenham sido eles atingidos.

Como se percebe, o Caso FSC motiva inúmeras discussões acerca das relações entre as normas do comércio internacional e da tributação. E é importante ressaltar que o Caso tem relevância não apenas por conta das matérias que foram especificamente tratadas em seu âmbito (em especial a relativa aos subsídios vinculados à tributação direta), mas também em razão de ter levantado outros temas que, apesar de alegados pelas partes, não foram apreciados pelo MSC em virtude, em geral, de razões formais (como tais a alegação de que as medidas norte-americanas representariam ações destinadas a evitar a dupla tributação internacional da renda)[43]. Assim, o Caso FSC vale pelo que disse, mas também pelo que não disse.

---

41. Young, 2000, p. 226.
42. Ver Capítulo 1.
43. Madrid, 2000, p. 35.

Além de ter levantado importantes questões relativas à tributação na esfera internacional e de expor concretamente o conflito gerado pela confrontação dos sistemas tributários dos EUA e dos países das CE, o Caso FSC, do ponto de vista de seus desdobramentos, é representativo de muitas questões abertas que dizem respeito à aplicação das regras da OMC aos sistemas tributários dos Membros da Organização. Wolfgang Schön faz referência a algumas destas questões abertas, como tais: (i) qual seria o método de solução de controvérsias ideal para o tratamento de questões tributárias internacionais, o da OMC, o do procedimento de consultas mútuas (previsto nos acordos para evitar a dupla tributação) ou meios alternativos similares à arbitragem? (ii) seria necessário complementar a OMC e a OCDE com uma Organização Mundial da Tributação? (iii) as superveniências tributárias na cena internacional, como os "tributos verdes" (destinados à proteção ambiental), justificariam adequações nas disposições dos acordos da OMC? (iv) em que medida as regras da OMC podem contribuir para o combate à competição tributária desleal? (v) em que medida as regras da OMC podem influenciar os regimes tributários dos países em desenvolvimento?[44]

Todas estas são questões que resultam dos desdobramentos do Caso FSC e que extrapolam os limites do litígio posto, mas que, como acima se disse, importam muito às definições acerca da aplicação das regras da OMC aos sistemas tributários dos Membros da Organização.

Passa-se, agora, à abordagem de uma outra importante questão com afetação tributária abordada no âmbito do Caso FSC, a da definição de qual referência normativa se deve ter em conta para a definição do *quantum* do subsídio no caso de seu expurgo por parte da OMC.

5.4.2 A referência normativa no caso das receitas "que em outro caso seriam devidas"

Uma outra questão de extremada relevância tributária no âmbito dos acordos da OMC, também abordada no Caso FSC, se refere à interpretação do artigo 1.1 a.1.ii do ASMC. Tal dispositivo está assim expresso:

44. Schön, 2004, p. 295-296.

> 1.1. Para os efeitos do presente Acordo, se considerará que existe subsídio:
>
> a) 1) quando exista uma contribuição financeira de um governo ou de qualquer órgão público no território de um Membro (denominados no presente Acordo "governo"), isto é:
>
> [...]
>
> ii) quando se remitam ou não se arrecadem receitas públicas que em outro caso seriam devidas (por exemplo, incentivos tais como bonificações fiscais);
>
> [...][45]

Tal dispositivo dispõe que haverá "contribuição financeira" de um governo, em termos tais a configurar subsídio, quando "se remitam ou não se arrecadem receitas públicas que em outro caso seriam devidas". À evidência, a "remissão" de receitas que "em outro caso seriam devidas" significa que o governo arrecadou menos do que teria arrecadado em uma situação distinta, ou seja, em "outro caso". Assim, deve haver algum ponto de referência normativo, definido, que permita fazer uma comparação entre as receitas realmente recebidas e as receitas que "em outro caso" seriam devidas. Em outras palavras, como quantificar o subsídio e a partir de quais referenciais.

No Caso FSC, os EUA, ao defenderem suas medidas tributárias, alegaram que a referência a ser adotada para determinar quais são as receitas que "em outro caso seriam devidas" deveria ser distinta da norma nacional vigente do Membro em questão. O OAp, entretanto, não concordou com a posição norte-americana, porque isto implicaria "que as obrigações assumidas no marco da OMC obrigam os Membros a eleger um tipo determinado de sistema tributário", o que não é correto no marco da OMC. Em razão disto, assim se expressa o OAp quanto a qual deve ser o ponto de referência normativo para a comparação entre as receitas remitidas e as receitas que em outro caso seriam devidas:

> Em princípio, um Membro tem a potestade soberana de tributar qualquer categoria de receitas que deseje. Também tem

45. Redação em português constante da Ata Final da Rodada Uruguai, apensada ao Decreto n.º 1.355, de 30/12/1994.

> a liberdade de não tributar determinadas categorias de ingressos. Mas em ambos os casos o Membro deve respeitar as obrigações que assumiu no marco da OMC. Portanto, as receitas que 'em outro caso seriam devidas' dependem das normas tributárias que cada Membro tenha livremente estabelecido. (tradução nossa)[46]

Desta forma o OAp acatou a posição do painel, que havia já decidido no sentido de que a referência normativa deveria ser a do próprio Membro que concede o subsídio, com isto respaldando o critério denominado "se não fosse por" (*but for test*), segundo o qual a base adequada de comparação para determinar se em outro caso as receitas seriam devidas, é a situação que existiria "se não fosse por" conta da medida em questão.

A adoção de tal critério, no Caso das FSC, se mostrou adequado, mas isto por conta de uma circunstância específica, que não passou despercebida pelo OAp: no sistema tributário norte-americano só havia um regime tributário aplicável depois de expurgado o benefício vinculado ao subsídio concedido às FSC; assim, como só havia um referencial remanescente, a solução serviu à resolução do caso concreto.

Porém, como bem alerta o OAp, o problema está nos casos em que, expurgado o benefício fiscal, percebe-se que não existe um regime tributário único, baseado numa norma geral aplicável a todas as receitas em questão, na ausência da medida impugnada.[47] Nesta hipótese, qual seria a referência normativa a adotar?

O OAp não deu resposta a esta questão, porque a entendeu fora dos limites do litígio. Entretanto, a posição é questionável, pois do ponto de vista técnico, acabou adotado um critério que,

46. WT/DS108/AB/R: "90. [...]. A Member, in principle, has the sovereign authority to tax any particular categories of revenue it wishes. It is also free *not* to tax any particular categories of revenues. But, in both instances, the Member must respect its WTO obligations. What is "otherwise due", therefore, depends on the rules of taxation that each Member, by its own choice, establishes for itself".

47. WT/DS108/AB/R: "91. [...] In the present case, this legal standard provides a sound basis for comparison because it is not difficult to establish in what way the foreign-source income of an FSC would be taxed "but for" the contested measure. However, we have certain abiding reservations about applying any legal standard, such as this "but for" test, in the place of the actual treaty language. Moreover, we would have particular misgivings about using a "but for" test if its application were limited to situations where there actually existed an alternative measure, under which the revenues in question would be taxed, absent the contested measure".

manifestamente, não serve para todos os casos. É de se discutir se a adoção de um critério que não servirá para outros casos que já se sabe de antemão que podem existir, é uma solução juridicamente plausível.

O problema, portanto, resta irresolvido, pelo menos no plano de um critério geral, aplicável a todos os casos. Para o Caso FSC, a solução funcionou, mas o critério tem seus limites como regra generalizante;[48] aliás, não seria difícil para qualquer país contorná-la, conformando suas normas tributárias de modo tal a que não incorporassem elas uma única norma geral aplicável às receitas contempladas por um benefício tributário expurgado.

De tal sorte, das duas uma: ou o critério geral ainda está por ser descoberto, ou então se está aqui diante de um problema que somente poderá ser resolvido no plano concreto de cada caso.

De qualquer modo, a simples afirmação do entendimento dos EUA (a de que a referência deveria ser externa à norma nacional do Membro em questão) e a reafirmação de que no marco da OMC os Membros não estão obrigados a adotar um tipo determinado de sistema tributário, já traz importantes elementos para a compreensão do conteúdo dos acordos abrangidos no plano das inter-relações com a matéria tributária.

Com estas considerações, encerra-se aqui a abordagem das questões expressamente abordadas no Caso FSC. Para além destas questões, entretanto, há algumas outras que foram deixadas em aberto tanto pelo painel quanto pelo OAp, apesar de referidas pelas partes em suas petições. As que serão a seguir analisadas são as seguintes: a primeira delas se refere aos sistemas tributários no marco regulatório do ASMC; a segunda trata dos métodos de determinação dos preços de transferência; a terceira está associada ao artigo 3.1.b do ASMC, no que se relaciona com o emprego de produtos nacionais em detrimento dos produtos importados; e a quarta refere-se à questão dos acordos para evitar a dupla tributação como meio de descaracterização de subsídios proibidos.

48. Basta lembrar o que se tem no Brasil em termos de tributação das pessoas jurídicas. Como tais entes podem apurar o imposto de renda por via de diferenciados regimes - lucro real, lucro presumido, lucro arbitrado ou mesmo regimes simplificados, como o SIMPLES -, seria difícil definir qual seria, dentre eles, o regime a ser tomado como referência no caso de um eventual expurgo de um benefício fiscal vinculado à exportação.

5.5 O CASO *FSC*: QUESTÕES SUSCITADAS E NÃO ABORDADAS

5.5.1 Os sistemas tributários à luz dos Acordos da OMC

No Caso FSC, o MSC da OMC expressamente reafirmou aquilo que já havia dito no âmbito de outros litígios levados à sua apreciação: em princípio, um Membro tem o poder soberano de tributar qualquer categoria de ingressos que deseje e, igualmente, que tem a liberdade de não tributar determinadas categorias de ingressos.[49] Ocorre, porém, que como também já afirmou o MSC, tal liberdade não vai ao ponto de permitir ao Membro que adote medidas tributárias que afrontem os acordos abrangidos e, também, que não é lícito aos Membros justificar medidas protecionistas por via do argumento de que tais medidas se destinam a compensar desvantagens comerciais de seus entes nacionais que têm origem nas características do sistema tributário nacional.[50]

Tais manifestações do MSC são bastante claras, e trazem elas para a linha de frente das discussões acerca de matéria tributária, a delicada questão da compatibilidade dos sistemas tributários nacionais em face das obrigações assumidas pelos Membros da OMC no contexto dos acordos abrangidos. Esta questão já foi parcialmente abordada na parte inicial deste capítulo, entretanto está também aqui colocada como uma das questões não respondidas pelo MSC no Caso FSC, por conta de uma alegação dos EUA que, apesar de associada ao tema, acabou não sendo objeto de apreciação. É que com a declaração de que as medidas relativas às FSC se conformavam como subsídios proibidos à luz do ASMC, a alegação norte-americana não chegou a ser apreciada como questão de fundo. De qualquer modo, tal alegação amplia a discussão, justamente porque coloca a questão da compatibilidade entre os sistemas tributários nacionais e o conteúdo dos acordos abrangidos num plano que não pode ser subestimado.

Uma das alegações dos EUA no Caso FSC foi a de que, se as medidas que adotou eram contrárias ao ASMC, os sistemas fiscais europeus também o seriam, pois produziriam o mesmo efeito de subsidiar as exportações; e isto porque se os ganhos auferidos no exterior eram isentos de tributação, também haveria aí um subsídio à exportação.

49. WT/DS108/AB/R, itens 90 e 98.

50. WT/DS8/AB/R, WT/DS10/AB/R, WT/DS11/AB/R, item 20; WT/DS87/AB/R, WT/DS110/AB/R, item 60.

Em muitos países das CE o imposto sobre a renda é exigido com base no princípio da territorialidade, segundo o qual cada país tributa a renda obtida dentro de suas fronteiras (critério da fonte). Em geral, o país de origem não tributa as rendas procedentes de atividades econômicas realizadas fora do território de sua jurisdição fiscal, independentemente de que esta atividade seja desenvolvida por uma empresa nacional ou estrangeira. Segundo os EUA, os sistemas tributários europeus outorgam um tratamento mais favorável aos exportadores de bens e serviços, já que quando as atividades relacionadas com uma operação de exportação ocorrem fora do território da jurisdição fiscal, as receitas provenientes destas atividades não são tributadas, em conformidade com o princípio da territorialidade ou o critério da fonte. Para ilustrar sua alegação, os EUA expuseram numerosos exemplos, baseadas nas legislações de países como a França, a Bélgica e a Espanha, nos quais trata de comparar os efeitos dos sistemas tributários baseados no princípio da territorialidade com os efeitos de um sistema baseado no princípio da universalidade, como o seu.[51]

51. WT/DS108/R (relatório do Painel), itens 4.1040 a 4.1050. Transcreve-se, a seguir, pela sua relevância e por seu caráter ilustrativo, alguns excertos relativos às alegações dos EUA:

"4.1040 The United States feels compelled to comment on the discussion in the European Communities second submission of the tax system of its member States. As the Panel knows, the United States contends that the results of the FSC tax exemption do not differ substantively from the treatment accorded exports under the tax systems of various EC member States. Apparently recognizing the force of this point, the European Communities spent a considerable amount of time in its second submission, especially in its Annex 2, attempting to deny the pro-export bias of the tax systems of its own member States.

4.1041 To reiterate, the United States position is that territorial exemption systems operate to favor export sales because they permit sales activities to be moved outside the home country and thereby benefit from lower tax rates in another jurisdiction. To demonstrate this point, let us consider the following hypothetical. Company C is taxed by its home country, Country C, at the full rate on commissions related to domestic sales of products manufactured and sold in the home country. However, Company C is not taxed at all by Country Z – or is taxed at a lower rate - on its commissions relating to sales of the same types of products made to foreign customers through a branch of Company C operating in Country Z, "Foreign Branch C." Assume the same commission of 100 for distribution functions incurred in both domestic and export transactions.

4.1042 Now let us consider what would happen under several European tax systems. If Country C is considered to be the Netherlands, the tax on the commission with respect to domestic sales conducted through a domestic branch would be 35, the commission being taxed at the full Dutch rate of 35 per cent. However, suppose that Country Z is the Netherlands Antilles and distribution activities are conducted through Foreign Branch C. Because the Netherlands Antilles has an income tax on commissions of 3 per cent, the Netherlands would not tax the commission based on its formalistic "subject to tax" test. The net result is that the tax on the commission incurred in the export transaction is only 3. As compared to the tax on the domestic transaction of 35, the result is an increased net income to Company C in the export transaction of 32. [...]

4.1050 Thus, notwithstanding the European Communities' protestations to the contrary, the territorial or territorial-type tax systems of its member States provide a tax savings for distribution activities conducted through a foreign branch, a tax savings that is not available under the United States worldwide tax system."

Não é possível dizer para onde se inclinarão as eventuais manifestações futuras do MSC acerca de questão desta ordem, mas os precedentes autorizam prever que tal classe de alegações dos EUA não serão acatadas. É que a isenção tributária das receitas derivadas de atividades econômicas desenvolvidas no exterior (receitas de fonte estrangeira), não são receitas remitidas que em outro caso seriam tributadas e nem são, por consequência, em razão deste fato, uma contribuição financeira no sentido do artigo 3.1 do ASMC; são, e isto sim, uma categoria de receitas definida em termos amplos, neutros e objetivos, aplicável a todo tipo de receitas de fonte estrangeira e que não desempenha nenhuma função programática em termos de política pública.

Já no caso das medidas norte-americanas dirigidas às FSC, sua natureza limitada, especial e programática é deduzida claramente de seus termos e de sua estrutura: estão expressamente limitadas às receitas derivadas da exportação de "bens de exportação" e estão concebidas para fomentar as exportações, com o agravante de se destinarem a fomentar as exportações de produtos nacionais. Na verdade, os EUA, eles próprios, descrevem as medidas como um "incentivo fiscal para os exportadores dos EUA" e como uma medida para neutralizar os efeitos dos benefícios fiscais que obtêm as empresas europeias derivadas dos sistemas tributários de base territorial.[52]

É preciso perceber que, do ponto de vista dos efeitos de um subsídio, as atividades no exterior e as atividades de exportação são duas noções completamente distintas, contrariamente ao que dá a entender os EUA. Uma isenção tributária das receitas de fonte estrangeira, como a que contêm os sistemas tributários europeus, não estaria proibida pelo artigo 3.1 do ASMC, porque não é específica para as atividades de exportação. As isenções tributárias dão lugar a subsídios proibidos somente quando estão condicionadas, de fato ou de direito, por si sós ou como um de vários outros fatores (cumulativos ou alternativos), às exportações ou à produção nacional. Inclusive, a diferenciação entre tipos de receitas (como dividendos, doações, juros etc.) é aceitável na medida em que não esteja condicionada ao resultado das exportações ou ao produto nacional.

Outras alegações dos EUA acerca do assunto foram as de que: (i) os sistemas de âmbito mundial, com o dos EUA, colocam os ex-

52. WT/DS108/R, itens 4.336, 4.349 e 4.356.

portadores em desvantagem relativa com respeito aos exportadores de países que têm sistema de âmbito territorial porque, com base no sistema territorial, quando as atividades relativas a uma transação de exportação se produzem fora do território da jurisdição fiscal, as receitas derivadas destas atividades não são tributadas; e (ii) um Membro da OMC pode eleger qualquer tipo de sistema tributário e depois "em reconhecimento aos princípios de soberania fiscal, um país que se utilize do sistema de âmbito mundial tem a liberdade para incorporar elementos de um sistema de âmbito territorial (ou vice-e--versa), de maneira que uma filial estrangeira, ou determinados tipos de filiais estrangeiras, como uma FSC, acabem tributadas de modo similar às empresas no marco de um sistema de âmbito territorial".[53]

Também aqui, não parece haver maiores espaços para o acolhimento das razões dos EUA, mesmo tendo-se de reconhecer que aqui se tem um tema em relação ao qual enfoques de variada ordem, associados a temas externos ao direito do comércio internacional, estejam presentes. Com efeito, a possibilidade de incorporação, por um país, do sistema tributário que julgar adequado – até mesmo um sistema misto – é matéria facilmente vinculável a outras disciplinas, como a política internacional e as relações internacionais. De qualquer modo, do ponto de vista estrito da OMC, a sinalização já foi dada com base na afirmação de que qualquer Membro tem liberdade para manter um sistema tributário baseado no princípio da universalidade, no princípio da territorialidade ou qualquer outro tipo de sistema que resolvam escolher, desde que o façam sem que tenham de justificar nele ou em suas vicissitudes, as razões para a adoção de medidas protecionistas de caráter comercial. Como já bem firmou o OAp,

> A questão não é, como sugere os EUA, se um Membro está ou não obrigado a tributar uma determinada categoria de receitas de fonte estrangeira. Como já se disse, um Membro não tem, em geral, qualquer obrigação deste tipo. A questão é se, havendo decidido tributar uma categoria determinada de receitas de fonte estrangeira, vale dizer aqueles ingressos que tenham uma "conexão efetiva com uma atividade comercial ou empresarial nos Estados Unidos", os Estados Unidos podem criar uma isenção condicionada a exportação nessa categoria

53. WT/DS108/R, item 7.121.

de ingressos de fonte estrangeira que estão tributados em virtude de suas outras leis fiscais. (tradução nossa)[54]

À evidência, a solução dada ao caso pelo OAp não representou tratamento mais favorável a um Membro em detrimento de outro, nem a opção por este ou aquele regime de tributação (sistema tributário de base territorial ou universal). Tampouco se minorou os princípios a que se refere o Preâmbulo do Acordo de Marraqueche, quais sejam "obter, sobre a base da reciprocidade e das mútuas vantagens, a redução substancial das tarifas aduaneiras e dos demais obstáculos ao comércio, assim como a eliminação do tratamento discriminatório nas relações comerciais internacionais [...]". Do ponto de vista estrito do que foi decidido em relação à questão específica aqui considerada, as obrigações se mantiveram recíprocas e simétricas, tendo a decisão se limitado a aplicar o conceito de subsídio proibido previsto no artigo 3.1.a do ASMC, disto resultado a assertiva de que um Membro é livre para tributar ou não receitas de fonte estrangeira, mas não pode deixar de tributar as receitas pelo mero fato de que elas provêm de exportações.

Como se vê, algumas das normas da OMC podem ter repercussões concretas em determinadas práticas tributárias dos Membros, como é o caso das FSC, podendo tais repercussões chegar ao plano do escrutínio da estrutura dos sistemas tributários, ou ao menos dos efeitos que eles produzem nos fluxos comerciais internacionais.

5.5.2 Os métodos de determinação dos preços de transferência ofertados às FSC

Uma das medidas tributárias especificamente destinadas às FSC era a de ofertar a estas empresas a faculdade de se utilizarem de normas administrativas de determinação de preços de transferência que, como resultado, lhes traziam benefícios fiscais que se caracterizariam, segundo as CE, como subsídios condicionados aos resultados

54. WT/DS108/AB/R. Redação original: "99. [...] That issue is *not*, as the United States suggests, whether a Member is or is not obliged to tax a particular category of foreign-source income. As we have said, a Member is not, in general, under any such obligation. Rather, the issue in dispute is whether, *having decided to tax a particular category of foreign-source income*, namely foreign-source income that is "effectively connected with a trade or business within the United States", the United States is *permitted to carve out an export contingent exemption from the category of foreign-source income that is taxed under its other rules of taxation*. [...]".

das exportações, em afronta, portanto, ao artigo 3.1.a do ASMC. Tais normas administrativas de preços de transferência seriam distintas das demais, normalmente oferecidas às outras empresas. Alegavam as CE que, em razão de às FSC ser facultado escolher dentre normas administrativas específicas de determinação de preços de transferência – normas estas que se dirigiam a determinar tanto o montante de ingressos oriundos do exterior quanto a parte isenta destes ingressos –, estaria evidenciado o subsídio proibido e a necessidade de o painel e o OAp expressamente expurgarem tais normas.

Muito embora seja controversa a natureza dos preços de transferência – se são ou não um instituto do direito tributário -, verdade é que eles têm, ao menos, uma importante repercussão tributária: se conformam como um conjunto de regras destinadas a evitar o desvio irregular de receitas para o exterior e, com isso, consequentemente, evitar a redução da base de cálculo dos tributos incidentes sobre o lucro das empresas integrantes de um complexo multinacional.[55] Assim, por via dos diferentes métodos de determinação dos preços de transferência, se pode alocar receitas relativas a negócios realizados por empresas interligadas, entre jurisdições fiscais distintas, contribuindo para evitar a hoje tão propalada erosão das bases tributáveis dos Estados. Com efeito, sem regras de determinação de preços de transferência, as bases tributáveis dos Estados ficariam dependentes, basicamente, de decisões empresariais, que manipulariam os preços das operações entre suas interligadas, com o fim de se aproveitar das vantagens de sistemas tributários diferenciados.

Pois bem, no Caso FSC, apesar de as CE considerarem importante a manifestação do OAp acerca das normas administrativas ofertadas às FSC, tal não foi feito, pois o próprio OAp concluiu que seria especulativo adentrar na análise sobre se um sistema de determinação administrativa de preços, como o dos EUA, constituía um subsídio proibido nos termos do ASMC. Assim, como tal sistema era empregado para incrementar o montante do subsídio concedido às FSC e este já havia sido declarado como um dos subsídios proibidos pelo artigo 3.1.a do ASMC, a questão acabou não sendo respondida.[56]

---

55. Fernandes, 2007, p. 14.
56. WT/DS108/AB/R, item 173.

Entretanto, não obstante não tenha o OAp analisado a questão, é de se perquirir qual seria o quadro na hipótese de que os EUA eliminassem as medidas relativas às FSC, mas mantivessem o sistema administrativo de determinação de preços entre as matrizes e suas filiais no exterior. Poderia ficar caracterizado, ainda aí, um subsídio à exportação?

Como o OAp não respondeu a estas questões, só se pode aqui fazer algumas especulações. E tais especulações devem estar feitas com a devida consideração da função a que se destinam os métodos de determinação dos preços de transferência.

Pois bem, no âmbito internacional, por inspiração dos trabalhos realizados pela OCDE, existem três métodos clássicos de determinação dos preços de transferência: (i) *comparable uncontrolled price method*: fundamentado no preço praticado pelos concorrentes; (ii) *resale minus method*: consistindo no preço de revenda diminuído de uma margem de lucro; e (iii) *cost plus method*: sendo, ao contrário do anterior, o valor do custo do bem acrescido de uma margem de lucro.[57] E tais métodos se destinam à busca daquilo que Edison Carlos Fernandes chama de Princípio da Ficção de Independência, mas que é o equivalente à expressão mais utilizada no âmbito internacional, o *arm's lenght principle*. Por este princípio, busca-se tratar os membros de um grupo multinacional como se eles atuassem como entidades independentes, ou seja, sob condições normais de mercado.[58]

Ora, se algum país faculta a alguns entes o uso de métodos privilegiados e específicos de determinação de preços de transferência, condicionando tal faculdade aos resultados da exportação, pode estar dando azo à caracterização de um subsídio proibido à luz do ASMC.

No caso dos EUA, a Seção 482 do *Internal Revenue Code*, que trata dos preços de transferência, tem sido considerada como compatível com as diretrizes sobre transferências de preços da OCDE, na medida em que prevê que as transações dentro de um grupo empresarial se realizem nos mesmos preços que seriam acordados entre dois sujeitos independentes no mercado.[59] Ocorre, porém, que no Caso FSC, aos métodos de determinação de preços da referida Seção 482 foram

---

57. Heleno Torres (2002, p. 161-319), fornece um amplo painel acerca dos padrões internacionais aplicáveis aos preços de transferência.

58. Fernandes, 2007, p. 23.

59. Vogel, 1997, p. 528-529.

adicionados, especificamente para as próprias FSC, dois outros métodos, os quais permitiam, entre outras coisas, uma redução entre 15 a 30% nas receitas totais do comércio exterior obtidos na transação.

Em face disto, considerando-se que: (i) a nota n.º 59 do ASMC estabelece o princípio de que os preços das mercadorias nas transações entre empresas exportadoras e compradores estrangeiros sob seu controle ou sob um mesmo controle deverão ser, para efeitos fiscais, os preços que seriam estabelecidos entre empresas independentes que atuassem em condições de plena concorrência (expressão do *arm's lenght principle*);[60] (ii) o item "e" da Lista Ilustrativa do ASMC (Anexo I) dispõe que representa um subsídio à exportação "a isenção, remissão ou diferimento total ou parcial, relacionados especificamente com as exportações, dos impostos diretos ou das contribuições para a seguridade social que paguem ou devam pagar as empresas industriais e comerciais";[61] e (iii) que o artigo 1.1.a.1.ii do ASMC determina que existe subsídio quando um governo deixa de arrecadar ingressos públicos que em outro caso seriam recolhidos (por exemplo, incentivos fiscais); não parece despropositado prever que, no caso em que fossem objeto de apreciação pelo MSC da OMC, as normas administrativas de determinação de preços de transferência ofertadas às FSC seriam consideradas como um subsídio proibido, nos estritos termos do artigo 3.1.a do ASMC.

De tal sorte, está aí demonstrado que os critérios de determinação de preços de transferência podem se colocar sob escrutínio do sistema multilateral do comércio. Isto é especialmente relevante para o Brasil que, em contraposição à tendência mundial, disciplinou métodos e critérios de aplicação dissonantes da prática internacional (por via, por exemplo, da definição de métodos diferenciados para a importação e para a exportação[62]).

60. Nota 59 do ASMC: "[...] Os Membros reafirmam o princípio segundo o qual os preços de bens praticados em transações entre empresas exportadoras e compradoras estrangeiras controlados pelas primeiras, ou ambos sob o mesmo controle, devem, para fins tributários, ser os mesmos que se praticariam entre empresas independentes umas das outras em condições de livre concorrência. Qualquer Membro pode chamar a atenção de outro para práticas administrativas ou outras que contradigam esse princípio e que resultem em expressiva economia em impostos e direitos aplicáveis a transações de exportação. [...]" (Redação em português constante da Ata Final da Rodada Uruguai, apensada ao Decreto n.º 1.355, de 30/12/1994).

61. Redação em português constante da Ata Final da Rodada Uruguai, apensada ao Decreto n.º 1.355, de 30/12/1994.

62. Basta ver o conteúdo dos artigos 18 e 19 da Lei n.º 9.430/1996 para perceber os critérios distintos adotados pelo Brasil para as importações e exportações.

5.5.3 Os subsídios condicionados ao emprego de produtos nacionais preferencialmente aos produtos importados

Uma outra questão levantada no Caso FSC foi a de que os EUA estariam concedendo subsídios condicionados ao emprego de produtos nacionais preferencialmente aos produtos importados na fabricação dos produtos a serem exportados. Esta questão não foi expressamente abordada nem pelo painel nem pelo OAp, pela simples razão de que, por terem sido condenadas as medidas relativas às FSC em face do artigo 3.1.a do ASMC, não era necessário adentrar nela.

Pois bem, apesar de, do ponto de vista processual, a questão ter mesmo deixado de ter relevância para a resolução do litígio, é preciso ressaltar a importância que ela tem para o comércio internacional.

No caso das FSC, uma das condições para que os bens exportados fossem contemplados com os benefícios fiscais, era a de que o preço de mercado dos mesmos não fosse imputável em mais de 50% a importações de insumos. Tal circunstância teve duas interpretações:

(i) para as CE: os 50% se referem aos componentes do produto, ou seja, o produto deveria estar composto por mais de 50% de componentes norte-americanos. O efeito discriminatório do subsídio seria claro: empresas norte-americanas ou não, que utilizassem em seus produtos componentes importados (isto é, não nacionais), não poderiam beneficiar-se da isenção tributária (ou, como se poderia dizer, do subsídio). Esta disposição, assim, fomentaria a produção nacional em claro detrimento da não nacional;[63]

(b) para os EUA: os 50% se referem ao valor total do produto, o qual pode estar confeccionado com muitos componentes importados. No momento de pôr o preço no produto, a maior parte deste percentual seria atribuível ao valor que teria o processo de criação ou produção do produto nos EUA. Assim, produtos com componentes importados, mas de pequeno valor, seriam considerados como nacionais.[64]

Diante das alegações postas, há que se ter em conta, primeiro, o que diz o texto do artigo 3.1.b do ASMC. Nele está expresso que se consideram proibidos, "subsídios vinculados de fato ou de direito ao uso preferencial de produtos nacionais em detrimento de produtos

63. WT/DS108/AB/R, itens 66 a 68.

64. WT/DS108/AB/R, itens 72 e 73.

estrangeiros, quer individualmente, quer como parte de um conjunto de condições".[65]

O que se extrai desta disposição é que não se pode condicionar um subsídio ao emprego de produtos nacionais com preferência aos importados. Pensar a contrário senso representaria privilegiar a indústria nacional em detrimento das importações e, para além disso, admitir a imposição de uma verdadeira barreira não alfandegária à entrada de produtos importados, já que as empresas interessadas no subsídio procurariam abastecer-se de produtos nacionais ao invés de importados. Os subsídios às exportações seriam, assim, medidas equivalentes a direitos alfandegários negativos, pois o subsídio teria como efeito direto ou indireto aumentar as exportações e reduzir as importações.

Nestes termos, a medida dos EUA de condicionar a concessão do benefício fiscal a que o preço de mercado dos produtos a exportar não fosse imputável em mais de 50% a importações de insumos, parece afrontar o artigo 3.1.b do ASMC. E isto independentemente de a interpretação correta do requisito posto pelos EUA ser a das CE ou a do próprio EUA. É certo que se poderia ter a situação posta pelos EUA em sua alegação, qual seja a de um produto integralmente produzido com produtos importados e com um preço final definido predominantemente em razão do processo de criação ou do processo de produção do produto; porém, é evidente que mesmo diante da possibilidade posta, a regra discriminatória remanesce, pois permaneceria a restrição em relação aos produtos em que o percentual do preço atribuível a processos de criação ou fabricação não fossem grandes.

Por conta destas razões é que se pode concluir que se os EUA não tivessem tido suas medidas consideradas como contrárias ao artigo 3.1.a do ASMC, talvez tivessem permanecido em confronto com os acordos abrangidos, mas desta vez em relação ao artigo 3.1.b do mesmo ASMC.

5.5.4 Os acordos para evitar a dupla tributação no marco da OMC

Uma outra alegação trazida pelos EUA com o fim de defender suas medidas relativas às FSC era a de que elas se destinavam a evitar

65. Redação em português constante da Ata Final da Rodada Uruguai, apensada ao Decreto n.º 1.355, de 30/12/1994.

a dupla tributação da renda, o que as tornaria compatíveis com o ASMC em razão da Nota n.º 59 do Acordo. Esta questão também não foi abordada pelo OAp, por razões formais. No entanto, quando da apreciação do regime ETI – que como se viu se destinava a substituir o regime das FSC, mas foi também contestado pelas CE junto à OMC -, o OAp acabou por abordar o assunto, fornecendo alguns critérios que merecem ser destacados.

É preciso ressaltar que a análise do tema, da mesma forma que o dos preços de transferência, tem importância com vistas não apenas a eventuais modificações das medidas norte-americanas, mas ao tratamento das inter-relações entre as medidas relativas ao comércio internacional e os acordos internacionais para evitar a dupla tributação internacional. De se lembrar, aliás, que os acordos para evitar a dupla tributação compõem grande parte do regime internacional da tributação, como já se fez menção no capítulo 3. Justificada resta, portanto, a análise que a seguir se faz.

De início, é de se ressaltar que a abordagem que o OAp fez na apreciação do regime ETI, vale menos pelos resultados concretos da decisão, e mais pelos critérios que foram construídos com o fim de explicitar os limites do dispositivo jurídico utilizado pelos EUA para tentar defender a conformidade do novo regime tributário com os acordos abrangidos. É que os EUA, para defender o regime tributário ETI, utilizou como argumento que as medidas tributárias adotadas se destinavam a evitar a dupla tributação das receitas provenientes do exterior, o que as tornaria legais em face da exceção constante da quinta frase da nota n.º 59 do ASMC (tal argumento, aliás, foi também utilizado para defender as medidas tributárias substituídas pelo regime ETI, as relativas às FSC).

A quinta frase da nota n.º 59 se refere ao parágrafo "e" do Anexo I do ASMC. Tal Anexo traz uma lista ilustrativa de subsídios à exportação, e dentre os ali listados consta, no parágrafo "e":

> e) A isenção, remissão ou diferimento total ou parcial, relacionados especificamente com as exportações, dos impostos diretos ou das contribuições para a seguridade social que paguem ou devam pagar as empresas industriais e comerciais.[66]

66. Redação em português constante da Ata Final da Rodada Uruguai, apensada ao Decreto n.º 1.355, de 30/12/1994.

Já a quinta frase da nota n.º 59 estabelece que:

> O parágrafo e) não tem por objetivo obstar a possibilidade de um Membro de adotar medidas destinadas a evitar a dupla tributação das receitas procedentes do exterior auferidas por suas empresas ou por empresas de outro Membro.[67]

Como se percebe, em princípio a quinta frase da nota n.º 59 permite que um benefício tributário condicionado à exportação não seja tido como proibido, desde que criado com o fim de evitar a dupla tributação. A ideia, à evidência, é deixar aberta a possibilidade de os Membros adotarem medidas que concedem um tratamento fiscal especial às "receitas procedentes do exterior", com o fim de mitigar a carga da dupla incidência tributária que possa vir a recair sobre seus contribuintes.

Ocorre, porém, que o OAp, ao analisar os limites da exceção posta, ressaltou que ela, como exceção à regra que é, deve ter seu alcance determinado com muita prudência, pois se "se interpreta que a nota 59 permite aos Membros outorgar preferências fiscais para quaisquer receitas que um Membro decida considerar receitas procedentes do exterior, esta interpretação minimizaria gravemente a proibição dos subsídios à exportação estabelecida no Acordo ASMC".[68]

Em razão disto, o OAp afirma que a expressão "receitas procedentes do exterior", constante da nota n.º 59, engloba apenas aquelas receitas que efetivamente estão submetidas à dupla tributação internacional, e não quaisquer outras.[69] Complementarmente, o OAp

---

67. Redação em português constante da Ata Final da Rodada Uruguai, apensada ao Decreto n.º 1.355, de 30/12/1994.

68. WT/DS108/AB/RW: "140. At the same time, however, footnote 59 does not give Members an unfettered discretion to avoid double taxation of "foreign-source income" through the grant of export subsidies. As the fifth sentence of footnote 59 to the SCM Agreement constitutes an exception to the prohibition on export subsidies, great care must be taken in defining its scope. **If footnote 59 were interpreted to allow a Member to grant a fiscal preference for any income that a Member chooses to regard as foreign-source, that reading would seriously undermine the prohibition on export subsidies in the SCM Agreement.** That would allow Members, relying on whatever source rules they adopt, to grant fiscal export subsidies for income that may not actually be susceptible of being taxed in two jurisdictions. Accordingly, the term "foreign-source income", as used in footnote 59 cannot be interpreted by reference solely to the rules of the Member taking the measure to avoid double taxation of foreign-source income". (o segmento grifado se refere à parte traduzida inserida no texto).

69. WT/DS108/AB/RW: "138. The fifth sentence of footnote 59 to the SCM Agreement permits a Member to take measures granting special fiscal treatment to "foreign-source income" in order to alleviate a "double taxation" burden on its taxpayer. Clearly, if the income benefitting from such special treatment could not be taxed twice, in two different States, there would be no double tax burden

acerta que "a expressão 'receitas procedentes do exterior', tal como se utiliza na nota 59, não pode ser interpretada unicamente em referência às normas do Membro que adota a medida para evitar a dupla tributação",[70] o que se justifica porque não seria de surpreender que cada Membro, com o fim de ver respaldada sua alegação de que uma determinada medida se destinava a evitar a dupla tributação, acabasse criando critérios próprios para a definição da extensão da expressão "receitas procedentes do exterior", que viessem a tornar irrelevante o fato de que as receitas contempladas pela medida estivessem mesmo sujeitas à dupla tributação.

Evidenciado que a exceção da quinta frase da nota 59 não se estende a toda e qualquer receita procedente do exterior e que a definição das receitas passíveis de serem associadas a medidas para evitar a dupla tributação não pode ser feita a partir de referenciais normativos do próprio Membro que cria tais medidas, a questão a ser enfrentada pelo OAp passou a ser a seguinte: qual é o referencial a ser usado com o fim de saber quais são as receitas efetivamente passíveis de sofrer dupla tributação?

Diante das possibilidades existentes, o OAp, reconhecendo que a nota n.º 59 é uma disposição de caráter tributário incluída num tratado comercial internacional, entendeu adequado buscar auxílio em princípios tributários amplamente reconhecidos, ou seja, em "princípios amplamente reconhecidos que muitos Estados geralmente aplicam na esfera tributária".[71]

Assim, depois de discorrer sobre alguns destes princípios e de reconhecer as dificuldades impostas pelas diferentes normas tributárias ao redor do mundo, o OAp acabou por firmar a posição de que "a expressão 'receitas procedentes do exterior' na nota 59 do Acordo ASMC faz referência às receitas geradas por atividades de um contribuinte não residente em um Estado estrangeiro que têm vínculos com este Estado em virtude dos quais as receitas podem estar devidamente

to alleviate, and hence no justification for permitting an exception to the prohibition on export subsidies. Thus, the term "foreign-source income" in footnote 59 refers to income which is susceptible of being taxed in two States. The Panel took a similar view when it stated that it understood "the term 'foreign-source income'... to refer to certain income susceptible to 'double taxation'".

70. WT/DS108/AB/RW: "140. [...] Accordingly, the term "foreign-source income", as used in footnote 59 cannot be interpreted by reference solely to the rules of the Member taking the measure to avoid double taxation of foreign-source income".

71. WT/DS108/AB/RW, item 140.

sujeitas à tributação nele".[72] O próprio OAp admite que o critério posto não assegura que se consiga definir sempre, com exatidão, quais receitas procedentes do exterior efetivamente estão sujeitas à dupla tributação, dado que em razão dos diferentes sistemas tributários nacionais, sempre poderá haver Estados que não tributem receitas que se enquadrem no critério acima posto.

Neste caso, portanto, o OAp adotou uma posição pragmática: apesar de do ponto de vista teórico afirmar que o alcance da quinta frase da nota 59 não se estende a toda e qualquer receita procedente do exterior, do ponto de vista prático adotou um conceito baseado em princípios de ampla disseminação, a partir do qual está firmado que "não é preciso que as medidas englobadas no âmbito de aplicação da nota 59 estejam perfeitamente ajustadas a uma dupla carga tributária efetiva".[73] Ou seja, a posição adotada representa o acatamento de uma presunção, qual seja a de que se se está diante de "receitas geradas por atividades de um contribuinte não residente em um Estado estrangeiro que têm vínculos com este Estado em virtude dos quais as receitas podem estar devidamente sujeitas à tributação nele", presume-se que há dupla tributação para fins de acatamento de que os subsídios concedidos na forma de exonerações tributárias não sejam tidos como proibidos no âmbito do ASMC. A posição, à evidência, se justifica, pois seria mesmo uma tarefa de difícil realização a identificação, em cada caso, de quais receitas estariam ou não sujeitas à efetiva dupla tributação internacional; e isto especialmente nos casos em que estão envolvidas operações empresariais às quais se vinculam receitas de diferenciada natureza.

72. WT/DS108/AB/RW: "145. Accordingly, in our view, **'foreign-source income', in footnote 59 to the SCM Agreement, refers to income generated by activities of a non-resident taxpayer in a 'foreign' State which have such links with that State so that the income could properly be subject to tax in that State**". (O segmento grifado se refere à parte traduzida inserida no texto).

73. WT/DS108/AB/RW: "146. In view of the divergence in the detailed rules applied by States when taxing non-residents, there will be many situations where some States tax the income of a non-resident, while other States would consider that there was an inadequate link to justify the imposition of tax on non-residents. Thus, from the perspective of the State of residence, there will not be certainty as to when the income of its taxpayers will be subject to tax in a "foreign" State. Despite this uncertainty, one of the widely recognized methods of avoiding double taxation is the tax exemption method. Under this method, States may exempt income from taxation to avoid double taxation, irrespective of whether or not another State taxes the exempt income. The avoidance of double taxation is not an exact science. Indeed, the income exempted from taxation in the State of residence of the taxpayer might not be subject to a corresponding, or any, tax in a "foreign" State. Yet, this does not necessarily mean that the measure is not taken to avoid double taxation of foreign-source income. Thus, we agree with the Panel, and the United States, **that measures falling under footnote 59 are not required to be perfectly tailored to the actual double tax burden**". (o segmento grifado se refere à parte traduzida inserida no texto)

De se passar, agora, a outro tema vinculado à dupla tributação. Tem-se como bastante polêmica na doutrina internacional a questão da compatibilidade dos métodos adotados nos acordos internacionais para evitar a dupla tributação com as normas que compõem o marco normativo da OMC.

Pois bem, de forma geral, existem dois métodos para evitar que a mesma receita seja tributada em vários Estados:[74]

(i) método da isenção: para eliminar a dupla imposição internacional, o Estado de residência do contribuinte não deve submeter à imposição as receitas (ou patrimônio) de fonte estrangeira que este obtenha, o que se viabiliza pelo estabelecimento de uma isenção tributária;

(ii) método da imputação: por meio desta técnica, o contribuinte que está sujeito à tributação pelo critério da universalidade, pode deduzir do tributo devido no país de domicílio, a parcela do tributo devido e pago no país onde a receita foi auferida, em relação ao mesmo fato imponível.[75]

No caso das FSC, o método usado era o da isenção, dado que parte dos ingressos destas empresas eram considerados "ingressos de fonte estrangeira sem conexão efetiva com uma atividade comercial ou empresarial nos Estados Unidos", e com isso ficavam isentos de tributação. Ademais, a parte não isenta dos ingressos das FSC não podia valer-se dos benefícios dos tratados para evitar a dupla tributação firmados pelos EUA.[76]

Alguns autores têm expressado reservas quanto à compatibilidade do método de isenção com os princípios do GATT.[77] Segundo eles, a isenção no país de residência das receitas vinculadas às exportações, afronta o princípio fundamental do GATT da tributação conforme o país de origem quando o imposto no país importador é inferior ao da origem da exportação e este isenta tais receitas. Deste modo, a operação suportaria uma tributação globalmente inferior à

74. Para uma ampla visão dos métodos de tratamento da pluritributação internacional, ver Torres, 2001, p. 423-551. Especificamente sobre os dois métodos citados neste item, ver o comentário ao artigo 23, A e B, do Modelo de Convenção da OCDE para evitar a dupla tributação internacional.

75. A diferença com o método de isenção é clara: o método de imputação não elimina a origem da dupla tributação internacional, já que tributa a renda e depois permite sua dedução (normalmente em certos limites), enquanto que no método de isenção, a renda tributada por outro Estado resta diretamente isenta de tributação no Estado de residência do contribuinte.

76. Parágrafo 927(e)(4) do *Internal Revenue Code.*

77. Por exemplo: Jackson, 1989, p. 190; Vogel, 1997, p. 1256.

do país de origem da exportação, constituindo-se, por conta disto, um subsídio proibido, nos termos do artigo XVI.4 do GATT.

Com relação a esta questão, a posição exposta não parece se justificar. É que o GATT não estabelece este princípio de tributação. De se ver, pois, o que disciplina exatamente o Acordo.

No art. XVI.4 do GATT, a proibição de subsídios à exportação está estabelecida de modo mais limitado que no ASMC.[78] Basicamente, o GATT se limita a proibir os subsídios, de que natureza sejam, que produzam o efeito de reduzir o preço dos produtos de exportação para valores mais baixos que aqueles pelos quais seriam vendidos no mercado nacional. Já o ASMC estabelece uma proibição muito mais ampla contra qualquer subsídio que esteja "condicionado aos resultados da exportação".[79]

Deve-se ressaltar que, tanto o artigo XVI.4 GATT como o artigo 1.1.a.1.ii do ASMC, têm uma nota explicativa de conteúdo similar, segundo a qual não se consideram subsídios à exportação a exone-

78. O artigo XIV.4 do GATT estabelece que: "[...] as partes contratantes deixarão de conceder, direta ou indiretamente, todo subsídio, de qualquer natureza, à exportação de qualquer produto quer não seja um produto primário e que tenha como consequência rebaixar seu preço de venda de exportação a um nível inferior ao do preço comparável pedido aos compradores do mercado interno pelo produto similar". (Redação em português constante do Anexo da Lei n.º 313, de 30/07/1948)

79. Sobre a diferença entre as visões do GATT e do ASMC sobre o que sejam subsídios, é bastante elucidativo o item 117 do relatório do OAp (WT/DS108/AB/R): "117. In contrast, the provisions of the *SCM Agreement* do not provide explicit assistance as to the relationship between the export subsidy provisions of the *SCM Agreement* and Article XVI:4 of the GATT 1994. In the absence of any such specific textual guidance, we must determine the relationship between Articles 1.1(a)(1) and 3.1(a) of the *SCM Agreement* and Article XVI:4 of the GATT 1994 on the basis of the texts of the relevant provisions as a whole. It is clear from even a cursory examination of Article XVI:4 of the GATT 1994 that it differs very substantially from the subsidy provisions of the *SCM Agreement*, and, in particular, from the export subsidy provisions of both the *SCM Agreement* and the *Agreement on Agriculture*. First of all, **the *SCM Agreement* contains an express definition of the term "subsidy" which is not contained in Article XVI:4. In fact, as we have observed previously, the *SCM Agreement* contains a broad package of new export subsidy disciplines that "go well beyond merely applying and interpreting Articles VI, XVI and XXIII of the GATT 1947"**. Next, Article XVI:4 prohibits export subsidies only when they result in the export sale of a product at a price lower than the "comparable price charged for the like product to buyers in the domestic market." In contrast, the *SCM Agreement* establishes a much broader prohibition against *any* subsidy which is "contingent upon export performance". To say the least, the rule contained in Article 3.1(a) of the *SCM Agreement* that all subsidies which are "contingent upon export performance" are prohibited is significantly different from a rule that prohibits only those subsidies which result in a lower price for the exported product than the comparable price for that product when sold in the domestic market. Thus, whether or not a measure is an export subsidy under Article XVI:4 of the GATT 1947 provides no guidance in determining whether that measure is a prohibited export subsidy under Article 3.1(a) of the *SCM Agreement*. Also, and significantly, Article XVI:4 of the GATT 1994 does not apply to "primary products", which include agricultural products. Unquestionably, the explicit export subsidy disciplines, relating to agricultural products, contained in Articles 3, 8, 9 and 10 of the *Agreement on Agriculture* must clearly take precedence over the *exemption* of primary products from export subsidy disciplines in Article XVI:4 of the GATT 1994. (grifos nossos)

ração, em favor de um produto exportado, dos direitos ou impostos que gravem um produto similar quanto este se destine ao consumo interno, nem a remissão destes direitos em um nível tal que não exceda os totais remitidos.[80] Isto significa que a isenção do Imposto sobre o Valor Agregado (IVA) que um país poderia conceder a produtos exportados, os quais seriam tributados no próprio país com este imposto indireto, não seria considerado como subsídio à exportação.

Ademais, no que se refere aos impostos diretos, o mesmo se poderia afirmar, pois se se permite uma isenção parcial das receitas de exportação das empresas, o efeito é que tais produtos exportados têm uma menor carga impositiva do que se fossem vendidos no mercado nacional. Mas, é isto que a OMC quis permitir com o atual marco regulatório? À evidência, não, pois isto representaria estender demasiadamente sua interpretação.

Um dos primeiros motivos para concluir que tal nota explicativa se refere unicamente aos impostos indiretos é que nela se fala em "produtos" e não de receitas ou ingressos de exportação. Os primeiros comportam a fiscalidade indireta (como, por exemplo, o IVA na Europa, ou o IPI e o ICMS no Brasil), enquanto que os segundos são tributados como impostos diretos.[81]

Outro argumento tem a ver com a evolução que se produziu com o ASMC, com respeito ao artigo XVI.4 do GATT.

A Declaração do Conselho, realizada no marco do Entendimento de 1981, estabeleceu algo similar ao conteúdo da quinta frase da nota 59 do ASMC, segundo a qual o parágrafo 4.º do artigo XVI do GATT não proíbe a adoção de medidas destinadas a evitar a dupla tributação nos ingressos de procedência estrangeira.[82]

---

80. Nota ao artigo 1.1.a.1.ii do ASMC: "De acordo com as disposições do Artigo XVI do GATT 1994 (nota do Artigo XVI) e de acordo com os anexos I a III deste acordo, não serão consideradas como subsídios as isenções em favor de produtos destinados a exportação, de impostos ou taxas habitualmente aplicados sobre o produto similar quando destinado ao consumo interno, nem a remissão de tais impostos ou taxas em valor que não exceda os totais devidos ou abonados."

81. Jackson (1997, p. 218-221), expõe o fato de os EUA, por carecerem de uma fiscalidade desenvolvida para os produtos (impostos indiretos), se sentem tratados injustamente no comércio internacional.

82. É preciso lembrar que os painéis sobre assuntos tributários do final dos anos 1970 concluíram que, tanto as medidas relativas às DISC como os sistemas fiscais europeus baseados no princípio territorial, eram contrários ao artigo XVI.4 do GATT. Posteriormente, o Entendimento de 1981 legitimou o princípio territorial com respeito às normas do GATT 1947. Por fim, o painel do Caso FSC declara incompatíveis tais medidas com as atuais normas da OMC (GATT 1994 + ASMC), enquanto parece apontar a compatibilidade dos sistemas tributários europeus baseados no princípio territorial.

É de se inferir, assim, que a nota 59 do ASMC deixa aberta a possibilidade de que os Estados adotem medidas destinadas a evitar a dupla tributação dos ingressos procedentes do exterior. Nada está dito acerca de como deverão ser estas medidas. Mas, no parágrafo "e" da Lista Ilustrativa de subsídios proibidos pelo ASMC (Anexo I) se faz referência à isenção, relacionada especificamente com as exportações, dos impostos diretos que devam pagar as empresas. Deste modo, se pode deduzir que o método de isenção para evitar a dupla tributação estaria proibido pelo ASMC.[83]

Apesar do conteúdo das notas explicativas antes mencionadas, onde estava dito que a exoneração de impostos aos produtos exportados, a qual permitia um preço mais baixo destes com relação aos mesmos se fossem vendidos no mercado nacional e sujeitos a tal imposto, o item "e" deve prevalecer em razão de sua especificidade. Dado que as notas explicativas deixam aberta a possibilidade de interpretá-las como referentes a impostos diretos e indiretos, o item "e" da Lista Ilustrativa elucida esta dúvida ao declarar proibida a isenção de impostos diretos.[84]

Deste modo, o GATT não contém um princípio de proibição de tributação conforme o país de origem quando o imposto no país importador é inferior ao de origem da exportação e este isenta tais benefícios. O ASMC, e, portanto, o GATT, não permite a isenção de impostos diretos especificamente relacionados com as exportações que devem pagar as empresas. Portanto, a única via possível que teria os EUA para utilizar o argumento da dupla tributação internacional seria a utilização do método de imputação. Dos relatórios do MSC se pode deduzir, de um lado, que com a OMC não se quer privilegiar alguns sistemas fiscais em detrimento de outros, e de outro lado, que o que em nenhum caso se pode fazer, uma vez que se tenha decidido

83. Entretanto, é preciso atentar para o fato de que apesar de a fundamentação jurídica parecer correta, a nota nº 59 do ASMC, ao referir-se aos foros fiscais para a discussão destes temas, pode permitir ao OSC meios de evitar o conflito direto das normas da OMC com as da OCDE, as quais permitem os métodos de isenção.

84. A Lista Ilustrativa do ASMC não é exaustiva, mas apenas exemplificativa; entretanto, é de utilidade que se clarifiquem algumas situações concretas, como a que se apresenta. No Caso "*Canada – Certain Measures Affecting the Automotive Industry*" (WT/DS139/R e WT/DS142/R, item 10.196), o Painel, referindo-se à nota do artigo 1.1.a.1.ii do ASMC, que tem de conteúdo similar à nota do artigo XVI.4 do GATT, estabelece que a aplicação do princípio ali contido (proibição de exonerar os produtos exportados dos impostos que gravariam os mesmos produtos se fossem vendidos no mercado interno), está contemplada com mais detalhes na Lista ilustrativa do Anexo I.

tributar uma determinada categoria de ingressos de fonte estrangeira, é criar uma isenção condicionada à exportação; talvez, apenas uma dedução amparada pelo método da imputação para evitar a dupla tributação internacional possa ser compatível com as normas da OMC.

De qualquer modo, na forma como estavam configuradas as medidas relativas às FSC, as quais permitiam a eliminação da dupla tributação internacional de parte das receitas isentas das FSC, este argumento não serviria.

5.6 CONSIDERAÇÕES FINAIS

Por meio da análise do conteúdo e desdobramentos do Caso FSC, fica bastante bem evidenciada a impossibilidade de dissociar-se comércio internacional de tributação, corroborando a ideia de que a OMC tem um papel no processo de equalização daquelas inter-relações.

Como se viu ao longo deste capítulo, o Caso FSC é importante e paradigmático não apenas pelo que diz, mas também pelas questões que levanta acerca das inter-relações da disciplina do comércio internacional com várias questões de natureza tributária, como tais a dupla tributação internacional, os preços de transferência, as feições dos sistemas tributários nacionais etc.

A atuação do MSC da OMC no sentido de se imiscuir nestes temas que, em princípio, estariam fora do alcance de uma organização destinada a regular o comércio internacional, encontra fundamento no mandato outorgado pelos Membros (a inclusão de disposições tributárias nos acordos relativos ao comércio) e na própria conduta destes mesmos Membros de se utilizarem da tributação com fins protecionistas.

Capítulo 6

O PAPEL DA OMC NO PROCESSO DE APROXIMAÇÃO DAS ORDENS TRIBUTÁRIAS NACIONAIS

6.1 CONSIDERAÇÕES INICIAIS

Nos capítulos precedentes foram abordados temas importantes para o conteúdo deste capítulo conclusivo. Afirmou se a importância das OIs na cena internacional e sua vocação para a abordagem de temas transnacionais (capítulo 1). Destacou-se a estrutura, funções e objetivos da OMC e seu papel de proeminência na esfera internacional (capítulo 2). Abordou-se as relações entre comércio internacional e tributação e os meios tradicionais de harmonização tributária (capítulo 3). Tratou-se de analisar o conteúdo dos acordos da OMC, destacando-se as disposições com afetação tributária (capítulo 4). Analisou-se a jurisprudência paradigmática do MSC da OMC em termos de tributação, centrada no Caso FSC, enfatizando-se as envolvências resultantes entre comércio internacional e tributação internacional e as questões que se abrem dentro deste âmbito (capítulo 5). É chegada a hora, agora, neste capítulo 6, de abordar a questão central proposta como tese, qual seja a de demonstrar que a OMC, por meio de sua atuação concreta (evidenciada por seus acordos e decisões) e por conta da própria evolução das relações internacionais, possui um importante papel no processo de aproximação das ordens tributárias nacionais.

A afirmação que aqui se faz é a de que a OMC tem legitimidade e potencial para conformar-se como uma instituição harmonizadora das normas tributárias nacionais, de forma concorrente com outras instâncias que, apesar de não dedicadas especificamente à matéria tributária, a esta se relacionam por via indireta em razão de que seus objetos específicos afetam ou são afetados por questões de natureza tributária.

Evidenciada a impossibilidade de abordagem da matéria tributária num âmbito único (como se viu no capítulo 3), será demonstrado que o papel aqui proposto para a OMC – funcionar como instância de aproximação das ordens tributárias nacionais – resulta da confluência de alguns fatores: (i) a evolução do papel das organizações internacionais na disciplina da ordem mundial; (ii) o próprio conteúdo dos acordos abrangidos, que evidenciam a disposição dos Membros da OMC de neles incluir disposições de natureza tributária; (iii) a evolução do sistema multilateral do comércio em termos de atuação tendente à harmonização das leis nacionais; (iv) o cruzamento de lógicas distintas no direito internacional e a interdisciplinarização da atuação da OMC; (v) as inter-relações entre comércio internacional e tributação, traduzidas em questões de competência concorrente entre as duas esferas; e (vi) as mudanças nos conceitos de soberania, que desvigoram a ideia de um "poder de tributar" inalienável, indisponível.

Quanto aos dois primeiros fatores, já foram eles abordados com detalhes no capítulo 1 – onde se tratou, justamente, da crescente importância das OIs na conformação das condutas na cena internacional – e nos capítulos 4 e 5 – nos quais se demonstrou, mesmo que de forma não exaustiva, a ampla gama de disposições com afetação tributária nos acordos abrangidos e as grandes questões que elas suscitam na doutrina e na jurisprudência do MSC da OMC.

Os quatro fatores seguintes serão abordados no presente capítulo, porque expõem argumentos que são resultado, em grande parte, da confluência de aportes teóricos que foram expostos nos capítulos que precedem este capítulo conclusivo.

6.2 A EVOLUÇÃO DO SISTEMA MULTILATERAL DO COMÉRCIO EM TERMOS DE SUAS PRETENSÕES DE HARMONIZAÇÃO DAS LEIS NACIONAIS

Ao contrário de vários processos integrativos – como o da União Europeia –, o GATT 1947, que é um dos pilares principais do marco regulatório da OMC (em razão de sua incorporação pelo GATT 1994), não incluiu a harmonização das leis ou políticas nacionais de seus Membros como um de seus objetivos expressos. Com efeito, a política tradicional do regime multilateral do comércio sempre foi a de distanciar-se de qualquer medida que pudesse parecer uma intervenção nos assuntos internos de seus Membros; tanto é assim que seu mandato específico era contribuir para a "redução substancial das tarifas aduaneiras e de outras barreiras às permutas comerciais e à eliminação do tratamento discriminatório, em matéria de comércio internacional".[1]

Com o fim de cumprir este mandato, dois tipos de medidas eram visadas pelo GATT 1947: medidas adotadas nas fronteiras[2] e medidas internas que representassem discriminação entre produtos nacionais e estrangeiros ou entre produtos vendidos no exterior e vendidos no mercado doméstico.[3]

O que há de comum entre estas duas categorias de medidas proibidas é que ambas servem como barreiras artificiais ao livre fluxo do comércio internacional e como meios de proteção de produtores domésticos, sendo normalmente utilizadas com tais objetivos.

Em princípio, um Membro do GATT pode adotar qualquer política doméstica que quiser, desde que ela se aplique aos produtos nacionais e estrangeiros similares, sem discriminação baseada na origem destes produtos. Assim, pelo menos à época de vigência do GATT 1947, não havia aspirações dirigidas à harmonização ou aproximação das políticas domésticas dos Membros, mesmo havendo consciência de que, em muitos casos, as divergências entre estas políticas pudessem servir, elas mesmas, como barreiras comerciais.

O quadro mudou, entretanto, com a superveniência da OMC. Com o novo regime, para além da eliminação das barreiras artificiais

1. Preâmbulo do GATT 1947. Redação em português constante do Anexo da Lei n.º 313, de 30/07/1948.

2. Quanto às medidas de fronteira, elas podem ser divididas em impostos incidentes sobre as operações de comércio exterior (*tariffs*, na denominação do GATT) e barreiras de outras naturezas (*non-tariffs measures*). A exigência de impostos sobre o comércio exterior (no Brasil, impostos de importação e exportação), é tolerada pelo GATT, apesar de estar sujeita a negociações multilaterais destinadas à redução gradual e recíproca destas exações, em respeito à clausula NMF. Quaisquer outras restrições fronteiriças contra importações e exportações (sejam elas de natureza administrativa, tributária etc.), formalizadas por que meios forem (cotas, licenças etc.), são, em princípio, proibidas.

3. As medidas internas são regidas pela cláusula TN, que proíbe discriminação entre produtos nacionais e importados.

ao comércio, passou a haver preocupação, também, com a harmonização de políticas nacionais. É certo que tal harmonização não estava prevista expressamente no texto dos acordos abrangidos, mas ela acabou ocorrendo como um efeito prático da aplicação destes acordos, ou seja, como resultado do processo gradual de evolução do sistema.[4]

No princípio, a harmonização de certas regras e procedimentos específicos foi o resultado, apenas, da necessidade de eliminação de barreiras comerciais. Gradualmente, porém, a harmonização foi intencionalmente estendida, até alcançar normas e políticas domésticas, como o evidenciam os exemplos a seguir postos.

Um primeiro exemplo é a forma como as autoridades nacionais devem administrar a imposição de medidas *antidumping* e medidas compensatórias; a origem destas medidas está no artigo VI do GATT 1947, dispositivo este que, entretanto, apenas trata de listar as condições básicas para que as partes contratantes exerçam seu direito de impô-las.

Em princípio, a imposição de qualquer gravame pela importação de um produto em valor superior ao das *tariffs* negociadas é proibida pelo GATT. Porém as medidas *antidumping* e compensatórias são exceções a esta regra; e, como exceções, precisam estar muito bem delineadas, a fim de que se evitem os abusos. Neste sentido, ficou claro, desde há muito, que as regras básicas do GATT não eram suficientes e que regras mais detalhadas eram necessárias.

O primeiro passo foi dado com o Código *Antidumping* de 1967, que definiu alguns padrões procedimentais mínimos para a adoção de medidas *antidumping*. Os esforços continuaram com o Código *Antidumping* da Rodada de Tóquio e, finalmente, com o Acordo sobre *Antidumping* da Rodada Uruguai. As disposições destes acordos, em especial as deste último, enveredaram por detalhes meticulosos relativos tanto a aspectos procedimentais quanto materiais das medidas *antidumping*, definindo o que é *dumping*, o que deve ser investigado com o fim de determinação do respectivo dano, como se devem dar os procedimentos (está minudentemente detalhado o processo a ser seguido), de que modo medidas provisórias de caráter acautelatório

4. Arie Reich (2003) expõe os antecedentes que foram gradativamente levando a OMC a assumir uma posição mais ambiciosa que a de simplesmente expurgar medidas nacionais de caráter protecionista, na base do caso-a-caso. A autora bem expõe mudanças ocorridas no âmbito dos vários acordos abrangidos, que evidenciam a aspiração harmonizadora da OMC.

podem ser aplicadas e sob quais condições; enfim, de um longo texto, o Acordo *Antidumping* detalha em minúcias, sob os aspectos formal e material, a imposição de medidas *antidumping* pelos Membros da OMC. De modo similar, o Acordo sobre Subsídios e Medidas Compensatórias (ASMC) traz regras com nível de detalhamento muito similar, na parte que trata das medidas compensatórias.

O resultado prático deste nível de detalhamento destes acordos (em especial, como se disse, os da Rodada Uruguai: Acordo *Antidumping* e ASMC), foi o de que pouco foi deixado aberto para os regramentos nacionais; evidência disto é o fato de que as legislações que tratam do *antidumping* e das medidas compensatórias da maior parte dos Membros da OMC são muito similares. Por óbvio que se um Membro não quer se valer de medidas *antidumping* ou de medidas compensatórias, ele não precisa adotar qualquer legislação relativa à matéria; entretanto, se o fizer – e a prática mostra que, nos últimos anos, é crescente o número de países que o fazem –, deverá assegurar-se que suas leis e normas administrativas fiquem em conformidade com as disposições dos acordos firmados no marco da OMC. E assim tem sido, pois os países que têm implantado, depois da Rodada Uruguai, leis prevendo medidas de proteção comercial, o tem feito em clara consonância com os textos dos acordos abrangidos.

Assim, como se percebe, apesar de o objetivo original dos acordos abrangidos não ser a harmonização das legislações, mas a prevenção de abusos, a prática acabou atribuindo efeito harmonizador à atuação da OMC; uma harmonização induzida pelas obrigações assumidas, portanto compelida, mas ainda assim harmonização.

O mesmo efeito harmonizador pode ser constatado em relação a outros temas tratados nos acordos da OMC, como é o caso do regime de administração aduaneira. Enquanto na fase inicial do GATT a preocupação se concentrava sobre os níveis tarifários praticados pelos Membros, maior atenção passou a ser gradativamente dada às formas pelas quais as aduanas nacionais são administradas e seus direitos exigidos.

Em adição às disposições básicas do GATT a este respeito, há hoje diversos acordos adicionais nos quais a OMC lida com estas questões e que produzem o efeito prático de harmonizar as normas aduaneiras e as leis que tratam de importação dos Membros da Organização. Exemplo é o Acordo sobre Regras de Origem, que tem como um de seus objetivos expressos harmonizar as regras de origem usadas por todos os Membros da OMC.[5]

Até hoje, os países têm usado diferentes regras, com diferentes critérios, com o fim de determinar a origem de certos bens, o que, por vezes, ocasiona não apenas graves problemas de incompatibilidade, como também o uso destas diferentes regras como barreiras disfarçadas ao comércio internacional. Com o novo acordo, porém, foram estabelecidos alguns princípios básicos a serem observados por um "Programa de Trabalho de Harmonização", que deveria ter sido concluído em 1998, mas que teve este prazo prorrogado em face da complexidade do tema.[6]

Tal Programa de Trabalho ainda não foi concluído, mas já foram firmadas regras de transição que devem ser aplicadas pelos Membros até a entrada em vigor das novas regras harmonizadas (entre elas, estão a de que as regras de origem de cada Membro devem estar claramente definidas, a de que as regras de origem não podem ser utilizadas como instrumento de política comercial e a de que as regras de origem não podem, elas próprias, se conformarem como meios restritivos ou distorcivos do comércio internacional).[7]

O quadro mostra, também aqui, a transformação operada, no sentido da atribuição de um efeito harmonizador à atuação do regime internacional do comércio.

Outra área em que a superveniência da atuação harmonizadora do regime internacional comércio se mostra evidente é a das medidas sanitárias e fitossanitárias. Tais medidas são aquelas adotadas pelos Membros com o fim de proteger a vida e a saúde humana, vegetal e animal de riscos associados a pestes e doenças e assegurar a qualidade dos alimentos comercializados.

Do ponto de vista estrito do GATT, historicamente sempre foi reconhecido o direito das partes contratantes de tomar as medidas

---

5. Preâmbulo do Acordo sobre regras de Origem: "Os Membros, [..] Desejosos de harmonizar e tornar claras as regras de origem; acordam o seguinte: [...]" (Redação em português constante da Ata Final da Rodada Uruguai, apensada ao Decreto n.º 1.355, de 30/12/1994).

6. Ver informe "*Technical Information on Rules of Origin*", disponível no site da OMC na internet, no qual está sumarizada a evolução nos trabalhos relativos às regras de origem. (Disponível em: <http://www.wto.org/english/tratop_e/roi_e/roi_info_e.htm>. Acesso em: 15/11/2008).

7. Idem.

que consideravam necessárias para proteger a vida e a saúde humana, vegetal e animal, mesmo que tais medidas importassem em restrições comerciais. O artigo XX.b do GATT excetua estas medidas das obrigações do regime, mas observa que assim é desde que elas não se conformem como ações discriminatórias arbitrárias ou injustificáveis entre países ou como restrições disfarçadas ao comércio internacional. Assim, nesta fase inicial (do GATT), as medidas em questão eram, em regra, consideradas questões de política nacional e não havia intenção de harmonizar padrões nacionais.

Ocorre, porém, que com a Rodada Uruguai e com a superveniência do Acordo sobre Aplicação de Medidas Sanitárias e Fitossanitárias - SPS, o enfoque mudou. Tanto é assim que no preâmbulo do Acordo está expresso que os Membros: (i) intentam o "estabelecimento de um arcabouço multilateral de regras e disciplinas para orientar a elaboração, adoção e aplicação de medidas sanitárias e fitossanitárias, com vistas a reduzir ao mínimo seus efeitos negativos sobre o comércio"; (ii) reconhecem "a importante contribuição que podem proporcionar a esse respeito normas, guias e recomendações internacionais"; e (iii) desejam "estimular o uso de medidas sanitárias e fitossanitárias entre os Membros, com base em normas, guias e recomendações internacionais elaboradas pelas organizações internacionais competentes".[8] Ou seja, está claramente posta a intenção de harmonizar as medidas sanitárias e fitossanitárias.

Ademais, o artigo 3 do Acordo, intitulado "Harmonização", requer que os Membros definam suas medidas com base em padrões e recomendações internacionais, com o fim de harmonizá-las "da forma mais ampla possível".[9] Assim, medidas nacionais que não se coadunem com padrões internacionais, podem ser tidas como incon sistentes com os acordos abrangidos, obrigando os Membros que as adotarem a justificarem, cientificamente, a necessidade de suas imposições. Neste contexto, considerando-se a dificuldade, no mais das vezes, de produção da prova científica, os Membros têm um grande incentivo para a adoção de padrões internacionais reconhecidos como tal.

8. Preâmbulo do Acordo sobre a Aplicação de Medidas Sanitárias e Fitossanitárias. Redação em português constante da Ata Final da Rodada Uruguai, apensada ao Decreto n.º 1.355, de 30/12/1994.

9. Artigo 3.1 do Acordo sobre a Aplicação de Medidas Sanitárias e Fitossanitárias.

Os exemplos até aqui abordados, e que se referiram a alguns dos acordos abrangidos (*Antidumping*, Subsídios, Regras de Origem e Medidas Sanitárias e Fitossanitárias), não esgotam os casos que se poderia aqui elencar, mas são suficientes para demonstrar o modo pelo qual o regime internacional do comércio evoluiu de um enfoque limitado, não intervencionista, que se utilizava de doutrinas tradicionais do comércio internacional (embasadas numa visão isolada do princípio da não discriminação e das duas cláusulas em que se desdobra, a cláusula do tratamento nacional e a cláusula da nação mais favorecida), para uma abordagem claramente dirigida à harmonização dos princípios e normas nacionais.

Por óbvio que a harmonização promovida no âmbito da OMC tem vantagens e desvantagens, especialmente quando comparada com as harmonizações promovidas por outras organizações ou arranjos internacionais, especialmente aquelas que tratam de temas em relação aos quais os países não têm interesse específico na manutenção da divergência a ser expurgada; nestes casos, como todos os países sofrem os efeitos da falta de harmonização, a única dificuldade para a aprovação das medidas é a de demonstrar que as regras harmonizadas propostas são melhores que as regras nacionais (é o caso da harmonização de regras para transporte interfronteiriço, convenções destinadas à padronização de instrumentos contratuais etc.). No âmbito da OMC, porém, a situação é diversa, já que aqui se trata de uma harmonização de caráter, por assim dizer, instrumental, dado que voltada, antes de qualquer outra coisa, à viabilização do chamado *level playing field*, ou seja, da situação na qual a todos os Membros sejam disponibilizadas mesmas condições de concorrência no comércio internacional.

Mas o que é que a busca pelo *level playing field* traz de diferente a ponto de peculiarizar a harmonização no âmbito da OMC? Em situações de divergência entre legislações, há sempre um ou mais países que se favorecem da situação divergente existente, o que acaba resultando em uma vantagem dos produtores destes países sobre os dos demais; neste plano, portanto, não há interesse na harmonização, sendo ela considerada, até mesmo, afrontosa aos interesses nacionais. Mas é deste fato que, aparentemente de forma paradoxal, nascem tanto as desvantagens quanto as vantagens – e a própria peculiarização – da harmonização na esfera da OMC.

A principal desvantagem é a dificuldade que a situação acima posta traz para a viabilização das iniciativas de harmonização. Na medida em que tais iniciativas necessitam, no sistema da OMC, da aquiescência de todas as partes relacionadas, a única forma de obter a aceitação de uma parte desinteressada, convencendo-a a desistir de sua atual vantagem, é oferecendo-lhe algum tipo de benefício em troca da aceitação do acordo que a vinculará à medida harmonizadora. Mas aqui reside, também, a vantagem da OMC sobre outras instituições. É que ela tem a possibilidade, que outras instituições não têm, de oferecer outros benefícios às partes desinteressadas, de forma tal a tornar a medida harmonizadora, ao final e ao cabo, igualmente atraente para elas. É que em razão da variada gama de temas que estão sujeitos ao regime da OMC, o sistema pode oferecer um largo menu de possibilidades de barganha – incluídas aí as barganhas cruzadas, que envolvem interesses e temas diferentes numa mesma negociação – como instrumento de construção de consensos entre diferentes economias.

De forma complementar, não se pode esquecer que, alternativamente às concessões mútuas, os consensos também podem ser construídos por meio de pressão. Sim, porque em face da larga faixa de atuação da OMC, uma parte desinteressada em uma medida harmonizadora pode ser levada a acatá-la se colocada diante de uma situação em que benefícios de que desfruta possam vir a ser retirados em face de sua recalcitrância em aderir ao pacote negociado.

Em resumo, como se buscou demonstrar neste item, a OMC, dada a evolução de seus acordos e a própria direção tomada pelo sistema multilateral do comércio, já vem atuando como uma instituição harmonizadora de políticas e regras nacionais, tendo sua atuação ultrapassado o enfoque meramente não intervencionista, para incorporar preocupações com a harmonização daqueles princípios e normas. É claro que tal atuação se conforma a partir de objetivos específicos, bastante distintos daqueles visados por outras organizações internacionais com potencial harmonizador, e com base em instrumentos também bastante peculiares (inclusive a coerção, meio tão raro de atuação na cena internacional, pelo menos nos arranjos integrativos), mas é ela tão relevante quanto qualquer outra iniciativa harmonizadora hoje conduzida ao redor do mundo.

6.3 O CRUZAMENTO DE LÓGICAS DISTINTAS NO DIREITO INTERNACIONAL E A INTERDISCIPLINARIZAÇÃO DA ATUAÇÃO DA OMC

Como foi abordado no capítulo 1 deste trabalho, com o fenômeno da globalização, operou-se uma importante transformação no direito internacional, qual seja a relativa à fragmentação da abordagem de temas de importância para a sociedade internacional no âmbito da atual e intensa proliferação de organizações e tribunais internacionais destinados a temas específicos. Como resultado deste processo, lógicas distintas se desenvolveram como efeito da atuação destes diferenciados regimes e organizações, tornando críticas para o direito internacional as situações nas quais as soluções demandam a consideração conjunta das demandas e/ou especificidades de cada um deles.

As OIs têm sido desafiadas por estes novos desafios e demandas, no sentido de que precisam tratar seus temas específicos, que muitas vezes repercutem sobre temas que são objeto de outros arranjos, sem extrapolar seus mandatos e sem comprometer a efetividade de suas atuações, mantendo-se relevantes no cenário internacional.

A OMC tem sido especialmente atingida por estes novos desafios e demandas; e isto por duas razões principais: primeiro, o comércio internacional é um tema que se coloca na linha de frente dos interesses de Estados, empresas transnacionais, enfim, de toda a sociedade internacional; segundo, o próprio sucesso da Organização, que teve sua influência bastante ampliada ao longo do tempo (o que se deu, em grande parte, por conta dos interesses dos Estados – especialmente os países desenvolvidos – na liberalização do comércio internacional, e do fato de que a OMC municiou-se de um eficaz mecanismo de imposição das decisões de seu MSC, baseado no uso de retaliações comerciais).

No caso específico da OMC, porém, esta nova demanda convive com as divergências acerca de qual deveriam ser os limites de atuação da Organização. Tais divergências estão divididas em dois grupos principais: de um lado, existem os pleitos dirigidos à "interdisciplinarização" da atuação da OMC, e que representam reclames por maior amplitude nos temas abordados pela Organização; de outro lado, há os pleitos dirigidos à "contenção" desta atuação, e que se mostram, portanto, como reclames por menor amplitude nas abordagens da Organização. A particularidade comum e curiosa destes dois grupos de demandas é que ambos provêm tanto de opositores quanto de defensores do arranjo multilateral,[10] tanto de negociadores oficiais quanto de manifestantes de rua que se contrapõem à atuação da OMC.[11]

Entre os pleitos incluídos no primeiro grupo estão aqueles vinculadas à consideração, pela OMC – tanto seja no âmbito das negociações nela conduzidas, quanto seja na esfera das decisões de seu MSC –, de questões de alcance internacional, como tais: a proteção ao meio-ambiente, o combate à excessiva fluidez das operações ilegais transfronteiriças (tráfico de drogas e armas, contrabando, lavagem de dinheiro etc.), a coibição das práticas que atentem contra os direitos humanos, a mitigação das desigualdades entre os países, a ênfase no desenvolvimento etc.[12] Estes exemplos dão conta da torrente de demandas dirigidas à incorporação, na atuação da OMC, de preocupações externas à questão da liberalização comercial.[13]

Segundo David W. Leebron, esses pleitos resultam da convergência de duas forças: (i) primeiro, a ideia de que as normas que governam estas outras matérias afetam o comércio ou, inversamente, que mudanças no fluxo de comércio afetam aquelas normas; (ii) segundo, o crescente número de áreas substantivas que estão sujeitas a ações coordenadas internacionalmente ou acordos multilaterais. De fato, mesmo nos casos em que a conduta nestas áreas não afeta diretamente os fluxos de comércio, a criação de regimes formais para governá-los faz surgir a questão de como tais regimes poderiam ser relacionados ao regime do comércio e se, por exemplo, sanções comerciais não poderiam ser empregadas para obrigar o cumprimento de políticas ou acordos não comerciais.[14]

10. Esserman e Howse, 2003, p. 133.

11. Leebron, 2002, p. 5.

12. É farta a literatura acerca das demandas pela incorporação, pela OMC, de questões externas ao comércio internacional. Como exemplo, tem-se: MANSOOR, Farkhanda. "The WTO versus the ILO and the case of child labour." Web Journal of Current Legal Issues, [2004]2 (disponível em: <http://www.webjcli.ncl.ac.uk/2004/issue2/mansoor2.html#top>, acesso em: 01/06/2006); MARCEAU, Gabrielle. "WTO Dispute Settlement and Human Rights," Minnesota Journal of Global Trade, Vol. 10: 62, 2001, 62-82; BAL, Salman, "International Free Trade Agreements and Human Rights: Reinterpreting Article XX of the GATT," Minnesota Journal of Global Trade, Vol 10: 62, 2001, 83-108. TRACHTMAN, Joel P. "Trade and...Problems, Cost-Benefit Analysis and Subsidiarity". European Journal of International Law, 1997 (disponível em: < http://ssrn.com/abstract=10530>, acesso em 14/02/2006).

13. Thorstensen, 2001, p. 285-288.

14. Leebron, 2002, p. 5.

Tais pleitos de ampliação das temáticas da OMC também têm, entretanto, seus opositores. Rubens Ricupero, por exemplo, afirma que:

> [...] conceder prioridade aos temas não-comerciais teria quatro consequências desastrosas: haveria verdadeira sobrecarga do sistema, a ordem natural de prioridades seria invertida, os países que necessitam de maior liberalização precisariam recorrer a acordos bilaterais e regionais para ver os seus interesses atendidos e tudo indica que se assistiria ao perigoso aumento da hostilidade pública ao sistema que – é importante observar – provém quase exclusivamente da reação aos temas comerciais não-tradicionais.[15]

Os pleitos incluídos no segundo grupo têm caráter distinto, pois, como já se disse, buscam eles restringir, e não ampliar, a temática da OMC. Neste grupo tem-se os pleitos dirigidos a uma atuação mais estrita da Organização, e estão vinculadas a uma visão mais estatocêntrica das relações internacionais, o que, por extensão, representa a valorização das formas *power-oriented* de resolução de controvérsias e o reconhecimento às OIs de um papel residual, por assim dizer. Entre tais pleitos estão os vinculados à excessiva interferência das decisões do MSC nas ordens jurídicas internas (o que estaria a afetar as soberanias nacionais)[16] e à prática do "ativismo judicial" (ou seja, julgar além dos limites dos acordos abrangidos).[17]

É consenso que estes dois grupos de demandas, que como se disse têm origem tanto em defensores quanto em opositores do livre comércio, impõem enormes desafios à OMC, podendo-se dizer que a forma como a Organização os incorpora à sua atuação terá grande influência em sua existência, na manutenção ou ampliação de sua relevância na cena internacional, ou seja, na efetividade de suas ações.

Esta realidade, que não é só da OMC (apesar de nela, pela sua atual relevância, mostrar-se com mais ênfase), tem demandado esforços crescentes dos estudiosos das relações internacionais e do DI no sentido da identificação de meios de intensificação da efetividade

---

15. Ricupero, 2002, p. 7.
16. Spiro, 2000.
17. Esserman e Howse, 2003, p. 133.

não apenas das OIs em si, mas dos regimes internacionais como um todo.[18]

Não obstante, entretanto, tais construções teóricas acerca de qual devam ser os limites de atuação da OMC, verdade é que, do ponto de vista de uma leitura da prática das relações internacionais atuais, são indiscutíveis o poder e a posição de proeminência carreados pela Organização no âmbito de atuação dos sujeitos de DI. Por certo que este incremento exemplar da influência do arranjo multilateral se deu, como já se disse, em grande parte por conta dos interesses dos Estados desenvolvidos na liberalização do comércio internacional e do fato de que a Organização municiou-se de um eficaz mecanismo de imposição das decisões de seu MSC, baseado no uso de retaliações comerciais. Mas não é apenas em face da atenção dos interesses de determinados Estados e da existência de um mecanismo eficiente de cumprimento das decisões de seu MSC que a OMC potencializou sua participação na cena internacional. Em verdade, apesar do adensamento de juridicidade trazido pela OMC para o comércio internacional, sua atuação concreta demonstra a preocupação com a realidade de que não deixou ela de ter afetação política, evitando colocar-se numa posição puramente *rule-oriented* ou *power-oriented*.

Um efeito importante da posição de proeminência alcançada pela OMC na cena internacional é o de que isto gerou, e tem gerado, um impacto estrutural e normativo em outros RIs, que acaba se traduzindo na tendência de muitos destes RIs em acomodar as condicionantes da OMC em seus contextos específicos. Tal tendência de acomodação, entretanto, não se restringe ao âmbito dos RIs, estendendo-se à esfera dos Estados, que nos processos de formulação de suas políticas públicas e de sua produção normativa, tendem a, progressivamente, incorporar valores ou normas adotados pelo sistema multilateral do comércio.[19]

Tal realidade se justifica, do ponto de vista dos outros RIs, porque a acomodação serve à amenização das externalidades negativas associadas à atuação num contexto assimétrico (dominado por um ator específico), e também porque permite estabelecer vínculos com

18. Young (2000) e Sprinz (2000) fazem referência aos estudos correntes sobre o tema da efetividade das organizações internacionais. Sobre o assunto, ver capítulo 1, itens 1 e 2.

19. Kelly, 2006, p. 80.

um RI que possui um poder de imposição sem precedentes.[20] Do ponto de vista dos Estados, considerado o fato de que a não adesão ao arranjo multilateral do comércio já não é mais uma opção estratégica plausível, a acomodação serve aos objetivos de evitar litígios e retaliações comerciais e de colocar suas ordens jurídicas em consonância com a intensificação das relações comerciais internacionais.

De tal modo, percebe-se que, tanto em face da própria superveniência de lógicas distintas na cena internacional, quanto em razão da proeminência da OMC no contexto das OIs e dos pleitos de que sua atuação leve em conta questões externas ao comércio internacional, a Organização pode exercer, por esta via, um importante papel de indução na adoção de padrões e conceitos originalmente não incorporados aos seus objeto e objetivos precípuos.

Trata-se aqui, não de um papel de instância harmonizadora de políticas e normas nacionais – função que a OMC já vem assumindo de forma tácita ou expressa, como se viu em item anterior –, mas de adoção e disseminação de padrões interdisciplinares – de caráter técnico ou ético – no cenário internacional.

Nesta esfera de atuação, por óbvio, ganha relevo a convicção de que não é apenas por via de uma atuação *rule-oriented* que tal tarefa pode ser empreendida, ou seja, não será apenas no direito que o direito do comércio internacional, numa visão *kelseniana*, encontrará fundamento para, ao mesmo tempo, interdisciplinarizar sua atuação e manter íntegro o respeito ao mandato que lhe foi outorgado por seus Membros.

6.4 AS RELAÇÕES ENTRE COMÉRCIO INTERNACIONAL E TRIBUTAÇÃO

O processo de globalização, com a consequente redução das distâncias econômicas entre os países, traz enormes desafios para os sistemas tributários ao redor do mundo. São fenômenos correntes, nos dias de hoje, tanto as variações nos níveis de arrecadação tributária entre os países, quanto o surgimento de novas formas de incidência tributária destinadas a alcançar fatos da vida econômica que se renovam cotidianamente. Da mesma forma, as administrações tributárias

20. Leebron, 2002, p. 6-7.

nacionais multiplicam suas formas de controle com vistas a ter domínio da complexa realidade das operações negociais hodiernas.

A globalização tem tornado cada vez mais difícil a atividade estatal de "tributar". A dificuldade de atingir a ampla gama de atividades econômicas - sejam elas domésticas ou internacionais, tangíveis ou intangíveis -, tem levado a uma erosão da capacidade estatal de tributar e à necessidade de os Estados repensarem os meios de garantia de suas sustentabilidades fiscais.

Neste cenário, porém, é preciso ter cuidado com generalizações. Quando se analisa, por exemplo, a questão da relação entre comércio internacional e tributação, deve-se ter em mente que o tema admite várias abordagens, que não podem ter seus limites subestimados, sob pena de comprometimento da análise.

De início, importa perceber que, à margem das especificidades que gravam cada sistema e dos diferenciados alcances de cada um deles, os acordos internacionais que atualmente regem o comércio internacional e a tributação têm muitos objetivos comuns. Por exemplo, as regras internacionais que afetam o comércio e aquelas que se referem à tributação da renda (contempladas nos acordos para evitar a dupla tributação), intentam, num plano mais genérico, a remoção dos obstáculos ao movimento internacional de bens, serviços, capital, trabalho e tecnologia. Enquanto as regras internacionais do comércio contemplam com mais ênfase o movimento de bens e serviços, os acordos referentes à tributação da renda envolvem, especialmente, os fatores de produção (em especial, o capital).[21] Como bem ressalta Vanessa Hernández Guerrero, no âmbito do DI, "comércio e tributação empregam linguagens muito diferentes, ao mesmo tempo em que compartilham objetivos comuns: a promoção do comércio e dos investimentos".[22]

Afora o fato de que compartilham objetivos comuns, comércio internacional e tributação se inter-relacionam intensamente. E a mais básica destas inter-relações está dada pelo fato de que os tributos influenciam os fluxos comerciais. Com efeito, é elementar que as cargas tributárias dos diferentes países influenciam as decisões das empresas de investirem/produzirem aqui ou acolá, deixando de lado, por vezes, os critérios puramente econômicos de alocação de recursos.

21. Daly, 2005, p. 1.

22. Guerrero, 2004, p. 100.

Mas as questões ligadas às relações entre comércio internacional e tributação não se exaurem neste plano inicial. Outra questão de grande relevância está associada à afirmação de que a liberalização do comércio internacional está levando à erosão das bases tributáveis dos Estados, ou seja, de que o expurgo das barreiras ao livre comércio está induzindo a uma redução do poder dos Estados de tributar. Tal afirmação, frequentemente encontrada na literatura, é, entretanto refutada por alguns autores, que alegam que o efeito da liberalização do comércio não é o de erodir as bases tributáveis dos Estados, mas modificar os meios através dos quais os Estados tributam.[23] Evidência concreta desta afirmação é o fato, demonstrado pelas estatísticas da OCDE, de que entre 1965 e 2000, período de grande incremento do processo de liberalização do comércio internacional, a carga tributária nos países-membros daquela Organização apresentou crescimento em percentuais que variaram de 5% a 20%.[24] O que ocorreu, e tem ocorrido é, como se disse, uma alteração das formas de tributar por parte dos Estados, dentro das quais buscam compensar a redução das possibilidades de tributar determinados fatos (os capitais móveis, por exemplo), com a ampliação das incidências sobre outros fatos (propriedade sobre bens imóveis, por exemplo).

Esta forma de ver as relações entre comércio internacional e tributação tem a ver a chamada "teoria do desenvolvimento das estruturas tributárias" (*theory of tax structures developments*), desenvolvida nos anos 1970 por economistas interessados em entender como os sistemas tributários evoluíam ao longo do tempo. Segundo esta teoria, os sistemas tributários evoluem com o fim de adotarem as mudanças nas estruturas econômicas, e, neste sentido, a progressiva redução da tributação sobre o comércio exterior acabou redundando numa ampliação da tributação doméstica.[25] Assim é que os tributos sobre o comércio exterior, que já foram a maior fonte de arrecadação dos Estados, deixaram de ocupar tal posição nos dias de hoje (muito embora tais tributos ainda sejam importantes para alguns países menos desenvolvidos ou então para países cujas atividades econômicas girem primordialmente em torno de exportações de matérias-primas).

23. Foa, 2004.
24. OECD, 2002.
25. Tanzi, 2003.

Para além, entretanto, do fato de que os acordos internacionais relativos ao comércio internacional e à tributação compartilharem objetivos comuns e de induzirem a formas diferenciadas de tributação, as relações entre eles estão hoje reenfatizadas pelo fato concreto de que os Estados, com a ampliação dos mecanismos de controle do protecionismo comercial, têm lançado mão de artifícios tributários cada vez mais sofisticados com o fim de substituírem mecanismos de outra ordem, o que é feito, justamente, em face de que os Estados sentem-se mais a vontade para justificar um subsídio tributário, ou seja, uma exteriorização de uma de suas prerrogativas mais caras. Como bem afirmam Joel Slemrod e Reuven-Avi-yonah,

> [...] é largamente aceito que um acordo multilateral cobrindo apenas os tributos incidentes sobre o comércio exterior não seria suficiente para alcançar o livre comércio. Existe uma série de outras políticas que tem impacto restritivo no comércio, como tais regras discriminatórias para as compras públicas, regras administrativas associadas a medidas sanitárias e de saúde, restrições quantitativas (como cotas de importação), regras e procedimentos vinculados ao antidumping. O GATT faz distinção entre tributos sobre o comércio exterior (*tariffs*) e outros tipos de restrição, afirmando, como princípio, que estas, com algumas exceções, devem ser abolidas imediatamente; em contraste, o GATT reconhece que a redução dos tributos sobre o comércio exterior é uma meta a ser alcançada gradualmente, por meio de acordos entre as partes contratantes. De particular interesse entre as restrições não vinculadas aos tributos incidentes sobre o comércio exterior estão os subsídios, incluídos aí os subsídios à produção e à exportação, e os tributos internos, incluídos aí tanto os tributos diretos quanto os indiretos. (tradução nossa)[26]

As relações entre comércio internacional e tributação ficam, assim, bastante bem evidenciadas não apenas no plano teórico, mas tam-

26. Avi-yonah e Slemrod, 2001. Redação original: "It is widely accepted that a multilateral agreement covering tariffs only would not be sufficient to achieve free trade. There are a host of non-tariff policies which would have a trade restricting impact, such as discriminatory government procurement rules and procedures, administrative procedures such as health and sanitary regulations, quantitative restrictions such as quotas, anti-dumping rules and procedures. The GATT distinguishes between tariffs and other kinds of restrictions, holding that the latter, as a matter of principle, and with exceptions, are to be abolished forthwith; in contrast, the reduction of tariffs was recognized as a goal to be achieved gradually via agreements among contracting parties. Of particular interest among non-tariff barriers to trade are subsidies, including both production subsidies and export subsidies, and taxes, including both indirect and direct taxes".

bém no plano prático, e isto por via dos desdobramentos do Caso FSC. Como já se viu, o Caso FSC, além de expor concretamente o conflito gerado pela confrontação dos sistemas tributários dos EUA e dos países das CE, é representativo de muitas questões abertas que dizem respeito à aplicação das regras da OMC aos sistemas tributários dos Membros da Organização. E o que estas questões abertas põem em relevo, independentemente das respostas que a elas se dê, é a impossibilidade, já hoje, de dissociar-se tributação de comércio no plano internacional.

6.5 AS REPERCUSSÕES TRIBUTÁRIAS DOS ACORDOS E DECISÕES DA OMC E O PODER ESTATAL DE TRIBUTAR

Quando se fala em repercussões tributárias dos acordos e decisões da OMC, é preciso ter em conta, de início, o fato concreto de que a tributação não é o foco central no marco normativo da Organização. Em verdade, não apenas do ponto de vista de suas atribuições institucionais expressamente firmadas nos acordos abrangidos, como também do que tem exteriorizado seu MSC, não é objetivo da OMC interferir no poder estatal de tributar. Ao contrário, o MSC vem afirmando, de forma reiterada, que os Membros são livres para adotarem o sistema tributário que entenderem mais adequado, desde que o façam sem fins protecionistas. Por exemplo, no caso "*Japan – Alcoholic Beverages*", assim se manifestou o MSC:

> [...] Os Membros da OMC são livres para perseguir seus próprios objetivos nacionais mediante a tributação ou as regulamentações internas sempre e quando não o façam de maneira que infrinjam o disposto no artigo III ou qualquer outro compromisso contraído no marco do Acordo da OMC. (tradução nossa)[27]

No mesmo sentido, o afirmado no caso "*Chile – Alcoholic Beverages*":

> Os Membros da OMC possuem faculdades soberanas para determinar a base ou bases sobre as quais tributarão merca-

27. WT/DS8/AB/R, WT/DS10/AB/R, WT/DS11/AB/R, página 20. Redação original: "[...] Members of the WTO are free to pursue their own domestic goals through internal taxation or regulation so long as they do not do so in a way that violates Article III or any of the other commitments they have made in the WTO Agreement"".

> dorias tais como, por exemplo, as bedidas alcoólicas destiladas, e para classificar, em consequência, estas mercadorias, sob condição, por óbvio, que sejam respeitados seus compromissos no marco da OMC. A referência que figura na segunda frase do parágrafo 2 do artigo III do GATT de 1994 a que "não esteja sujeito a um imposto similar" não constitui em uma proibição da classificação das mercadorias com fins fiscais e regulamentares que os Membros tenham fixado para si mesmos como legítimos e desejados. Os Membros da OMC são livres para tributar as bebidas alcoólicas destiladas com base em seu conteúdo de álcool e de seu preço, desde que a classificação fiscal não se aplique de maneira tal que se proteja a produção nacional frente às importações. O conteúdo de álcool, como qualquer outra base ou critério tributário, está sujeito à norma jurídica consagrada no parágrafo 2 do artigo III do GATT de 1994. (tradução nossa)[28]

Igualmente, no caso "*EUA - Foreign Sales Corporation*", assim se manifestou o MSC:

> [...] Em princípio, um Membro tem a potesdade soberana de tributar qualquer categoria de ingressos que deseje. Também tem a liberdade de não tributar determinadas categorias de ingressos". Mas, nos dois casos, o Membro deve respeitar suas obrigações junto à OMC. [...] (tradução nossa)[29]
>
> [...] não há nenhuma categoria de ingressos, sejam auferidos no exterior ou no país, que os Membros da OMC estejam obrigados a tributar conforme as normas da OMC [...] (tradução nossa)[30]

---

28. WT/DS87/AB/R, WT/DS110/AB/R, item 60. Redação original: "60. Members of the WTO have sovereign authority to determine the basis or bases on which they will tax goods, such as, for example, distilled alcoholic beverages, and to classify such goods accordingly, provided of course that the Members respect their WTO commitments. The reference in Ad Article III:2, second sentence, of the GATT 1994 to "not similarly taxed" is not in itself a prohibition against classifying goods for revenue and regulatory purposes that Members set for themselves as legitimate and desirable. Members of the WTO are free to tax distilled alcoholic beverages on the basis of their alcohol content and price, as long as the tax classification is not applied so as to protect domestic production over imports. Alcohol content, like any other basis or criterion of taxation, is subject to the legal standard embodied in Article III:2 of the GATT 1994".
29. WT/DS108/AB/R, item 90. Redação original: "A Member, in principle, has the sovereign authority to tax any particular categories of revenue it wishes. It is also free not to tax any particular categories of revenues. But, in both instances, the Member must respect its WTO obligations".
30. WT/DS108/AB/R, item 98. Redação original: "Members of the WTO are not obliged, by WTO rules, to tax any categories of income, whether foreign- or domestic-source income".

Como se percebe, a afirmação do poder estatal de tributar vem sendo reiterada ao longo do tempo pelo MSC, não havendo, tanto nos acordos abrangidos quanto na jurisprudência da Organização, qualquer orientação no sentido da adoção de um sistema tributário específico ou de uma matriz tributária com feições pré-determinadas. Mesmo o fato de um dos grandes doutrinadores do direito do comércio internacional, Ernst-Ulrich Petersmann, ter afirmado, numa declaração célebre, que o GATT 1947 era, antes de qualquer outra coisa, um acordo de natureza tributária, infirma o dito. É que a manifestação de Petersmann buscava evidenciar, naquele momento de vigência do GATT 1947, a natureza em si do acordo, que nada mais era que um arranjo destinado a reduções tarifárias de feições claramente tributárias. Porém, mesmo naquele contexto mais limitado, afirmar que o GATT 1947 tinha natureza tributária representava enfatizar antes os meios, e não os fins institucionais do arranjo internacional. Com efeito, se as medidas tendentes à liberalização do comércio se limitavam às incidências tributárias vinculadas ao comércio exterior, isto se dava porque aquele era o acordo possível depois da malograda tentativa de criação da OIC.

Assim, não se pode afirmar a existência de pretensões da OMC dirigidas a interferências nas ordens tributárias nacionais. O que há, e isto sim, é um esforço da Organização no sentido de preservar a busca pelo livre comércio num mundo onde os mecanismos protecionistas de natureza tributária de há muito deixaram de ser exceção. Neste sentido, sua atuação apenas indiretamente alcança outros temas que não especificamente o comércio internacional. As repercussões indiretas são, entretanto, inevitáveis, porque o fluxo internacional de bens e serviços é influenciado, em não poucos casos, por medidas de variada ordem, como regulamentações administrativas, imposições tarifárias e incidências tributárias. Assim, os efeitos das decisões da OMC em áreas distintas se dão apenas com o fim do expurgo daquelas medidas, naquilo que elas têm de restritivo ao livre fluxo do comércio internacional.

De tal sorte, as medidas tributárias acabam escrutinadas na OMC não porque são medidas tributárias, mas porque estabelecem tratamentos detrimentosos ao livre comércio. Mas esta é uma área onde os desafios postos à OMC são de grande monta. É que se por um lado é obrigação dos Membros não se utilizarem de mecanismos protecionistas, e aí se incluem os de natureza tributária, por outro é preciso ter em conta a ainda não superada formulação de que o "poder de tributar" é uma das mais típicas prerrogativas do poder soberano dos Estados.

De qualquer modo, é preciso ter em conta tudo o que já expôs no capítulo 3 deste trabalho acerca das mudanças nos contornos da soberania estatal e do poder de tributar. Como lá se firmou, apesar de o conceito de soberania ter sofrido importantes mudanças nas últimas décadas, elas não são de ordem tal a superar a noção de soberania como expressão maior do Estado moderno, mas abrem campo para a legitimação da atuação de outros entes na cena internacional. No mesmo sentido, a revisada noção de soberania, faz com que várias prerrogativas estatais que nela encontram fundamento, passem a ganhar, igualmente, novos sentidos, como é o que ocorre, no plano do direito tributário, com o "poder de tributar".

De que o "poder de tributar" é uma das mais importantes e típicas prerrogativas de um Estado soberano, não há dúvidas, porém é preciso repensar seus limites, pelo menos no sentido de torná-lo apto a bem fundamentar as formas pelas quais o Estado atual impõe as exações tributárias e se integra na cena internacional. Em outras palavras, a preservação irrestrita do poder de tributar não se coaduna com a integração internacional.

Não se vai aqui repetir todo o percurso, demonstrado no capítulo 3, que leva o poder de tributar a ganhar novos contornos, adequados à nova visão de soberania de que já se tratou no capítulo 1. O que importa aqui relembrar, entretanto, é que aquilo que no capítulo 3 se denominou de "visão tradicional do poder de tributar", encontra fundamento apenas numa visão de soberania segundo a qual há prerrogativas previamente definidas ao Estado, as quais seriam inalienáveis ou indisponíveis. Porém, como já se abordou no capítulo 1, a partir dos aportes de Luigi Ferrajoli, o conceito de soberania está se transmutando, deixando de ficar associada a prerrogativas estanques e pré-definidas, para passar a representar um novo paradigma: o de que a soberania não exige autonomia econômica ou legislativa como requisito fundamental de sua legitimação, o que faz com que seja perfeitamente admissível que um Estado possa rotineiramente abrir mão de parcelas de suas autonomias econômica e legislativa em troca de ganhos econômicos políticos ou geopolíticos em outros contextos.

Esta nova visão não nega o papel dos Estados como principais atores da cena internacional, não nega a existência de soberania e não nega a caracterização do "poder de tributar" como prerrogativa estatal, mas sim afirma que não há na ideia de soberania e nem nas prerrogativas do Estado como unidade política, empecilho a que o poder de tributar seja objeto de *tradeoffs* na esfera internacional.

O que isto traz de consequências para a atuação das OIs, em geral, e para a OMC, em particular, é que mesmo considerando-se a mudança no *status* do poder de tributar – que continua a ser visto como prerrogativa inerente, mas não como prerrogativa inalienável ou indisponível do Estado -, continua ele a impor desafios às OIs no que tange aos arranjos internacionais que se refiram, direta ou indiretamente, à tributação. E que desafios são estes, neste novo contexto?

É preciso ressaltar que as mudanças nos conceitos de soberania e de poder de tributar não alteraram o fato de que a tributação continua a ser uma prerrogativa vinculada ao próprio financiamento do Estado e se conforma como um dos instrumentos mais eficazes de gerenciamento das políticas públicas. Em razão disto, pode-se concluir que tal prerrogativa funciona como um importante limitador para as a atuação das OIs, naquilo que representem demandas por eventuais adequações nas ordens tributárias de seus membros. É que não se pode perder de vista o fato de que, quando se está a tratar da imposição tributária, a atitude dos Estados, no âmbito das relações internacionais, continua a ser de, em não raras vezes, obstaculizar ou dificultar a adoção de medidas que restrinjam suas prerrogativas.[31] Nestes termos, resta reforçada a necessidade de o MSC da OMC ter em conta as especificidades e dificuldades vinculadas ao tratamento das questões que envolvam matéria tributária.

Alguns autores têm se detido sobre esta delicada interrelação. A mais importante contribuição – e também uma das mais discutidas na doutrina internacional – foi dada por Paul McDaniel, que ao

31. É também Augusto Fantozzi quem cita alguns exemplos deste comportamento recalcitrante dos Estados: "os acordos de colaboração, assistência e sobre troca de informações têm sido interpretados e aplicados restritivamente pelas administrações preocupadas em proteger os produtos de arrecadação derivados de não residentes no próprio território"; "o interesse fiscal dos Estados individuais e numerosos problemas de produto de arrecadação desencadearam fenômenos de concorrência fiscal danosa (...)"; "basta pensar no princípio de unanimidade sobre as questões fiscais que se traduz em um direito de veto que a União Européia não conseguiu ainda remover" (Fantozzi, 2003, p. 24).

analisar a jurisprudência da OMC em matéria tributária – mais especialmente o Caso FSC –, defendeu a tese de que as decisões do MSC, muito embora representassem importante interferência na competência impositiva dos Estados, não se traduziam em demandas por modificações naquilo que ele chama de estrutura normativa básica das ordens tributárias nacionais. Para o autor, a OMC apenas se manifesta sobre questões relacionadas com incentivos fiscais e medidas distorcivas do livre comércio, que seriam matéria de direito financeiro, mas não sobre a estrutura das imposições fiscais, em suas várias dimensões: base de cálculo, sujeição passiva, alíquotas, critérios de apuração etc. Assim, para o Autor, não haveria interferência dos acordos e decisões da OMC sobre a competência impositiva tributária dos Estados.[32]

A tese de Paul McDaniel, como se disse, tem opositores de peso, mas a principal objeção que se pode fazer em relação a ela é a de que, apesar de sua afirmação de que as decisões da OMC não interferem na estrutura normativa básica das ordens tributárias nacionais, no Caso FSC, por exemplo, algumas das questões que acabaram sendo amplamente discutidas foram sujeição passiva tributária (em face da confrontação entre tributação universal e tributação territorial) e base de cálculo do tributo (em razão de que os incentivos fiscais eram parcialmente concedidos a partir de reduções da base imponível); tais questões, por óbvio, se colocam dentro do que o autor chama de estrutura normativa básica das ordens tributárias, dado que se conformam como dois dos elementos que definem as dimensões de qualquer exação tributária.

Não bastasse isto, outra contraposição a ideia de Paul McDaniel vem, justamente, do próprio conteúdo dos acordos abrangidos e das decisões do MSC da OMC. Com efeito, como se viu em capítulos anteriores deste trabalho, o GATT/1994, o Acordo sobre Subsídios e Medidas Compensatórias (ASMC) e o Acordo sobre Serviços (GATS), dentre outros dos acordos da OMC, trazem disposições tão amplas do que sejam medidas obstaculizadoras do comércio internacional, que no final das contas é inevitável o enfrentamento da delicada questão da divisão de prerrogativas entre o Membro da OMC e a própria OMC. Em outras palavras, como os acordos

32. McDaniel, 2004.

abrangidos ampliaram em muito o alcance daquilo que se deve ter por medidas distorcivas do comércio internacional, reduzida resta a autonomia dos Membros de, soberana e unilateralmente, produzir sua legislação interna. E isto é verdade para medidas de variada ordem, entre tais as medidas tributárias, que aparecem contempladas em várias disposições, atingindo indistintamente tributos diretos e indiretos.

É assim que se volta às ideias de Oran R. Young, segundo as quais as OIs atuam numa via de mão dupla com os Estados; e isto mesmo em relação a questões mais proximamente ligadas à soberania estatal. É que não parece legítimo que os Estados voluntariamente se agreguem ao arranjo multilateral destinado à difusão do livre comércio, e paradoxalmente se utilizem de uma de suas prerrogativas soberanas para fomentar medidas protecionistas.

De outro lado, é importante enfatizar que apesar de se estar hoje num ambiente internacional de progressiva interdependência, os acordos internacionais ainda representam manifestações voluntárias dos Estados soberanos, não se podendo afirmar, acompanhando-se aqui a posição de André Lipp Pinto Basto Lupi (já abordada no capítulo 1), que ao transferir/delegar parte se suas prerrogativas a um ente intergovernamental ou supranacional (mesmo aquelas historicamente consideradas mais típicas, como o "poder de tributar"), esteja o Estado subtraindo sua soberania.

Ocorre, entretanto, que para esta questão tem relevância aquele que é um dos grandes problemas associados à atuação das OIs, qual seja o da possibilidade de extrapolação, por parte destas OIs, dos mandatos que lhe foram concedidos pelos Estados. E tal problema ganha importantes contornos, porque é da natureza dos processos de confecção dos acordos internacionais, que estes sejam redigidos, no mais das vezes, em termos vagos, genéricos, como resultado de negociações sempre eivadas de dificuldades políticas e de diferenças em termos de interesses e valores dos Estados. Assim, dada a reconhecida vagueza dos textos dos acordos, não é mesmo improvável que as OIs, ao tratarem de casos concretos, acabem, sob a ótica deste ou daquele Estado, extrapolando os limites daqueles acordos. É este tipo de problema que acaba gerando alegações, especificamente no caso da atuação da OMC, de que estaria ela promovendo, por via das decisões de seu MSC, excessiva interferência nas ordens jurídicas internas, o que estaria a afetar as soberanias nacionais,[33] ou de que estaria praticando o chamado "ativismo judicial", ou seja, julgar além dos limites dos acordos abrangidos.[34]

De qualquer modo, o que se pode concluir dos aportes até aqui colecionados, é que não há fundamento jurídico que sirva para invalidar a atuação das OIs em matéria tributária, mesmo aquela represente interferências na legislação interna dos Estados. Isto não representa afronta à soberania dos Estados, mas antes cumprimento de mandato concedido por via de negociações internacionais depois formalizadas em acordos internacionais. Apenas, por óbvio, a evidenciação de que as OIs operaram para além dos mandatos que lhe foram concedidos é que se poderia pensar em afronta às soberanias estatais.

Assim é que a interferência dos acordos abrangidos e das decisões do MSC da OMC sobre as ordens tributárias nacionais é juridicamente possível, em face não apenas de que artifícios tributários de variada ordem são utilizados para fins de protecionismo comercial, mas também porque este é um custo da integração a ser suportado pelos Membros (o de adequar suas ordens internas aos acordos internacionais aos quais voluntariamente se agrega).

6.6 A OMC COMO VIA DE APROXIMAÇÃO DAS ORDENS TRIBUTÁRIAS NACIONAIS

A OMC, apesar de ser uma OI destinada à difusão do livre comércio internacional, acaba imiscuindo-se em matéria tributária, em face do uso de mecanismos protecionistas de natureza tributária por parte dos Estados. E isto está legitimado pelos seguintes fatos: (i) o grande número de disposições nos acordos abrangidos tratando, direta ou indiretamente, de tributação; (ii) o expressivo número de Membros da OMC (Membros estes que, automaticamente, aderem à íntegra dos acordos abrangidos); e (iii) o alto grau de cumprimento das decisões do MSC, mesmo aquelas relativas à matéria tributária.

No exercício do mandato que lhe foi concedido por seus Membros, a OMC atua sobre matéria tributária, como se viu no capítulo 4, de quatro modos distintos: (i) no âmbito das negociações que levam

33. Spiro, 2000.

34. Esserman e Howse, 2003, p. 133.

à formulação dos acordos que compõem seu conjunto normativo, com a criação de disposições que se aplicam, direta ou indiretamente, à tributação (atuação normativa); (ii) por via de seu MSC, no qual medidas tributárias concretamente adotadas por seus Membros são analisadas do ponto de vista de sua conformidade com os acordos abrangidos (atuação corretiva/punitiva); (iii) por meio da monitoração constante das políticas comerciais dos Membros, prevista no Mecanismo de Revisão das Políticas Comerciais (atuação preventiva); e (iv) na esfera dos procedimentos que antecedem o ingresso de um novo Membro (também uma forma de atuação preventiva).

Como se vê, há um minucioso e constante monitoramento das políticas comerciais dos Membros, o que faz com que os Estados, diante do interesse de preservarem o arranjo multilateral e de nele se manterem, acabem induzidos a moldarem suas ordens jurídicas no sentido de que continuamente se coadunem com os compromissos assumidos junto à OMC. É por conta disto que os acordos abrangidos e as decisões do MSC da OMC constituem-se em importante meio de aproximação das ordens tributárias nacionais que, apesar de não estar instituído de modo formal e direto como tal, opera de modo informal e indireto e com amplas possibilidades de, em alguns casos, ser mais efetivo que muitas das tentativas formais de aproximação tributária conduzidas por meio de tratativas isoladas dos Estados entre si (em arranjos bilaterais ou acordos regionais de integração econômica) com base em iniciativas conduzidas por organizações de menor representatividade e alcance (como é o caso da OCDE), ou pelo menos de, em relação a estas, atuar de forma mutuamente complementar na construção de um verdadeiro regime internacional da tributação. Não há possibilidades, hoje, de construção de um regime internacional de tributação que exclua, como fontes legítimas, a atuação de outras OIs cujos objetos sejam influenciados por medidas tributárias.

Isto fica reenfatizado pelo limitado alcance que os acordos internacionais relativos à tributação têm, pelo menos quando comparados aos acordos internacionais multilaterais. Para que se fique aqui numa só limitação, basta lembrar que os acordos para evitar a dupla tributação são, por natureza, bilaterais, o que faz com que seus efeitos sejam mais restritos: além de não favorecem a disseminação de *standards* (posto que são formalizados, em regra, por apenas dois países), acabam não sendo veículos eficazes para a difusão do princípio da não discriminação na plenitude em que ele o é nos acordos multilaterais; enquanto que no caso dos acordos da OMC, por exemplo, o princípio da não discriminação se desdobra em duas cláusulas, a TN e a NMF, não faz sentido falar em cláusula NMF nos acordos bilaterais (dado que só se tem dois Membros), que ficam, assim, restritos ao princípio da não discriminação aplicado em apenas um de seus corolários.[35]

Diante do conjunto dos acordos abrangidos e das decisões do MSC da OMC, percebe-se que apesar de os objetivos da Organização estarem estritamente vinculados à difusão do livre comércio, certo é que em razão do uso de mecanismos protecionistas de natureza tributária por parte dos Estados, acaba sendo inevitável que os tributos sejam escrutinados neste foro. E não há como ser diferente, pois não é razoável que um Estado busque proteção em suas pretensas prerrogativas soberanas vinculadas ao poder de tributar, para justificar o uso dos tributos com fins de promover o protecionismo que ele voluntariamente concordou em combater quando de seu acesso à OMC.

O Caso FSC é um exemplo de que à OMC podem ser submetidas questões que tenham interferências em outras esferas de competência. Pode-se dizer, em linhas sumárias, que a Organização pode exorbitar de suas prerrogativas não apenas por meio da via mais evidente, que é a simples extrapolação dos termos dos acordos firmados em seu âmbito, como também por outros modos, como tais: (i) não considerar os conflitos entre a sua atuação e a de outras OIs (um exemplo concreto é a divergência suscitada entre as decisões da OMC que vedam os subsídios tributários à exportação e as indicações do Fundo Monetário Internacional, dirigidas em especial aos países em desenvolvimento, no sentido do uso de exonerações tributárias justamente para ampliar a base exportadora);[36] (ii) avançar sobre matérias que seriam melhor resolvidas no âmbito das negociações diretas entre os países;[37] (iii) adotar posições que conflitem diretamente com prerrogativas estatais que estão na base da ideia de soberania.

35. Avi-yonah e Slemrod, 2002, p. 545.

36. Stewart, 2002, p. 23.

37. Charnovitz (2000) explicita que uma das principais críticas que se faz à atuação do MSC da OMC é que é ele excessivamente legalizado e judicializado, deixando pouco espaço para a atuação diplomática que existia à época do GATT.

Em relação a estas duas últimas hipóteses, vale mencionar o que diz Gregory Lubkin acerca daquilo que ele entende ser uma tentativa, mesmo que involuntária da OMC, de se transformar, por vias indiretas, em uma verdadeira corte tributária internacional e, com isso, influir nos complexos processos de harmonização tributária internacional. Ao comentar os efeitos da decisão da OMC no Caso FSC, alerta aquele autor para a posição particularmente agressiva adotada, consistente na afirmação, por parte da Organização, de sua autoridade e competência técnica para avaliar intrincados sistemas tributários. Argumenta Lubkin, ademais, que:

> [...] de modo geral, a pretensa habilidade/competência da OMC para tornar-se o sistema judicial mundial para a apreciação de contestações contra sistemas tributários nacionais, deveria considerar que governos e empreendimentos comerciais ainda não estão prontos para um órgão supranacional que dite políticas tributárias nacionais. Embora muitos países tenham aderido a uma ou mais organizações comerciais multilaterais, provavelmente muito poucos deles esperavam que interpretações imprevistas de leis comerciais pudessem automaticamente se sobrepor a suas leis tributárias internas, sempre que dois regimes legais entrem em conflito.[38]

Defende Lubkin que a OMC atente para os fatos de que a tributação é uma matéria que está no centro da ideia de soberania nacional e de que transformar seu MSC em uma verdadeira corte tributária internacional representaria a tentativa de induzir a um processo de harmonização tributária que ainda está longe de ocorrer no mundo (lembra ele que mesmo dentro das CE a harmonização de tributos diretos está longe de terminar e que os países europeus mantêm dezenas de disposições legais tributárias destinadas a favorecer suas posições na competição internacional).[39]

A preocupação de Lubkin tem alguma razão de ser, quando se percebe que os processos de aproximação tributária são mesmo extremamente complexos e demandam tempo, competência técnica e vontade política, o que justifica, inclusive, a existência de instituições e esforços especificamente destinados à consecução desta tarefa. Ocorre, entretan-

38. Lubkin, 2002.
39. Lubkin, 2002.

to, que como já antes se viu ao longo deste trabalho, a tributação tem uma exacerbada função extrafiscal ao redor do mundo, imiscuindo-se como meio de intervenção dos Estados em vários outros temas relevantes e caros para a sociedade internacional contemporânea. Nestes termos, não parece razoável que as repercussões tributárias sobre estes outros temas sejam escrutinadas apenas em foros especificamente tributários.

É claro que quando se fala em tributação, há que se ter em mente que além de o poder de tributar ser tido como uma das prerrogativas mais caras da soberania estatal – o que torna os Estados pouco receptivos à ingerências sobre sua competência de impor unilateralmente seu sistema tributário –, tem-se o fato concreto de que os tributos deixaram de ser, de há muito, meros instrumentos de arrecadação dos recursos financeiros necessários à operacionalização da máquina pública; com efeito, o uso extrafiscal da tributação tem sido uma importante ferramenta de viabilização de políticas públicas, sendo difícil identificar país que não lance mão desta via.

É preciso perceber, entretanto, que apesar de tocar num ponto nevrálgico da divisão de prerrogativas entre a OMC e os Estados, o relacionamento entre as normas do comércio internacional (normas internacionais) e da tributação (normas domésticas) traz à tona um problema antigo, para o qual o Direito Internacional ainda tem respostas insuficientes, qual seja o relacionado com as discrepâncias entre os sistemas tributários nacionais, num mundo onde as trocas internacionais, da mais variada ordem, foram bastante intensificadas. E este não é, diga-se, um problema afeto apenas à tributação.

A internacionalização das relações é uma característica dos tempos atuais, e que traz para os entes públicos e privados a obrigação cotidiana de adequarem suas condutas à multiplicidade de situações inerentes à interação entre culturas e ordens econômicas, sociais, políticas e jurídicas distintas. Um dos resultados principais destas adequações é a superveniência de novas óticas e de novos institutos jurídicos, traduzidos em novas formas negociais e novos instrumentos legais, destinados a propiciar incentivo e fluidez às operações transnacionais[40], de forma conciliada com a preservação do papel dos Estados no exercício das prerrogativas que lhes são típicas.

40. Muito embora se tenha superado, no tempo, a crença liberal do "mundo melhor para todos", há hoje uma inconteste prevalência da ideia de que, apesar de a associação crescimento econômico e

Na esfera restrita do Direito Tributário, um dos grandes desafios atuais relacionados com a atuação internacional dos agentes econômicos privados, é o de preservar o equilíbrio na repartição das bases tributáveis entre os Estados, sem que com isto reste obstaculizado, direta ou indiretamente, o curso das operações privadas multiconectadas. E para o enfrentamento deste desafio, a comunidade internacional vem trabalhando sobre figuras jurídico-tributárias de extrema importância para o Direito Internacional Tributário, como tais os preços de transferência e os acordos para evitar a bitributação.

Estas duas figuras não se confundem, têm natureza jurídica e objetivos específicos, mas guardam relações recíprocas na medida em que estão envolvidas com o delicado balanceamento entre dois interesses tão distintos quanto relevantes: o dos particulares, de não verem suas operações internacionais obstaculizadas e seus lucros tributados por mais de um Estado, e o dos próprios Estados, de evitar a corrosão de suas bases tributáveis. Do ponto de vista prático, o principal problema que resulta deste balanceamento de interesses públicos e privados, no âmbito restrito das influências recíprocas entre preços de transferência e acordos de bitributação, é o de que os ajustes promovidos nos preços de transferência adotados nas transações internacionais entre entes interligados, pode dar margem à indesejada dupla imposição tributária.

Está aí posta uma realidade bastante atual. De um lado, há o movimento das sociedades e das pessoas no sentido de estruturarem suas operações de forma a tirarem proveito de regimes tributários menos onerosos, contando para isto, entre outras medidas, com a definição de preços de transferência que sirvam para ampliar seus resultados em Estados com tributação menos gravosa e reduzir tais resultados em Estados com tributação mais gravosa, bem como de ver tais movimentos colocados a salvo da bitributação. De outro lado, esta dispersão da atuação das empresas na cena internacional impõe aos Estados ações constantes, destinadas a evitar o artificial deslocamento dos lucros das empresas para outros Estados com tributação mais favorecida e a consequente preservação de suas bases tributáveis.

livre comércio mostrar-se algo desuniforme e imprevisível, é na liberalização das trocas internacionais que se assenta o caminho para o desenvolvimento mundial (Barral, 2002, p. 9-10).

A comunidade internacional, como já se disse, vem de há muito se preocupando com o problema. Tanto assim que as convenções-modelo destinadas a evitar a bitributação (dentre as quais se destacam a da Organização de Cooperação e Desenvolvimento Econômico – OCDE e a da Organização das Nações Unidas – ONU), que têm sido gestadas ao longo de décadas[41], incorporam dispositivos que tratam de tentar conciliar suas regras com as regras dos preços de transferência. Mas esta é uma tarefa ainda em curso.

É preciso perceber, entretanto, que para além destas tentativas, formalmente postas, de conciliação da atuação tributária dos Estados, há outras que se constroem no âmbito de cenários distintos, operadas sob óticas igualmente distintas. É o que ocorre, limitando-se a abordagem aqui à tributação, quando se passa a ver contemplada a matéria tributária em tratativas internacionais vinculadas, por exemplo, à proteção do meio-ambiente e, como se demonstra neste trabalho, no disciplinamento do comércio internacional.

Por óbvio que se pode levantar questões de legitimidade quando se fala em repercussões tributárias vinculadas a acordos internacionais que versam sobre matéria não tributária, mas é inevitável que no cruzamento das óticas distintas – traço característico da ordem internacional atual –, assuntos distintos se influenciem reciprocamente. Assim é que, sob a égide da OMC, práticas estatais tributárias serão influenciadas no sentido da limitação do uso dos tributos naquela que é uma das áreas em que eles (os tributos) mais ganharam relevo nas últimas décadas: a extra-fiscalidade. Com efeito, o marco regulatório da OMC tem muito a dizer à tributação em termos do uso do poder impositivo tributário estatal na esfera da concessão de benefícios fiscais e, porque não dizer, no próprio desenho da estrutura dos sistemas tributários nacionais (de se lembrar os conflitos comerciais relativos às diferentes formas de tributação da renda adotadas pelos EUA e por alguns países das CE).

De qualquer modo, o processo de aproximação das ordens tributárias nacionais continuará a se dar por distintos eixos: (i) acordos específicos, como os acima citados tratados para evitar a dupla tributação; (ii) algumas disposições insertas em acordos internacionais

41. Para uma visão histórica da evolução dos esforços relativos ao combate à bitributação, ver Heleno Torres (2001, p. 493-503). Em nota ao item 3.5 do capítulo 3, fez-se um resumo acerca do tema.

vinculados a processos integrativos regionais com o fim de aproximar (coordenar, harmonizar ou uniformizar) as ordens tributárias nacionais, mesmo rendo-se em conta que, neste âmbito, os resultados são bem menos relevantes (além de se serem mais localizados, em face até do alcance mais restrito dos arranjos regionais); e (iii) por influência de acordos não especificamente tributários, mas que com a tributação interagem por razões normativas ou operacionais, como é o caso dos acordos que compõem o marco regulatório da OMC.

As dificuldades de se chegar a soluções gerais em termos de aproximação das ordens tributárias nacionais estão, por certo, em grande parte associadas ao apego dos Estados ao poder de tributar como uma de suas prerrogativas mais caras, mas esta é apenas uma face do problema. Outra grande dificuldade é a alta complexidade da matéria. Quando se fala em sistemas tributários distintos, tem-se de ter em foco que eles diferem não apenas em sua estrutura impositiva (formas de tributação), mas no uso que é dado a esta estrutura impositiva (o uso extra-fiscal dos tributos); não é por outra razão que alguns doutrinadores separam aquilo que consideram sistema tributário (as normas tributárias em si) daquilo que têm por incentivos fiscais (que não seriam matéria tributária, mas questão de finanças públicas).

Não é tarefa fácil equalizar sistemas tributários que diferem em estrutura e uso dos tributos. Por conta disto é que, como se disse, as tentativas de aproximação das ordens tributárias têm se restringido a acordos internacionais tópicos (acordos para evitar a dupla tributação da renda) ou de pequeno alcance (acordos destinados à coordenação, harmonização ou uniformização das ordens tributárias nacionais no âmbito de arranjos integracionistas regionais).

As dificuldades e especificidades vinculadas à aproximação das legislações tributárias cria, até mesmo, demandas pela criação de uma organização internacional especificamente destinada à tributação, como já se abordou no capítulo 3. A ideia, entretanto, não sai do papel, muito por conta daquela que é uma das principais características da tributação: seu uso extrafiscal. A tributação é uma daquelas matérias em relação à qual não está associado nenhum valor que seja caro à sociedade; ela é meio de atingir alguns objetivos socialmente relevantes, do que um objetivo relevante em si. Por conta desta sua face, ela está imiscuída em várias questões cotidianas: discute-se o uso dos tributos para fins de proteção ambiental, para o incentivo ao desenvolvimento de regiões deprimidas economicamente, para o estímulo ou desestímulo ao consumo deste ou daquele bem, enfim, para uma plêiade inesgotável de objetivos, estes sim, socialmente caros. Ora, dentro deste quadro, não faz muito sentido discutir tributação num foro tributário, mas sim no âmbito dos foros onde as questões em relação às quais ela é instrumento são discutidas. E assim é em relação às matérias acima mencionadas, tanto quanto o é em relação ao comércio internacional. É que na medida em que o mundo adota, de forma amplamente predominante, a ideia do livre comércio como a melhor forma de relacionamento comercial entre os países, não há como não ver medidas tributárias que sirvam para obstaculizar a livre fruição do comércio entre os países, sendo escrutinadas no âmbito da OI especificamente criada, pelos próprios países, para a defesa daquela ideia.

Por conta destas circunstâncias é que a OMC aparece como uma importante via de aproximação das ordens tributárias nacionais, atuando neste âmbito por meio de algo que, como se expôs anteriormente, ela já faz: atuar como uma verdadeira instituição harmonizadora de regras nacionais. E para tal tarefa, a atual disseminação de lógicas distintas representa um importante aporte legitimador, no sentido de que cria as condições favoráveis para a atuação interdisciplinar das OIs.

Afirmar, porém, que a OMC tem poder, potencial e legitimidade para imiscuir-se em matéria tributária, contribuindo para a disseminação de padrões tributários ao redor do mundo, não quer dizer que tal atuação deva se dar de forma irrestrita. Pelo contrário, deve ela ser exercida com parcimônia, com objetivos restritos ao estabelecimento de padrões gerais ligados à tributação do capital ou ao controle das práticas vinculadas à competição tributária nociva.[42]

Seja como for, é inegável que as inter-relações entre comércio internacional e tributação existem e não podem os Estados passar ao largo delas. Miranda Stewart, inclusive, alerta para o fato de que as reformas tributárias por que passam muitos países ao redor do mundo devem ter em conta as disposições da OMC, sob pena de ficarem sujeitos a retaliações comerciais extremamente gravosas.[43]

42. Reich, 2003, p. 25.
43. Stewart, 2002, p. 23.

Não se trata de dar prevalência absoluta à OMC no trato das questões que envolvam comércio internacional e tributação; por certo que os excessos nas decisões do MSC em termos de interferência nas ordens jurídicas nacionais e em temas apenas indiretamente ligados ao comércio internacional devem ser evitados, e isto tanto por via, por exemplo, da aplicação do princípio da proporcionalidade na atividade judicial da OMC,[44] quanto pela superação da excessiva literalidade na interpretação das disposições dos acordos abrangidos.[45] Tais limitações interpretativas precisam ser superadas, sob pena de a atuação do MSC tomar feições paradoxais: tímida do ponto de vista de seus referenciais legais e exegéticos (em face das limitações interpretativas referidas) e agressiva na amplitude intentada (em razão das influências desmedidas sobre outras áreas não diretamente vinculadas ao comércio internacional).

Geoffrey Garrett e James McCall argumentam que a OMC só se manterá efetiva na ordem internacional se entender, e acatar, o sentido político que também permeia seu MSC. E afirmam que, apesar das reiteradas menções ao enfoque *rule-oriented* do MSC, os julgadores que compõem o OAp já vêm adotando uma postura estratégica:

> Nossa premissa fundamental é a de que os julgadores do Órgão de Apelação adotam uma postura estratégica, voltada para uma visão do papel futuro da Organização. O objetivo que perseguem é o de incrementar a autoridade do OAp sobre as disputas vinculadas ao comércio internacional, o que requer que os Membros da OMC respeitem as decisões do Órgão. Isto não implica, entretanto, como a visão puramente legalista pode sugerir, que o OAp sempre se manifestará contra os Membros que violaram os acordos da OMC. Mais precisamente, o que defendemos é que ao mesmo tempo em que estão interessados em desenvolver uma reputação em termos de coerência jurisprudencial e de competência na tomada de decisões, os julgadores do OAp entendem que pode ser difícil atingir dois tão distantes objetivos quando se trata de decisões que afetam de modo adverso os interesses de reclamados – os governos de Estados soberanos – que podem

44. Desmedt, 2001.

45. Slotboom, 2001.

escolher ignorar, evitar ou afrontar tais decisões. (tradução nossa)[46]

De outro lado, Meinhard Hilf, ao abordar a evolução do sistema de solução de controvérsias GATT/OMC, o faz afirmando que, ao longo do tempo, passou ele de uma etapa *power-oriented* (fase inicial do GATT 1947), para uma etapa *rule-oriented* (fase final do GATT 1947 e fase inicial do MSC da OMC) e, por fim, para uma etapa que está ainda em construção, a *principle-oriented.*[47] Esta última etapa, diz o autor, está sendo erigida pelo OAp, por meio das cada vez mais frequentes remissões a princípios em suas decisões, o que tem sido feito em razão da busca por previsibilidade, estabilidade e credibilidade para o sistema. Dentro deste cenário, Hilf afirma, por exemplo, que "o princípio da soberania limita ou mesmo proíbe a interpretação dinâmica das leis da OMC no curso da solução das controvérsias", mas que isto, entretanto, na prática "é mais uma questão de aceitação do julgamento por parte dos Membros da OMC ou especialmente dos participantes na disputa específica, do que uma questão de fundamentação objetiva" (*objective reasoning*).[48]

É no âmbito desta ideia de extrapolação da dicotomia entre as posições *rule-oriented* ou *power-oriented* e na disseminação da posição *principle-oriented*, que a OMC ganha sustentação para sua atuação institucionalmente posta e para sua conformação como fonte de harmonização das legislações nacionais, inclusive as tributárias. É certo que a OMC continuará atuando, no plano dos casos concretos, com posições intermediárias entre as *rule-oriented* e as *power-oriented*, tratando de expurgar, pontualmente, medidas tributárias com fins meramente protecionistas. Entretanto, na medida em que tais decisões pontuais forem sendo prolatadas com relação a princípios reiteradamente reafirmados *(principle-oriented)*, o sistema não apenas ganhará previsibilidade e credibilidade, como também servirá à dis-

46. Garrett e Smith, 1999. Redação original: "[...] Our premise is that the members of the Appellate Body are forward-looking and strategic. Their objective is to increase their authority over international trade disputes, which requires that WTO member governments utilize the DSU and respect its decisions. The members of the Appellate Body are interested in developing a reputation both for jurisprudential coherence and for authoritative decision-making. They understand, however, that it may be hard simultaneously to further both goals when rulings adversely affect defendants — the governments of sovereign states and customs territories — that might choose to ignore, evade, or countermand them."

47. Hilf, 2001, p. 114-116.

48. Hilf, 2001, p. 129-130.

seminação de padrões (inclusive tributários) que influirão não apenas no processo de aperfeiçoamento dos acordos abrangidos, como também na conformação das ordens tributárias nacionais. Aporte teórico para isto já existe, como bem o demonstram as importantes mudanças nas formas de ver e atribuir efeitos à soberania e ao poder estatal de tributar.

6.7 ALGUNS TEMAS DE AMPLO POTENCIAL PARA A APROXIMAÇÃO DAS ORDENS TRIBUTÁRIAS NACIONAIS

Tendo ficado evidenciado que a OMC tem legitimidade e vocação para se conformar como uma importante fonte do processo de aproximação das ordens tributárias, serão destacados, agora, alguns temas tributários em relação aos quais tal atuação da Organização tem amplo potencial para se imiscuir, no sentido proposto. Alguns destes temas resultam das análises efetuadas sobre os acordos e decisões da OMC nos capítulos 4 e 5 (e lá já foram mencionados), mas outros se referem a questões adicionais, não suscitadas a partir do texto isolado dos acordos ou dos casos julgados pelo MSC, mas que igualmente se apresentam como importantes exemplos de como a atuação da OMC pode vir a se estender cada vez mais por sobre a matéria tributária, disseminando padrões de feições tributárias de repercussão mundial.

Obviamente que os temas enumerados não representam uma lista exaustiva, mas são suficientes para evidenciar o que neste trabalho se buscou defender: que a OMC tem um importante papel no processo de aproximação das ordens tributárias nacionais.

Os temas a seguir abordados são os seguintes: (i) a influência do marco normativo da OMC na definição dos sistemas tributários nacionais; (ii) a reconformação do princípio da não discriminação em sede tributária; (iii) a dessacralização do formalismo tributário e a incorporação ao regime internacional da tributação da preocupação com a substância dos atos negociais; e (iv) o combate à concorrência internacional fiscal perniciosa.

6.7.1 A influência do marco normativo da OMC nos sistemas tributários nacionais

Num plano mais geral, a primeira questão tributária trazida pelo sistema multilateral do comércio se refere à própria estrutura dos sistemas tributários nacionais. Com efeito, muito embora não se possa dizer que o direito do comércio internacional vá definir padrões em termos de matrizes tributárias ao redor do mundo, certo é que o Caso FSC expõe as vicissitudes, do ponto de vista da competitividade comercial internacional, dos sistemas tributários baseados na tributação da renda pelo critério da universalidade ou que estejam predominantemente baseados na tributação direta ao invés da tributação indireta. É evidente que estas duas opções de política tributária (que como se viu estão ambas presentes no sistema tributário dos EUA), trazem grandes problemas para os países que as adotam, especificamente no que se refere à competitividade comercial com os países que adotam, de forma integral ou parcial, a tributação da renda pelo critério territorial ou matrizes tributárias em que predominam os tributos indiretos.

Por óbvio que num mundo onde não existissem proibições a medidas protecionistas, as desvantagens entre os sistemas tributários acima indicados simplesmente não existiriam, pois poderiam ser facilmente compensadas com benefícios fiscais de variada ordem. Entretanto, não é este o quadro que se tem. Diante da impossibilidade de compensar opções tributárias com benefícios fiscais de natureza protecionista, e em face da impossibilidade hodierna de simplesmente dar as costas ao comércio internacional (nem mesmo as grandes potências sequer aventam tal hipótese), a opção colocada aos Estados é a de buscarem adequar suas ordens tributárias às novas condicionantes trazidas pelo sistema multilateral do comércio.

Não se quer dizer que a OMC promoverá uma uniformização das ordens tributárias ao redor do mundo, mas certamente induzirá, de forma concorrente com a atuação de outras OIs em matéria tributária, à eliminação das grandes discrepâncias, das posições extremadas. Neste sentido, sem que se queira fazer aqui qualquer apologia em relação ao sistema tributário brasileiro (pelo contrário, está ele entre os mais caóticos do mundo), importa ressaltar uma característica que o coloca em posição intermediária entre os sistemas tributários norte-americano e europeus: apesar de adotar o critério da tributação da renda pelo critério da universalidade, o Brasil tem uma matriz tributária em que predominam, hoje, os tributos indiretos, o que o deixa melhor preparado, deste ponto de vista estrito, para a atuação no comércio internacional.

6.7.2 A reconformação do princípio da não discriminação em sede tributária

Outro tema em relação ao qual a OMC terá um papel importante na esfera tributária mundial será o de contribuir para a aplicação mais ampla e efetiva do princípio da não discriminação em sede tributária. Como se viu neste trabalho, a não discriminação é tratada de forma muito limitada no âmbito dos tratados tributários internacionais, e isto muito por conta de seus objetos restritos - evitar a dupla tributação da renda - e do caráter bilateral que lhes é característico. Com a inclusão de disposições de natureza tributária nos acordos da OMC e com a vedação ao uso das medidas tributárias estatais com fins protecionistas, acabará por ser incorporado ao regime internacional da tributação o princípio da não discriminação na forma como ele se apresenta no regime internacional do comércio, desdobrado nas cláusulas TN e NMF. Assim, com as normas do comércio internacional, passa-se a ter, em instância multilateral, a vedação à discriminação tributária, relativa tanto a impostos diretos quanto indiretos, nas operações comerciais transnacionais.

A repercussão previsível desta ampliação do alcance do princípio da não discriminação sobre as ordens tributárias nacionais será, principalmente, a de estabelecer limites ao poder dos Estados de usar os tributos com funções extrafiscais. Por certo que o uso extrafiscal dos tributos não deixará de existir e nem deixará de ter posição proeminente ao redor do mundo, mas algumas restrições serão postas, como é o caso, em especial, de duas importantes áreas de atuação estatal em matéria tributária: (i) a criação de benefícios tributários com fins protecionistas; e (ii) a imposição de medidas tributárias que gravem produtos e produtores estrangeiros em níveis superiores aos dos produtos e produtores nacionais.

6.7.3 O formalismo tributário e a substância dos atos negociais e das medidas fiscais estatais

Mais um tema em relação ao qual a OMC poderá exercer um importante papel na aproximação das ordens tributárias nacionais se refere à difusão de padrões de tributação por meio dos quais o uso irregular dos tributos - irregular no sentido de afrontoso aos acordos para evitar a dupla tributação ou aos acordos da OMC, por exemplo

– seja vedado não apenas em face de questões formais, mas sim, e especialmente, tendo-se em vista a substância, o resultado final da medida tributária.

O sistema multilateral do comércio é mais afeito à pragmática ideia de conciliação entre os enfoques econômico e jurídico, enquanto que o atual regime internacional da tributação está assentado, ainda, num enfoque estritamente jurídico. O que a ênfase no resultado das medidas tributárias traz de importante é a superação de alguns formalismos que acabam, no mais das vezes, servindo apenas como portas para que os Estados tangenciem as obrigações assumidas em acordos internacionais. Com o foco no resultado, grande parte das distinções formais entre tributos diretos e indiretos, por exemplo, deixam de ter sentido prático. Da mesma forma, deixam de ter relevância os nomes das medidas ou as formas como são exigidas/arrecadadas ou o momento em que tal se dá.

Em relação a esta questão, volta-se a citar o Brasil, apenas a título de ilustração. Muito embora o Código Tributário Nacional disponha em seu artigo 4.º que "a natureza jurídica específica do tributo é determinada pelo fato gerador da respectiva obrigação, sendo irrelevantes para qualificá-la: I - a denominação e demais características formais adotadas pela lei; II - a destinação legal do produto da sua arrecadação", o Brasil tem criado algumas exações tributárias com naturezas híbridas, com fins que não importa neste trabalho explicitar, mas que acabam levando a discussões intermináveis quanto a suas reais identidades. É o caso, no passado, da discussão que se arrastou nos Tribunais Superiores, acerca da natureza de duas contribuições sociais, o PIS e a Cofins; a questão que importava era saber se tais exações eram ou não impostos, o que tinha implicação para validação da exigência das duas contribuições, em face de que incidiam sobre a mesma base de cálculo (como a Constituição Federal veda a incidência de dois impostos sobre a mesma base de cálculo, a caracterização das exações como impostos importava às suas validações jurídicas).

A questão se resolveu em favor da constitucionalidade das duas exações, mas muito mais pelo privilégio dado a suas conformações formais (suas denominações, por exemplo), deixando de lado o fato concreto de que elas sequer tinham destinação exclusiva para o financiamento da seguridade social, o que as colocaria, de fato, como verdadeiros impostos (exações estas que, como se sabe, não têm qualquer afetação em termos de destinação de sua arrecadação). O mesmo está ocorrendo hoje em relação aos chamados PIS-Importação e Cofins-Importação, que como já se abordou no capítulo 4, representam, do ponto de vista formal, uma incidência sobre o comércio exterior, mas que na verdade não passam de medidas tributárias internas, apenas exigidas antes do desembaraço aduaneiro. Não se sabe se tais novas incidências serão questionadas internacionalmente, mas não há dúvidas de que elas, de fato, representam gravames de natureza interna exigidos de produtos importados, e provavelmente assim serão tidas, em face da prevalência da substância em relação à forma, se forem levadas à apreciação da OMC.

Estas considerações bem ilustram, portanto, as ações que o sistema multilateral do comércio pode promover no que se refere à disseminação de critérios de apreciação das exações tributárias em termos não apenas de suas exteriorizações formais, mas também, em especial, no resultado prático obtido (resultado prático este que pode evidenciar a presença de discriminações ocultas ou indiretas, por exemplo). De qualquer modo, importa ter em conta que a consideração do resultado de uma determinada medida, tem duas faces: ela opera tanto no sentido de desvendar a substância que está por detrás de uma intenção deliberada e disfarçada de um Estado, como também no sentido de eximir de irregularidade as medidas que, apesar de declaradamente destinadas pelos Estados a subsidiar as exportações, acabem não tendo este efeito prático.[49] Como se vê, este é um critério que atua, predominantemente, nos efeitos concretos das medidas em questão, o que representa uma importante e inédita adição ao hoje ainda incipiente regime internacional da tributação (de se lembrar que, como se viu no capítulo 4, as normas da UE vinculadas à não discriminação, também evoluíram, por força da atuação da CJUE, no sentido de privilegiar os resultados).

De se dizer que, ao induzir à mitigação do formalismo tributário por via da tomada em conta da substância das medidas tributárias estatais, a OMC contribui, a partir do plano do direito do comércio internacional, para o expurgo, por exemplo, das chamadas "sociedades de papel", ou seja, sociedades que no mais das vezes existem

49. Caso "*Canada – Measures Affecting the Export of Civilian Aircraft*" (WT/DS70/AB/R, relatório do OAp adotado em 02/08/1999), itens 169 a 173.

apenas formalmente, com o fim, em regra, de permitirem o gozo de determinados benefícios fiscais ou de propiciarem a evasão tributária. Um exemplo destas sociedades de papel são as *foreign sales corporations* que, como se viu no capítulo 5, eram empresas subsidiárias de empresas norte-americanas, estabelecidas de direito em terceiros países, mas que na prática não tinham atuação operacional. Em verdade, tais empresas foram criadas com o fim específico de atender requisitos impostos pela legislação tributária dos EUA para fins de acesso aos benefícios fiscais associados às atividades de exportação, restando evidenciado, pode-se dizer, que foram os próprios EUA que acabaram induzindo as empresas exportadoras localizadas em seu território a criarem, no exterior, suas subsidiárias de papel.

É preciso, por fim, destacar que muito embora existam, no âmbito do direito tributário – seguindo a linha de outros ramos do direito –, esforços no sentido à incorporação de preocupações com a materialidade dos atos negociais que tenham repercussão tributária (traduzidos no uso, por exemplo, da "interpretação econômica do direito" ou de figuras como a simulação, a fraude à lei, o abuso de direito etc.),[50] verdade é que tais construções se destinam ao escru-

---

50. No âmbito interno de muitos Estados, existem importantes aportes teóricos destinados à incorporação, ao direito tributário, de preocupações com a materialidade dos atos negociais que tenham repercussão tributária. Tais aportes são de variada ordem, incluindo tanto teorias como a da "interpretação econômica do direito" como a transplantação, para a seara tributária, das figuras da "simulação", "fraude à lei", "abuso de direito" (figuras estas que servem ao objetivo de descaracterizar atos negociais ou mesmo a personalidade jurídica de determinados entes, para fins de sejam eles alcançados pela tributação). Alberto Xavier (2004, p. 309-315), traz um breve, mas elucidativo panorama sobre o tema, mas ressalta as dificuldades para a introdução destes "novos aportes" em grande parte dos países, por conta de que, no direito tributário, são muito fortes as limitações constitucionais decorrentes dos princípios da legalidade e da tipicidade da tributação. A título ilustrativo, vale mencionar que no Brasil houve, nos últimos anos, algumas tentativas no sentido de regular por lei a desconsideração de atos negociais para fins especificamente tributários, mas todas elas malograram (as tortuosas e até hoje mal-sucedidas tentativas de regulamentação do parágrafo único do artigo 116 do Código Tributário Nacional bem evidenciam o dito). Não obstante, a Administração Tributária tem se valido, mesmo que de modo pouco uniforme, dos conceitos de fraude e simulação, constantes do Código Civil, para ir além das formalidades associadas aos atos de interesse tributário. Já o Poder Judiciário brasileiro tem adotado, em casos isolados, algumas das figuras acima mencionadas, em especial o "abuso de direito", mas tais casos não são passíveis de serem considerados como uma tendência jurisprudencial consistente. Assim, no Brasil, tem-se uma ampla defasagem legal acerca do tema, o leva a uma atuação ainda tortuosa e assistematizada tanto da Administração Tributária quanto do Poder Judiciário. Tal realidade, à evidência do que expõe Alberto Xavier (2004, p.314), é também a de muitos outros países. Entretanto, deve-se repetir, esta realidade é a do âmbito interno dos Estados. No que se refere ao âmbito do regime internacional da tributação, a realidade é outra, bastante aquém daquela: não há tratados internacionais tributários que dêem fundamento suficiente ao expurgo das formalidades. Neste plano é que as normas da OMC, com seu instrumental tendente ao sancionamento de discriminações de fato e de direito, podem funcionar como indutoras de aperfeiçoamentos nas regras tributárias nacionais.

tínio dos atos praticados pelos contribuintes na gestão de suas vidas econômico-financeiras, e não às medidas tributárias adotadas pelos Estados. Assim, o aporte trazido pelo marco normativo da OMC permite agregar ao direito tributário um critério de materialidade que, no âmbito da relação Estado-contribuinte – tão só nela –, já está ao menos em construção.

6.7.4 O combate à concorrência internacional fiscal perniciosa

Outro campo em relação ao qual a OMC poderá ter um importante papel de aproximação das ordens tributárias nacionais será o do correto interfaceamento entre as medidas de combate ao protecionismo comercial e os esforços internacionais destinados a combater a concorrência fiscal perniciosa, com isto contribuindo para o disciplinamento de instrumentos importantes de alocação de bases tributáveis entre os Estados, como tal o que se refere aos preços de transferência.

No que se refere à concorrência fiscal perniciosa, é preciso ressaltar, antes de mais nada, a existência, num plano mais geral, de dois tipos de normas perniciosas: as protecionistas e as assimétricas.[51] As normas perniciosas protecionistas têm sido combatidas com o progressivo incremento do regime internacional do comércio, ou seja, "o direito da OMC é, fundamentalmente, um direito de luta contra uma modalidade de medidas fiscais perniciosas, as protecionistas".[52] Entretanto, a outra modalidade de norma perniciosa, a "assimétrica", muito embora seja a que mais atenção demande atualmente dos estudiosos, não conta com mecanismos de igual monta para controlá-la. Tais normas assimétricas são aquelas oriundas do desejo dos Estados de atrair riquezas para suas jurisdições, e sua denominação de assimétricas está associada ao fato de que os Estados as criam em relação aquelas formas de riqueza que são passíveis de serem atraídas por via de incentivos fiscais. Por um exemplo, a situação fica mais clara: os

51. Santiago Ibáñez Marsilla (2004, p. 91-92), apresenta um panorama destes dois tipos de normas perniciosas, fazendo-o por via de aportes de vários doutrinadores.

52. Marsilla, 2004, p. 91: "[...] o direito da OMC representa uma reação jurídica de defesa do conjunto dos Estados frente a uma eventual reprodução de uma espiral protecionista que, como a história se encarregou de demonstrar, tem como uma de suas características que somente pode ser combatida mediante um esforço conjunto, multilateral, posto que nem a oposição à espiral protecionista [da década de 30] por parte da potência econômica mais pujante do momento (o Reino Unido) foi suficiente para frear sua incomparável escalada". (tradução nossa).

capitais são muito sensíveis aos câmbios fiscais, enquanto que o trabalho não; assim, o capital é tido como uma forma de riqueza móvel, enquanto o trabalho não. O resultado é que os Estados criam, então, regimes tributários vantajosos para atrair capitais, e por outro lado concedem às fontes de riqueza com menos mobilidade um tratamento menos vantajoso, configurando-se as assimetrias.

As implicações destas normas assimétricas para os sistemas tributários nacionais são de variada ordem, e fogem aos limites do presente trabalho. De qualquer modo, é evidente que a eficiência econômica e a justiça tributária ficam seriamente comprometidas. O que importa, entretanto, aqui destacar é que as normas perniciosas assimétricas estão na origem da chamada "competição fiscal perniciosa" (*harmful tax practices*, na denominação usada pela OECD), e que tem entre seus principais efeitos, como destacam Reuven Avi-Yonah e Joel Slemrod, a criação dos chamados "paraísos fiscais". Tais paraísos fiscais, segundo os autotes, podem ser de três tipos: (i) paraísos fiscais de produção (*production tax havens*); (ii) paraísos fiscais tradicionais (*traditional tax havens*); e (iii) paraísos fiscais de sede (*headquarters tax havens*). Os primeiros se destinam a conceder benefícios fiscais para atrair investidores estrangeiros a implantar unidades industriais no país; os segundos são jurisdições com pouco ou nenhuma tributação sobre a renda, que buscam atrair investidores e fornecedores de serviços financeiros estrangeiros, por meio da promessa da não tributação e do segredo bancário; e os terceiros são regimes criados com o fim de que as empresas multinacionais estabeleçam suas sedes na jurisdição do país, com a oferta de não tributação – ou de baixa tributação – da renda obtida pelas suas subsidiárias estrangeiras.[53-54]

Pelo menos um destes tipos de paraísos fiscais, os paraísos fiscais de produção, podem apresentar incompatibilidades com as normas da OMC. É que quando tais paraísos fiscais são implantados em países nos quais a base tributável doméstica é bastante expressiva, tais países não têm interesse em deixar de arrecadar o que vêm arre-

53. Avi-Yonah e Slemrod, 2001.

54. A Organização das Nações Unidas (ONU) também adota esta classificação e esta caracterização dos paraísos fiscais no relatório "*The interaction of tax, trade and investment*" (ST/SG/AC.8/2003/L.4), produzido pelo "*Ad Hoc Group of Experts on International Cooperation in Tax Matters*" (11.ª Reunião, Genebra, 15-19/12/2003).

cadando internamente, e por conta disto acabam isolando o regime tributário oferecido com o fim de atrair capitais estrangeiros; em outras palavras, é concedido o regime favorável dado aos capitais estrangeiros (não residentes), mas mantém-se a pressão fiscal sobre o mercado interno (residentes). Com isto, os benefícios concedidos no âmbito destes paraísos fiscais de produção acabam por constituir-se em subsídios proibidos à luz do ASMC, e isto porque envolvem receitas públicas que estão deixando de ser arrecadadas (os benefícios fiscais), são destinadas a contribuintes específicos e estão, de fato, condicionados à exportação, dado que os produtos fabricados não são destinados ao mercado doméstico.

Dentro deste quadro, e sem que se estenda as considerações por sobre os demais tipos de paraísos fiscais, tem-se claramente posta uma situação em relação à qual as normas da OMC poderão atuar no sentido de inibir, conjuntamente com as iniciativas conduzidas pela OCDE,[55] por exemplo, a criação destes regimes tributários perniciosos. Em verdade, os paraísos fiscais se conformam como mecanismos concorrenciais desleais, que ficam para muito além do nível de competição considerado salutar para o âmbito das relações transnacionais.

A rigor, pode-se dizer que as normas da OMC acrescentam um elemento jurídico com potencial sancionador, passível de atuar de forma producente na aproximação das ordens tributárias nacionais por via da marginalização de alguns tipos de paraísos fiscais.

55. Ao longo dos últimos anos, têm crescido as preocupações da sociedade internacional com a concorrência fiscal perniciosa, especialmente aquela vinculada aos "paraísos fiscais" (países com baixa ou nenhuma tributação, bem como países com "regimes fiscais diferenciados"), especialmente porque um de seus principais efeitos é a erosão das receitas tributárias de outros Estados. As iniciativas mais difundidas no sentido do combate aos paraísos fiscais são as desenvolvidas no âmbito da OCDE. O primeiro trabalho de grande alcance elaborado pela Organização foi o relatório "*Harmful Tax Competition: An Emerging Global Issue*" (adotado em 09/04/1998), no qual o conceito de paraíso fiscal está expresso de forma consensual por seus membros e dezenove recomendações foram aprovadas por seu Conselho (para uma visão detalhada da atuação da OCDE neste campo, bem como uma sumarização do mencionado relatório e suas recomendações, ver Alberto Xavier, 2004, 315-327). Ocorre, porém, que a OCDE, apesar de ser uma Organização influente, de ser sucessora de uma outra importante organização internacional (a Organização Européia para a Cooperação Econômica – OECE) e de reunir como membros as principais economias mundiais, não possui poder sancionador e nem mesmo representa grande parte da comunidade internacional; em verdade, a OCDE é tida como uma organização atípica, constituindo-se em um misto de repositária de conhecimento, de clube, de coordenadora de posições entre os membros, com um mandato voltado, predominantemente, à produção de documentos de base para as discussões de política no âmbito de seus vários comitês.

6.8 CONSIDERAÇÕES FINAIS

Como se buscou demonstrar neste capítulo com base nos aportes trazidos nos capítulos anteriores, a OMC tem legitimidade e potencial para atuar como uma instância de aproximação das ordens tributárias nacionais. E tal vocação fica fundamentada nos seguintes fatores:

(i) a evolução do papel das organizações internacionais na disciplina da ordem mundial, adquirindo personalidade jurídica de direito internacional e atuando no sentido do condicionamento de condutas na sociedade internacional, evidencia a vocação destes entes, dentre os quais se inclui a OMC, para a abordagem, em especial, de temas transnacionais;

(ii) o conteúdo dos acordos da OMC, que incorpora um número expressivo de disposições relativas à matéria tributária, demonstra a disposição dos Membros da OMC de auferir à OMC legitimidade para se manifestar sobre questões de natureza tributária;

(iii) a evolução do sistema multilateral do comércio, passando de uma atuação meramente não intervencionista, para incorporar preocupações com a harmonização de princípios e normas;

(iv) o cruzamento de lógicas distintas no direito internacional e a interdisciplinarização da atuação da OMC;

(v) as múltiplas inter-relações entre comércio internacional e tributação (o regime internacional do comércio e o regime internacional da tributação compartilham objetivos e temas comuns; além disso, tributos influenciam os fluxos comerciais e as decisões econômicas);

(vi) para além de todos os fatores acima indicados, a legitimação para a OMC se imiscuir em matéria tributária e de exercer um papel importante no processo de aproximação das ordens tributárias nacionais, está respaldada pelas mudanças operadas no conceito de soberania, que serviram para desvigorar a ideia de um "poder de tributar" inalienável, indisponível.

Deste modo, demonstrado está que a OMC tem legitimidade e potencial para se conformar como uma importante fonte do processo de aproximação das ordens tributárias, atuando de forma concorrente com outras organizações internacionais e, por óbvio, com os tratados internacionais especificamente tributários firmados pelos Estados.

Algumas das contribuições que a OMC poderá dar no âmbito do papel que lhe é proposto neste trabalho, obviamente que a partir do exercício das atribuições que lhe são precípuas, serão:

(i) influenciar a construção/revisão dos sistemas tributários nacionais;

(ii) reconformar o princípio da não discriminação em sede tributária;

(iii) contribuir para a incorporação ao regime internacional da tributação da preocupação com a substância dos atos negociais e das próprias medidas tributárias adotadas pelos países; e

(iv) atuar no sentido da inibição da concorrência internacional fiscal perniciosa.

A forma por excelência de a OMC atuar em relação a temas como estes e a quaisquer outros temas que estejam direta ou indiretamente relacionados com o comércio internacional, é o de incorporá-los à sua agenda, induzindo à consideração destas preocupações no contexto de suas atuações precípuas: (i) no âmbito das negociações que levam à formulação dos acordos que compõem seu conjunto normativo (atuação normativa); (ii) por via de seu MSC, (atuação corretiva/punitiva); (iii) na monitoração das políticas comerciais dos Membros (atuação preventiva).

De qualquer modo, para além desta posição ativa da OMC no sentido de "engordar" sua agenda, verdade é que sua posição de proeminência na cena internacional, associada à importância que seu objeto tem para a generalidade dos seus Membros, faz com que suas manifestações tenham amplo potencial de disseminação ao redor do mundo, colocando-a na condição de uma verdadeira instituição harmonizadora de leis e ordens legais ao redor do mundo.

CONCLUSÃO

O desenvolvimento dos temas abordados ao longo desta obra serviu para evidenciar que a OMC, apesar de ser uma organização internacional destinada à disciplina do comércio internacional, possui importante papel no processo de aproximação das ordens tributárias nacionais. Para tanto, foram abordados, ao longo dos seis capítulos que compõem o texto final, um conjunto de questões teóricas que, devidamente encadeadas, compõem os fundamentos da assertiva acima posta. Tais abordagens serão a seguir sumarizadas.

No primeiro capítulo, tratou-se de demonstrar a importância dos regimes e organizações internacionais para o condicionamento de condutas na cena internacional e para a abordagem de temas de interesse coletivo da sociedade internacional contemporânea. Restou evidenciado que vivemos num mundo onde o institucionalismo, traduzido em versões mais ou menos formalizadas, possui importante papel na resolução de problemas caros à sociedade internacional, muito embora variem muito suas formas de exteriorização, em face do diferenciado balanceamento entre poder, interesses e conhecimento que se pode encontrar em cada regime específico.

Neste contexto, as organizações internacionais têm um papel importante no condicionamento de condutas na sociedade internacional contemporânea, que não se restringe à intervenção prescritiva ou normativa (restritiva à atuação legislativa nacional), mas também à difusão de princípios, ideias e filosofias nem sempre expressas de modo explícito, mas por via da disseminação de um modo coletivo de pensar os problemas mundiais, modo coletivo este que se associa a outros aspectos importantes do direito internacional atual, quais sejam o da fragmentação de suas fontes e o cruzamento de lógicas distintas.

A legitimar todo este quadro está a reformulação do conceito de soberania que, conforme ressalta Luigi Ferrajoli, está fundamentado na ideia de que para além do direito que emana da soberania dos Estados, há um direito que encontra fundamento na autonomia dos povos ou na sociedade internacional que nasce da intensa integração econômica, política e cultural. Os Estados não deixaram de ser os principais atores da cena internacional, mas há outras fontes de direito para além do Estado soberano.

Assim, as organizações internacionais se conformam como atores da cena internacional e sujeitos de direito internacional, possuindo legitimação para atuar em questões de interesse da sociedade internacional contemporânea.

Firmada a importância das organizações internacionais no cenário atual das relações internacionais, tratou-se de, no capítulo 2, abordar especificamente aquela que é hoje tida como uma das mais importantes, proeminentes e controversas organizações internacionais, a Organização Mundial do Comércio (OMC). Demonstrou-se que, apesar das flutuações na disposição dos Membros de intensificar o teor e o conteúdo dos acordos que compõem o marco normativo da Organização, a OMC está composta por um sistema "baseado em regras" (mas que não volta suas costas para as assimetrias de poder entre os Estados) e estruturada a partir de um sofisticado conjunto de órgãos e procedimentos, que a conformam como um importante e producente foro tanto de produção normativa quanto de monitoramento das políticas e normas nacionais referentes ao comércio internacional.

As razões para a influência da OMC estão centradas tanto no chamado "adensamento de juridicidade" incorporado ao sistema multilateral, quanto no fato de que seu objeto, o comércio internacional, é um tema que se coloca na linha de frente dos interesses de Estados, empresas transnacionais, enfim, da sociedade internacional como um todo, dado que envolve o fluxo de bens e serviços ao redor do mundo; e fluxo de bens e serviços, para além de envolver a circulação de riquezas, envolve a circulação de alimentos, remédios, bens de produção etc. Assim, não se pode subestimar os interesses que os países têm, especialmente os desenvolvidos, na liberalização do comércio internacional, e o que isto traz de suporte para a Organização.

Ademais, a OMC comporta um MSC que se constitui como a mais importante e efetiva das cortes internacionais atualmente em funcionamento, como o evidencia o fato de que em aproximadamente treze anos de vida, já julgou perto de 400 casos (circunstância sem precedentes para uma corte de alcance mundial), com um alto percentual de cumprimento de suas decisões.

A possibilidade que a OMC tem de impor os termos de seus acordos – em razão, por exemplo, de poder autorizar retaliações comerciais de ampla repercussão para as relações comerciais –, não apenas compele os Membros ao cumprimento das decisões de seu MSC, como também os induz a adequarem suas legislações internas aos marcos normativos da Organização, com isso exercendo um papel que extrapola os planos do prescritivo e do sancionatório.

Assim é que, apesar dos percalços, a OMC tem tido sucesso na disseminação de seu propósito básico, qual seja a liberalização do comércio em nível internacional. O marco regulatório exposto ao longo do capítulo 2, obtido que foi como resultado de amplas negociações multilaterais e de uma longa evolução do regime internacional do comércio, demonstra a dimensão do trabalho já feito e do aporte jurídico construído.

Demonstradas a importância das organizações internacionais e a proeminência que a OMC tem dentre elas, passou-se no capítulo 3 a tratar de temas fundamentais à legitimação da atuação da OMC em matéria tributária.

Inicialmente, demonstrou-se que o "poder de tributar", na esteira das mudanças do conceito de soberania, metamorfoseou-se, perdendo o caráter de inalienabilidade que detinha no âmbito de uma visão de prerrogativa estatal já superada.

A seguir, ficou firmada a existência de um regime internacional da tributação, incorporado ao direito internacional consuetudinário, que independentemente da existência de tratados internacionais, já difunde padrões tributários ao redor do mundo.

Tratou-se, igualmente, da polêmica questão relacionada com a necessidade ou não da criação de uma organização internacional da tributação que faria, pela tributação, o mesmo que a OMC vem fazendo pelo comércio internacional. Mas lá se firmou posição no sentido de que é improvável, e mesmo desnecessária, a criação de tal organização, em razão de que, com o intenso uso extrafiscal dos tributos (tão disseminado no mundo), a tendência é a de que a tributação seja abordada no âmbito de organizações internacionais que tratam de temas por ela atingidos, de forma direta ou indireta.

Demonstrou-se, também, que o processo formal de harmonização tributária, definido via tratados internacionais especificamente tributários, não tem tido grandes avanços, apesar dos benefícios que representariam para os Estados, num ambiente como o atual, no qual a globalização induz a uma pronunciada erosão das bases tributáveis ao redor do mundo.

A partir destas ideias, demonstrou-se ao final do capítulo 3 que, para além dos meios formais de aproximação das ordens tributárias nacionais (harmonização, coordenação, uniformização), existem meios menos formais e diretos, que resultam tanto das mudanças operadas nos conceitos de soberania e poder de tributar, como também da proliferação de OIs com objetos diferenciados e interligados com a matéria tributária. Na medida em que os Estados usam a tributação como instrumentos de política pública em várias áreas de sua atuação (com isso extrapolando a função meramente arrecadatória) e voluntariamente aderem às OIs que atuam em áreas correlatas, sujeitam-se não apenas a interferências tópicas em suas ordens tributárias internas, mas também abrem campo para a atuação das OIs como entes legitimados a, mesmo por via indireta, difundirem padrões tributários.

Caminhando no sentido de ir gradativamente demonstrando a vocação da OMC para exercer, de forma produtiva, um papel importante no processo de aproximação das ordens tributárias nacionais, passou-se, no capítulo 4 a analisar o marco normativo da Organização, representado pelos acordos abrangidos. Não se buscou construir um panorama completo dos acordos da OMC, mas produzir uma análise das disposições com afetação tributária de três destes acordos: o Acordo Geral sobre Tarifas e Comércio (GATT), o Acordo sobre Subsídios e Medidas Compensatórias (ASMC) e o Acordo Geral sobre Comércio de Serviços (GATS). As relações entre comércio internacional e tributação não se limitam às repercussões das disposições relativas a estes três acordos, mas tais disposições, além de serem as mais relevantes, bem servem para a evidenciação da complexidade assumida pelo tema e para a demonstração da inequívoca afetação rdos da OMC. Com efeito, com disposições tão am- medidas obstaculizadoras do comércio internacio- roblemas sobrevêm, dentre os quais destaca-se a de- a divisão de prerrogativas entre o Membro da OMC e a própria OMC; em outras palavras, como os acordos abrangidos ampliaram em muito o alcance daquilo que se deve ter por medidas distorcivas do comércio internacional, reduzida restou a autonomia dos Membros de, soberana e unilateralmente, produzir sua legislação tributária interna.

Do que foi abordado neste capítulo, importa destacar, em relação ao GATT e ao GATS, a demonstrada convergência parcial dos sistemas de combate à discriminação tributária constantes do Tratado da União Europeia, da Convenção-Modelo da OCDE (destinada a servir de base para os tratados bilaterais para evitar a dupla tributação da renda) e da OMC. Quanto às diferenças, são elas resultado, em grande parte, da natureza e objetivos distintos de cada um destes sistemas, mas operam num sentido positivo: o da gradativa construção de um princípio de não discriminação tributária que seja o resultado do cruzamento destas diferenciadas lógicas. O princípio da não discriminação é um dos pilares fundamentais do marco normativo da OMC, estando desdobrado em duas cláusulas distintas - a da nação mais favorecida e a do tratamento nacional –, conformando-se como um importante aporte para a definição de um princípio de não discriminação tributária na esfera do regime internacional da tributação. À evidencia, na disciplina da não discriminação é que se pode ver, como em poucos outros contextos, como a construção de um regime internacional da tributação depende de várias fontes.

Quanto ao ASMC, demonstrou-se que ele tem importância fulcral para a matéria tributária, tanto no âmbito do sistema da OMC em si, como para a tributação internacional de modo mais amplo, posto que considera como irregulares os subsídios tributários, concedidos pelos países na forma, por exemplo, de benefícios fiscais à exportação.

Ainda em relação ao ASMC, foram identificadas as disposições relacionadas com a matéria tributária, por meio das quais se demonstrou que o Acordo contém regras que impactam medidas protecionistas relativas aos tributos diretos, aos tributos indiretos e aos tributos vinculados à importação. Se no âmbito do GATT há dúvidas quanto à extensão da disciplina aos tributos diretos, assim não ASMC, onde o texto do Acordo expressamente estende à tributaçã direta os seus efeitos.

Neste capítulo, fez-se uma abordagem mais teórica do ASMC, porque no capítulo seguinte foi ele o pano de fundo de grande parte das discussões acerca do caso que é tido como paradigmático em matéria tributária no MSC: o Caso "*United States – Tax Treatment for Foreign Sales Corporation*".

Depois de analisados os acordos abrangidos pela ótica de suas afetações tributárias, passou-se no capítulo 5 a tratar de completar o quadro relativo ao marco normativo iniciado no capítulo 4. No capítulo 4 a abordagem se deu sobre o âmbito dos textos dos acordos abrangidos; no capítulo 5, a abordagem se concentrou sobre outra fonte do arranjo internacional do comércio, as decisões do MSC, com ênfase sobre um caso tido como paradigmático em matéria tributária, o Caso "*United States – Tax Treatment for Foreign Sales Corporation*" (Caso FSC).

O Caso FSC transformou-se em caso paradigmático não apenas porque envolveu o maior volume de sanções retaliatórias já autorizado pela Organização (aproximadamente US$ 4 bilhões), mas também, e em especial, porque apesar de a OMC já ter, em decisões anteriores, se manifestado acerca de questões tributárias, neste caso é que foram levantadas questões especialmente relevantes, que trazem repercussão direta e expressiva sobre a matéria.

Diz-se isto porque a decisão, ao se deparar com questões relacionadas com características do sistema tributário dos EUA e dos países das CE, acabou determinando a adoção de medidas que, na prática, representaram não apenas a demanda pela adequação de determinadas normas (como aquelas que criam ou majoram um imposto ou instituem um incentivo tributário específico), mas o expurgo de todo um regime tributário regularmente editado sob as leis norte-americanas e que está, de há muito, incorporado à cultura jurídico-tributária dos EUA. A decisão da OMC, assim, inova no sentido de que discute ela princípios e filosofias e, com isso, acaba por demandar ajustes na base principiológica do sistema tributário de um Estado.

É preciso ressaltar, ainda, que o Caso FSC é igualmente paradigmático não apenas por conta de tudo que foi expressamente abordado e respondido em seu contexto, mas também por várias questões que, apesar de suscitadas pelas partes, acabaram não respondidas pelo MSC por razões formais ou porque se conformavam como questões irrelevantes diante do acatamento de uma questão prejudicial às suas análises. As questões não respondidas representam, no entanto, problemas de inter-relação com matérias tributárias com os quais o regime internacional do comércio provavelmente terá de se defrontar num futuro próximo, como tais a dupla tributação internacional, os preços de transferência, as feições dos sistemas tributários nacionais etc.

Por meio da análise do conteúdo e desdobramentos do Caso FSC, ficou bastante bem evidenciada a impossibilidade de dissociar-se comércio internacional de tributação, corroborando a ideia de que a OMC tem um papel no tratamento daquelas inter-relações.

A atuação do MSC da OMC no sentido de se imiscuir nestes temas que, em princípio, estariam fora do alcance de uma organização destinada a regular o comércio internacional, encontra fundamento tanto no mandato outorgado pelos Membros (a inclusão de disposições tributárias nos acordos relativos ao comércio), quanto na própria conduta destes mesmos Membros de se utilizarem da tributação com fins protecionistas.

Nos capítulos 1 a 5 foram demonstrados, portanto: a importância das organizações internacionais na cena internacional; a posição de proeminência da OMC dentre tais organizações e seu poderoso suporte institucional; a existência de um regime internacional da tributação que difunde padrões tributários para além daqueles especificamente formalizados em tratados, e que se conformam como parte do direito consuetudinário; e a acentuada afetação tributária dos acordos abrangidos e decisões do MSC da OMC. No capítulo 6, tais aportes foram reunidos a alguns elementos contextuais complementares, com o fim de montar o quadro que fundamenta a afirmação de que a OMC tem legitimidade e vocação para atuar como uma instância de aproximação das ordens tributárias nacionais. Assim, tais legitimidade e vocação ficaram ancoradas nos seguintes fundamentos:

(i) a evolução do papel das organizações internacionais na disciplina da ordem mundial, adquirindo personalidade jurídica de direito internacional e atuando no sentido do condicionamento de condutas na sociedade internacional, evidencia a vocação destes entes, dentre os quais se inclui a OMC, para a abordagem, em especial, de temas transnacionais;

(ii) o conteúdo dos acordos da OMC, que incorpora um número expressivo de disposições relativas à matéria tributária, demonstra a disposição dos Membros da OMC de auferir à OMC legitimidade para se manifestar sobre questões de natureza tributária;

(iii) as decisões do MSC da OMC demandam não apenas o expurgo de medidas tributárias protecionistas, mas em alguns casos ajustes na própria base principiológica dos sistemas tributários nacionais;

(iii) a evolução do sistema multilateral do comércio que, como demonstrado, passou de uma fase onde sua atuação era meramente não intervencionista (especialmente durante o período de vigência do GATT 1947), para uma nova fase onde são crescentemente incorporadas preocupações com a harmonização de princípios e normas;

(iv) o cruzamento de lógicas distintas no direito internacional e a interdisciplinarização da atuação da OMC, apesar de serem fenômenos distintos, evidenciam, ambos, a necessidade de a OMC incorporar elementos externos ao comércio internacional à sua atuação. O cruzamento de lógicas distintas tem a ver com a atual fragmentação do direito internacional, no âmbito da qual determinados temas acabam sendo escrutinados em diferenciados foros; aqui, a questão relaciona-se com a compatibilidade entre esferas distintas, induzindo à busca de soluções que conciliem valores de diferenciadas fontes, a fim de que tais soluções ganhem efetividade. A interdisciplinarização da OMC está associada aos pleitos para que a Organização leve em conta, em seus acordos e decisões, valores e/ou temas externos ao comércio internacional; aqui, a questão é a de usar o poder do sistema multilateral do comércio para induzir condutas em outras áreas (meio-ambiente, direitos humanos etc.). Estes dois fenômenos, à evidência, se caracterizam como elementos típicos do atual cenário internacional e servem para legitimar, por via deste quadro contextual das relações internacionais, a atuação sobre outros temas relacionados direta ou indiretamente com o comércio internacional, como a tributação;

(v) comércio internacional e tributação estão inter-relacionados não apenas porque os tributos influenciam os fluxos comerciais e as decisões econômicas, mas também porque os acordos internacionais a eles relativos compartilham objetivos comuns (como tal a remoção dos obstáculos ao movimento internacional de bens, serviços, capital, trabalho e tecnologia) e, para além disso, porque os Estados têm lançado mão de artifícios tributários cada vez mais sofisticados com o fim de substituírem mecanismos protecionistas de outra ordem (como se destacou, os Estados sentem-se mais à vontade para justificar um subsídio tributário do que uma medida de outra natureza);

(vi) para além de todos os fatores acima indicados, a legitimação para a OMC se imiscuir em matéria tributária e de exercer um papel importante no processo de aproximação das ordens tributárias nacionais, está respaldada pelas mudanças operadas no conceito de soberania, que serviram para enfraquecer a ideia de um "poder de tributar" inalienável, indisponível.

Deste modo, demonstrado está que a OMC tem legitimidade e potencial para se conformar como uma importante fonte do processo de aproximação das ordens tributárias, atuando de forma concorrente com outras organizações internacionais e, por óbvio, com os tratados internacionais especificamente tributários firmados pelos Estados.

É preciso, entretanto, separar a atuação da OMC nesta esfera, em dois planos distintos. No âmbito das medidas tributárias específicas, com efeitos protecionistas, continuará ela atuando de acordo com o mandato que seus Membros lhe outorgaram: simplesmente demandando pelo expurgo de tais medidas isoladas. Já no âmbito da aproximação das ordens tributárias nacionais, sua atuação será viabilizada, e potencializada, na medida em que a Organização supere a dicotomia entre as orientações *rule-based* e *power-based* e assuma, em suas ações (tanto seja na condução das negociações que levam a novos acordos ou ao incremento dos atuais, quanto seja no julgamento dos casos submetidos ao seu MSC), a posição *principle-based*.

A legitimidade para atuar em matéria tributária está dada à OMC por elementos jurídicos (o mandato de seus Membros, em especial) e contextuais (as transformações operadas na cena internacional em face da transnacionalização das relações). A vocação vai depender da adoção da percepção de que, especialmente em relação a áreas tão nevrálgicas como a tributação, é preciso atuar no plano dos princípios; e deve-se entender como princípios aquelas regras que, a partir de um certo grau de generalização, mostrem-se de aplicação consistente e reiterada ao longo do tempo e, mais que isto, deixem abertos espaços para que os Estados possam adequar suas legislações às peculiaridades domésticas. Mas isso, como já se demonstrou não apenas no capítulo 6, mas especialmente no capítulo 5, a OMC já vem fazendo no âmbito das decisões de seu MSC.

Com tais aportes é que se pode, então, reafirmar a ideia central, qual seja a de que a OMC, apesar de ser uma organização internacional destinada à disciplina do comércio internacional, possui importante papel no processo de aproximação das ordens tributárias nacionais.

Apenas para complementar, há que se fazer menção a alguns temas, já destacados no capítulo 6, em relação aos quais a OMC poderá exercer, desde já, influência no sentido da aproximação dos sistemas tributários nacionais:

(i) a construção/revisão dos sistemas tributários nacionais: de se lembrar que os Estados devem ter em conta que não podem justificar medidas protecionistas com base na alegação de que elas são necessárias para compensar desvantagens competitivas dos produtos e/ou produtores domésticos no mercado internacional, oriundas das próprias características do seu sistema tributário;

(ii) a reconformação do princípio da não discriminação em sede tributária: como se demonstrou, o princípio da não discriminação, no atual regime internacional da tributação, é bastante restrito; com o aporte do princípio na forma como adotado pelo marco normativo da OMC, a não discriminação tributária ganha em alcance e conteúdo, já que se aplica tanto a tributos diretos quanto indiretos e, mais que isso, se desdobra em duas cláusulas distintas, que permitem a aferição da discriminação em dois planos distintos na esfera das relações multilaterais;

(iii) a contribuição para a incorporação ao regime internacional da tributação da preocupação com a substância das medidas tributárias adotadas pelos países: os Estados devem ter em conta que as medidas tributárias são avaliadas, no âmbito da OMC, pelos seus resultados concretos, e não pelas formalidades que as cercam;

(iv) a atuação no sentido da inibição da concorrência internacional fiscal perniciosa: determinados tipos de paraísos fiscais e regimes preferenciais podem se conformar não apenas como competição desleal entre os Estados, mas também como medidas tributárias de caráter protecionista, podendo ser questionadas junto à OMC.

Estes exemplos não exaurem as possibilidades de difusão de padrões tributários tendentes à aproximação das ordens tributárias nacionais por parte da OMC, mas bem evidenciam o alcance que tal atuação pode vir a ter.

REFERÊNCIAS

1 ARTIGOS E LIVROS

ALBUQUERQUE, Celso. Carta do Atlântico e Declaração das Nações Unidas. In: MOREIRA, Adriano; BUGALLO, Alejandro; ALBUQUERQUE, Celso (orgs.). **Legado Político do Ocidente. O Homem e o Estado, Estratégia - vol. VIII.** Lisboa: Instituto Português da Conjuntura Estratégica, 1995, p. 216-218.

ANDERSON, Kym. **Peculiarities of retaliation in WTO dispute settlement**. Centre for International Economic Studies (Adelaide University), Discussion Paper 207, march/2002. Disponível em: <http://www.adelaide.edu.au/cies/>. Acesso em 10/07/2003.

ARAUJO, Luis Ivani de Amorim. **Das organizações internacionais**. Rio de Janeiro: Forense, 2002.

AVI-YONAH, Reuven. Treating tax issues through trade regimes. **Brooklyn Journal of International Law**, vol. 26, 2001, p. 1683-1692.

AVI-YONAH, Reuven e SLEMROD, Joel. (How) Should trade agreements deal with income tax issues? **Michigan Law and Economics Research Paper**, 01-008, september/2001. Disponível em: <http://ssrn.com/abstract=285345>. Acesso em: 13/02/2005.

AVI-YONAH, Reuven. **International tax as international law.** Cambridge: Cambridge University Press, 2007.

BALTHAZAR, Ubaldo Cesar. Análise dos conceitos de base preliminares à de um mercado comum no Cone Sul. **Revista Seqüência**, ano 15, dezembro de 1994, p. 7-22.

BARRAL, Welber. De Bretton Woods a Doha. In: BARRAL, Welber (org.). **O Brasil e a OMC**. Curitiba: Juruá, 2002, p. 9-26.

BARRAL, Welber; PRAZERES, Tatiana. Solução de controvérsias. In: BARRAL, Welber (org.). **O Brasil e a OMC**. Curitiba: Juruá, 2002, p. 27-45.

BARRAL, Welber. Organização Mundial do Comércio (OMC). In: BARRAL, Welber (org.). **Tribunais Internacionais**. Florianópolis: Fundação Boiteux, 2004.

BHAGWATI, Jagdish. **Protectionnisme**. Paris: Dunod, 1990.

BOULDING, Kenneth. **Ecodynamics: A new theory of social evolution**. London: Sage, 1978.

BRAUNER, Yariv. **An international tax regime in crystallization**. Public Law and Legal Theory Working Papers, Research Paper n.º 43, 2002. Disponível em: http://ssrn.com/abstract_id=315685. Acesso em: 14/11/2005.

BROWNLIE, Ian. **Princípios de direito internacional público**. Lisboa: Calouste Gulbenkian, 1997.

BRUYNINCKX, Hans; CIOPPA, Tom. **The Effectiveness of International Environmental Regimes: What About the Environment?** Columbia International Affairs - International Studies Association. Los Angeles, 2000. Disponível em: http://www.earthscape.org/p1/cit01/. Acesso em: 04/03/2004.

BUSCH, Marc L.; REINHARDT, Eric. Bargaining in the shadow of the law: early settlement in GATT/WTO disputes. **Fordhan International Law Journal**, vol. 24:158, 2001, p. 158-172.

CALIENDO, Paulo. **Estabelecimentos permanentes em direito tributário internacional**. São Paulo: Revista dos Tribunais, 2005.

CANO, Hugo González. **A harmonização tributária em processos de integração econômica**. Brasília: Editora da ESAF, 1986.

CANOTILHO, J. J. Gomes. **Direito Constitucional e Teoria da Constituição**. Coimbra: Almedina, 2003.

CARMICHAEL, Candace. Foreign sales corporations – subsidies, sanctions and trade wars. **Vanderbilt Journal of International Law**, vol. 35, 2002. Disponível em:<http://www.questia.com/PM.qst?action=print&docId=5000714708&pg-Num=1>. Acesso em: 11/06/2003.

CARRERA, Jaime Alonso; MARTÍNEZ, Xosé Manuel González; RODRÍGUEZ, Alberto Gago; VILLAMARÍN, José Carlos Alvarez. Tendencias recientes de la fiscalidad internacional. **Papeles de Economía Española 87**, Logroño, Universidad de La Rioja, 2001, p. 10-32.

CEULAR, Stefaan De. **Community Most-Favoured-Nation Treatment: One Step Closer to the Multilateralization of Income Tax Treaties in the European Union?**. BIFD 493, 2003.

CHARNOVITZ, Steve. **Judicial independence in the World Trade Organization**. 2000. Disponível em: <http://www.worldtradelaw.net/articles/charnovitzjudicial.pdf>. Acesso em: 23/12/2003.

CHRISTIANS, Allison. **Sovereignty, taxation and social contract.** University of Wisconsin Law School. Legal Studies Research Paper Series. Paper n.º 1063, august/2008.

COELHO, Sacha Calmon Navarro. **Curso de Direito Tributário Brasileiro**. Rio de Janeiro: Forense, 2001.

CRANE, Phil e RANGEL, Charlie. Building a level playing field fou U.S. exportes. **Tax Foundation's Tax Features,** vol. 47:1, 2003. Disponível em: <http://gateway.proquest.com/openurl?ctx_ver=z39.88-003&res_id=xri:pqd&rft_val_fmt=ori: fmt:kev:mtx:journal&genre=article&rft_id=xri:pqd:did=000000408747481&svc_dat=xri:pqil:fmt=html&req_dat=xri:pqil:pq_clntid=18110>. Acesso em: 23/03/2007.

CRETELA NETO, José. **Teoria Geral das Organizações Internacionais.** São Paulo: Saraiva, 2007.

CUNHA, Joaquim da Silva. **Direito Internacional Público: relações internacionais (aspectos fundamentais do seu regime jurídico)**. Lisboa: Instituto Superior de Ciências Sociais e Políticas, 1990.

DALY, Michael. **Is the WTO a World Tax Organization? A Primer on WTO Rules for Tax Policymakers, 2** (Fiscal Affairs Dep't, IMF, 2016). Disponível em: https://www.imf.org/external/pubs/ft/tnm/2016/tnm1602.pdf. Acesso em: 05/07/2019.

DALY, Michael. **The WTO and direct taxation**. WTO - Discussion Paper n.º 9. June/2005.

DALY, Michael. WTO rules on direct taxation. **The World Economy**, vol. 29(5), p. 527-557. 2006.

DAVIS, Christina L. **A Conflict of Institutions? The EU and WTO/GATT Dispute Adjudication 2.** Disponível em: https://www.princeton.edu/~cldavis/files/euwto.pdf . Acesso em: 18/02/2018.

DESMEDT, Axel. Proportionality in WTO law. **Journal of international Economic Law**, vol. 4:3, september/2001, p. 441-480.

DOUGHERTY, Carter. WTO nulifies U.S. tax break in trade dispute with EU. **The Washington Times**, 15/01/2002. Disponível em: <http://www.questia.com/PM.qst?action =print&docId=5000684719&pgNum=1>. Acesso em: 11/06/2003.

DOURADO, Ana Paula. **Princípios de direito tributário internacional**. Brasília: ESAF, 1998.

DUNE III, Mathew S. Redefining power orientation: a reassesment of Jackson´s paradigm in light of asymetries of power, negociation, and compliance in the GATT/WTO dispute settlement system. **Law and Policy in International Business**, 2002, vol. 34,1, p. 277-342.

ESSERMAN, Susan e HOWSE, Robert. The WTO on trial. **Foreign Affairs**, Nova York, v. 8, n. 1, january-february/2003, p. 130-140.

FALZON, Falcon. Most-Favoured-Nation Treatment in the GATS and its effect on direct taxation. In: HERDIN-WINTER, Judith; HOFBAUER, Ines (org.). **The relevance of WTO law for tax matters.** Viena: Linde, 2006, p. 123-148.

FANTOZZI, Augusto. Evolução, problemas atuais e perspectivas do direito tributário internacional na ótica italiana. In: TORRES, Heleno Taveira. **Direito tributário internacional aplicado**. São Paulo: Quartier Latin, 2003, p. 21-32.

FERNANDES, Edison Carlos. **A não-discriminação tributária nos acordos multilaterais do comércio.** São Paulo: Quartier Latin, 2006.

FERNANDES, Edison Carlos. **Paz tributária entre as Nações: teoria da aproximação tributária na formação dos blocos econômicos.** São Paulo: MP Editora, 2006.

FERNANDES, Edison Carlos. Conceitos básicos referentes ao controle fiscal dos preços de transferência. In: PEIXOTO, Marcelo Magalhães. **Manual dos preços de transferência do Brasil.** São Paulo, MP Editora, 2007, p. 13-34.

FERRAJOLI, Luigi. **A soberania no mundo moderno**. São Paulo: Martins Fontes, 2002.

FOA, Robert. Trade and tax. **Financial Times**, Trade Issue of the Month, novembro/2004.

FONSECA JR., Gelson. **A legitimidade e outras questões internacionais**. São Paulo: Paz e Terra, 1998.

GARDNER, Richard. **Sterling-Dollar Diplomacy. The Origins and the Prospects of Our International Economic Order**. Nova York: McGraw-Hill Book Company, 1969.

GARRETT, Geoffrey; SMITH, James McCALL. **The politics of WTO dispute settlement**. UCLA International Institute. Artigo preparado para apresentação no Encontro Anual da Associação Americana de Ciência Política (Atlanta, 01 a 05/09/1999). Disponível em: <http://repositories.cdlib.org/international/ops/wtogarrettsmith/>. Acesso em: 10/01/2004.

GOMES, Carla Amado. A evolução do conceito de soberania: tendências recentes. **Sinopse Jurídica**, Lisboa, 274/276, 1998, p. 185-seg.

GRAETZ, Michael J. Taxing international income: inadequate principles, outdated concepts, and unsatisfactory policies. **Brooklyn Journal of International Law**, vol. 26, p. 1357-seg., 2001.

GRAETZ, Michael J. **Foundations of international income taxation**. New York: Foundation Press, 2003.

GUERRERO, Vanessa Hernández. Defining the balance between free competition and tax sovereignty in EC and WTO law: the "due respect" to general tax system. **German Law Journal**, vol. 5, n.º 1, enero/2004.

GREEN, Robert. Antilegalistic approaches to resolving disputes between governments: a comparison of the international tax and trade disputes. **Yale Journal of International Law**, vol. 23, 1998, p. 79-139.

GUZMAN, Andrew. **The political economy of litigation and settlement at the WTO**. Berkeley Olin Program in Law & Economics. Working Paper Series (University of California, Berkeley). Número 81, 2003. Disponível em: <http://repositories.cdlib.org/blewp/art81>. Acesso em: 08/01/2004.

HAINSWORTH, Susan. Sovereignty, Economic Integration, and the World Trade Organization. **Osgoode Hall Law Journal**, vol. 33, n. 3, 1995, p. 583-622.

HASENCLEVER, Andreas, MAYER, Peter e RITTBERGER, Volker. **Theories of international regimes.** Cambridge: Cambridge University Press, 2001.

HILF, Meinhard. Power, rules and principles – which orientation for WTO/GATT law? **Journal of International Economic Law**, Oxford, march/2001, 4:1, p. 111-130.

HORN, Henrik; MAVROIDIS, Petros. Still hazy after all these years: the interpretation of national treatment in the GATT/WTO case-law on tax discrimination. **European Journal of International Law**, vol.15:1, february/2004.

HORNER, Frances M. Do We Need an International Tax Organization? **Tax Notes International,** vol. 24, 08/10/2001, p. 179-seg.

HUDEC, Robert. GATT Legal Restraints on the Use of Trade Measures against Foreign Environmental Practices. In: BHAGWATI, Jagdish e HUDEC, Robert. **Fair Trade and Harmonization, Vol. 2**. Cambridge: The MIT Press, 1996.

JACKSON, John. **The World Trading System. Law and Policy of International Economic Relations.** The MIT Press, 1989.

JACKSON, John H. **The world trading system: law and policy of international economic relations**. London: MIT Press, 1997.

JACKSON, John H.; VÁZQUEZ, Carlos M. Some reflections on compliance with WTO Dispute Settlement Decisions. **Law and Policy in International Bussiness**, 33:4, summer 2002.

JACKSON, John H. **Sovereignty, the WTO, and changing fundamentals of international law.** Cambridge: Cambridge University Press, 2006.

KELLY, Claire R. Power, linkage and accommodation: the WTO as an international actor and its influence on other actors and regimes. **Brooklyn Law School Legal Studies,** Research Paper n.° 57, april/2006.

KOFLER, George W. Most-favoured nation treatment in direct taxation: does EC law provide for community MFN in double taxation treaties?. **Houston business and tax law journal**, Houston, volume 5, 2005.

KOUL, Autar Krishen. **Guide to the WTO and GATT**. The Hague: Kluwer Law International, 2005.

KRASNER, Stephen D. Sovereignty. **Foreign Policy**, january-february/2001, 122, p. 20-29.

KRASNER, Stephen D. Structural causes and regime consequences: regimes as intervening variables. In: KRASNER, Stephen D. (org). **International regimes**. Ithaca: Cornell University Press, 1995, p. 1-21.

KRUGMAN, Paul. Does the New Trade Theory Require a New Trade Policy?. **World Economy**, vol. 15, n.º 4, 1992, p. 429-430.

KRUGMAN, Paul. **Growing World Trade: Causes and Consequences.** Brookings Papers on Economic Activity, nº 1, 1995.

LAFER, Celso. **A OMC e a regulamentação do comércio internacional: uma visão brasileira.** Porto Alegre: Livraria do Advogado, 1998.

LEEBRON, David W. Linkages. **American Journal of International Law**, vol. 96, n.º 1, january/2002, p. 5-27.

LUBKIN, Gregory. The end of extraterritorial income exclusion? The WTO Appellate decision and its consequences. **Tax Management International Journal**, 31:5, 10/05/2002.

LUPI, André Lipp Pinto Basto. **Soberania, OMC e Mercosul**. São Paulo: Aduaneiras, 2001.

MADRID, Gustavo E. Luengo de Hernández. El concepto de subvención en la OMC: comparación con el sistema europeo de ayudas a raíz del caso de las empresas de venta en el extranjero. **Revista Electrónica de Estudios Internacionales - Asociación Española de Profesores de Derecho internacional y Relaciones internacionales,** número 1, 2000. Disponível em: <http://www.reei.org/reei1/Luengo.reei.PDF>. Acesso em: 02/02/2006.

MARSILLA, Santiago Ibáñez. La competencia fiscal perniciosa ante la OMC: reflexiones al hilo del asunto de las *Foreign Sales Corporation*. **Crónica Tributaria**, n.º 113, 2004, p. 65-106.

MARTÍN-JIMÉNEZ, Adolfo J.; PRATS, F. Alfredo Garcia. **Triangular Cases, Tax Treaties and EC Law: The Saint-Gobain Decision of the ECJ.** BIFD 241, 2001.

McDANIEL, Paul. Trade and taxation. **Brooklyn Journal of International Law**, vol. 26, p. 1622-1640, 2001.

McDANIEL, Paul. **Trade agreements and income taxation: interactions, conflicts and resolutions.** Boston College Law - Research Paper Series. Research paper n.º 29, february/2004.

McLURE, Charles E. Globalization, tax rules and national sovereignty. In: GRAETZ, Michael J. **Foundations of international income taxation**. New York: Foundation Press, 2003, p. 539-541.

MEDEIROS, Eduardo Raposo de. **Economia Internacional**. Lisboa: Instituto Superior de Ciências Sociais e Políticas, 1996.

MERRILS, J.G. **International dispute settlement**. Cambridge: Cambridge University Press, 1998.

MOREIRA JUNIOR, Gilberto de Castro. **Bitributação internacional e elementos de conexão**. São Paulo: Aduaneiras, 2003.

MOTA, Pedro Infante. **A Organização Mundial do Comércio e os blocos econômicos regionais.** Cadernos Prolam/USP, São Paulo, ano 3, vol. 2, 2004, p. 89-142.

MULDOON, James P. **The architecture of global governance: an introduction to the study of international organizations**. Boulder: Westview Press, 2004.

OLIVEIRA, Odete Maria de. **Relações internacionais – estudos de introdução.** Curitiba, Juruá, 2002.

OLSEN, Monroe. GATS – National treatment and taxation. In: HERDIN-WINTER; Judith e HOFBAUER, Ines (org.). **The relevance of WTO law for tax matters.** Viena: Linde, 2006, p. 105-121.

OLSSON, Giovanni. **Poder político e sociedade internacional contemporânea: governança global com e sem governo e seus desafios e possibilidades.** Tese (Doutorado em Direito). Centro de Ciências Jurídicas. Universidade Federal de Santa Catarina. Florianópolis, 2006.

PETERSMANN, Ernst-Ulrich. The Transformation of the World Trading System through the 1994 Agreement Establishing the World Trade Organization. **European Journal of International Law**, vol. 6, 1995.

PETERSMANN, Ernst-Ulrich. **The GATT/WTO dispute settlement system**. London: Kluwer, 1997.

PINHEIRO, Gabriela. **A fiscalidade directa na União Européia**. Porto: Ed. Universidade Católica Portuguesa, 1998.

REICH, Arie. **The WTO as a law-harmonizing institution.** Versão de 09/10/2003. Disponível em: <http://papers.ssrn.com/sol3/papers.cfm?abstract_id=468000>. Acesso em: 12/02/2004.

RIBEIRO, Maria de Fátima; NAKAYAMA, Juliana Kiyosen. Soberania e Reforma Tributária no Brasil. Soberania e reforma tributária no Brasil. In: GUERRA, Sidney; SILVA, Roberto Luiz. **Soberania: antigos e novos paradigmas**. Rio de Janeiro: Freitas Bastos, 2004, p. 214-249.

RICUPERO, Rubens. O papel da OMC para a governança global. In: AMARAL JÚNIOR, Alberto do (org.). **OMC e o comércio internacional**. São Paulo: Aduaneiras, 2002, p. 7-10.

ROSENBLOOM, David. International tax arbitrage and the international tax system. **Tax Law Review**, vol. 53, p. 137-seg., 2000.

SANTOS JÚNIOR, Raimundo Batista dos. As brumas da soberania ou injunções da globalização. In: OLIVEIRA, Odete Maria de; DAL RI JÚNIOR, Arno (orgs.). **Relações internacionais - Interdependência e sociedade global**. Ijuí: Editora Unijuí, 2003, p. 629-679.

SCHLATZER, Iris. **The WTO and other non-tax treaties**. Hamburgo: Diplomica GmbH, 2005.

SCHÖN, Wolfgang. World Trade Organization law and tax law. **International Bureau of Fiscal Documentation - Bulletin**, july/2004.

SEITENFUS, Ricardo. **Manual das organizações internacionais**. Porto Alegre: Livraria do Advogado, 2003.

SINGH, Chandrajit. Non-discrimination in tax matters in the GATT – National treatment. In: HERDIN-WINTER, Judith; HOFBAUER, Ines (org.). **The relevance of WTO law for tax matters.** Viena: Linde, 2006, p. 51-71.

SLOTBOOM, Marco M. Do different treaty purposes matter for treaty interpretation? The elimation of discriminatory internal taxes in EC and WTO law. **Journal of International Economic Law**, vol. 4:3, setembro/2001, p. 557-579.

SPARSHOTT, Jeffrey. EU eyes trade sanctions for U.S. compliance; Congress urged to adress WTO ruling on tax practice. **The Washington Times**, Washington, 05/03/2003. Disponível em: <http://www.questia.com/PM.qst?action=print&docId=5000604461 &pgNum=1>. Acesso em: 11/06/2003.

SPIRO, Peter J. The new sovereigntists. **Foreign Affairs**, Nova York, vol. 79, novembro-december/2000, p. 9-15.

SPRINZ, Detlef F. **Research on the effectiveness of international environmental regimes: a review of the state of the art**. Paper preparado para a conferência final da "EU Concerted Action on Regime Effectiveness", realizada em 12/11/2000 em Barcelona. Potsdam Institute for Climate Impact Research & University of Potsdam. Disponível em: <http://www.nyu.edu/pubs/jilp/main/issues/34/h.html>. Acesso em: 11/12/2003.

STEWART, Miranda. **Global trajectories of tax reform: mapping tax reform in developing and transition countries**. The University of Melbourne, Faculty of Law. Public Law and Legal Theory Research Paper n.º 29, 31/05/2002. Disponível em: <http://ssrn.com/abstract_id=319200>. Acesso em: 23/11/2003.

STRICKER, Tobias K. WTO and direct taxation: National report Germany. In: LANG, Michael (org.). **WTO and direct taxation**. Viena: Kluwer Law, 2005, p. 313-340.

TANZI, Vito. **Trade liberalization and trade taxes**. Note prepared for the meeting of Trade and Integration Network. August/2003.

TANZI, Vito. Is There a Need for a World Tax Organization? In: RAZIN, A.; Sadka, E. (org.). **The Economics of Globalization: Policy Perspectives From Public Economist.** New York: Cambridge University Press, 1999.

THIEL, Servaas Van. WTO and direct taxation: General report. In: LANG, Michael (org.). **WTO and direct taxation**. Viena: Kluwer Law, 2005, p. 13-47.

THORSTENSEN, Vera. **OMC – Organização Mundial do Comércio: as regras do comércio internacional e a nova rodada de negociações multilaterais**. São Paulo: Aduaneiras, 2001.

TORRES, Heleno. **Pluritributação internacional sobre as rendas de empresas**. São Paulo: Ed. Revista dos Tribunais, 2001.

TORRES, Heleno. **Direito Tributário Internacional**. São Paulo, Ed. Revista dos Tribunais, 2002.

TRINDADE, Antônio Augusto Cançado. **Direito das organizações internacionais**. Belo Horizonte: Del Rey, 2003.

VAN DEN BOSSCHE, Peter. **The law and policy of the World Trade Organization – Text, cases and materials.** Cambridge: Cambridge University Press, 2006.

VAN RAAD, Kees. Não-discriminação na tributação de operações transnacionais: escopo e questões conceituais. In: COSTA, Jorge Alcides; SCHOUERI, Luís Eduardo; BONILHA, Paulo Celso Bergstrom (coord.) **Direito Tributário Atual - n.º 19**. São Paulo: Dialética, 2005.

VARELLA, Marcelo Dias. O acúmulo de lógicas distintas no Direito Internacional. **Revista Jurídica da Presidência da República**, Brasília, v.6, n.71. Abril/2005. Disponível em: <http://www.planalto.gov.br/ccivil_03/revista/Rev_71/Artigos/artigo_Marcelodias.htm.> Acesso em: 30/08/2006.

VIEIRA, Liszt. **Cidadania e globalização**. Rio de Janeiro: Record, 1998.

VOGEL, Klaus. **Klaus Vogel on Double Taxation Conventions**. Viena: Kluwer Law International, 1997.

WOLF, Martin. **The global economy myth**. Financial Times, 13/02/1996.

YOUNG, Oran R. Regime dynamics: the rise and fall of international regimes. In: KRASNER, Stephen D. (org). **International regimes**. Ithaca: Cornell University Press, 1995, p. 93-113.

YOUNG, Oran R. A eficácia das instituições internacionais: alguns casos difíceis e algumas variáveis críticas. In: ROSENAU, James N.; CZEMPIEL, Ernst-Otto (org.). **Governança sem governo: ordem e transformação na política mundial**. Brasília: Editora da Unb, 2000, p. 219-261.

XAVIER, Alberto. **Direito Tributário Internacional do Brasil**. Rio de Janeiro: Forense, 2004.

2 FONTES PRIMÁRIAS

2.1 Organização Mundial do Comércio

2.1.1 Acordos da OMC

As versões originais dos acordos, nas três línguas oficiais da OMC (inglês, francês e espanhol), estão disponíveis no site da Organização na internet: <http://www.wto.org>. Versões em português, como constam do Anexo da Lei n.º 313, de 30/07/1948 (GATT 1947) e da Ata Final da Rodada Uruguai, apensada ao Decreto n.º 1.355, de 30/12/1994 (Acordos da OMC), estão disponíveis no site do Ministério do Desenvolvimento, Indústria e Comércio Exterior na internet: <http://www.desenvolvimento.gov.br>.

WORLD TRADE ORGANIZATION. **General Agreement on Tariffs and Trade (GATT 1994).**

WORLD TRADE ORGANIZATION. **Agreement on Subsidies and Countervailing Measures.**

WORLD TRADE ORGANIZATION. **General Agreement on Trade and Services (GATS).**

WORLD TRADE ORGANIZATION. **Trade Policy Review Mechanism.**

WORLD TRADE ORGANIZATION. **Dispute Settlement Undesrtanding.**

2.1.2 Casos julgados pelo MSC da OMC

As versões originais das decisões (relatórios e recomendações), nas três línguas oficiais da OMC (inglês, francês e espanhol), estão disponíveis no site da Organização na internet: <http://www.wto.org>.

WORLD TRADE ORGANIZATION. **United States – Tax treatment for *foreign sales corporations*.** WT/DS108/2, de 09/07/1998, WT/DS108/R, de 08/10/1999, WT/DS108/AB/R, de 24/02/2000, WT/DS108/RW, de 20/08/2001, WT/DS108/ARB, de 30/08/2002, WT/DS108/26, de 25/04/2003, e WT/DS108/AB/RW2, de 13/02/2006.

WORLD TRADE ORGANIZATION. **Japan – Taxes on Alcoholic Beverages.** WT/DS11/AB/R, de 04/10/1996.

WORLD TRADE ORGANIZATION. **United States - Section 337 of the Tariff Act of 1930.** L/6439 - 36S/345, de 07/11/1989.

WORLD TRADE ORGANIZATION. **United States-Measures Affecting Alcoholic and Malt Beverages.** DS23/R - 39S/206, de 19/06/1992.

WORLD TRADE ORGANIZATION. **Canada - Import, Distribution and Sale of Certain Alcoholic Drinks by Provincial Marketing Agencies.** DS/17/R, de 16/10/1991.

WORLD TRADE ORGANIZATION. **United States-Taxes on Petroleum and Certain Imported Substances.** L/6175 - 34S/136, de 17/06/1987.

WORLD TRADE ORGANIZATION. **Japan - Customs Duties, Taxes and Labelling Practices on Imported Wines and Alcoholic Beverages.** L/6216 - 34S/83, de 10/11/1987.

WORLD TRADE ORGANIZATION. **Chile – Alcoholic Beverages.** WT/DS87/AB/R e WT/DS110/AB/R, de 19/12/1999.

WORLD TRADE ORGANIZATION. **Canada – Measures Affecting the Export of Civilian Aircraft.** WT/DS70/AB/R, de 02/08/1999.

2.2 Outros documentos

COMISSÃO EUROPÉIA. **The European Union as a World Trade Partner.** European Economy - Reports and Studies, n.º 3, 1997.

INTERNATIONAL MONETARY FUND, **Globalization. Opportunities and Challenges.** World Economic Outlook, maio/1997.

ORGANISATION FOR ECONOMIC CO-OPERATION AND DEVELOPMENT. **Model tax convention on Income and on Capital.** Condensed version, 2003.

ORGANISATION FOR ECONOMIC CO-OPERATION AND DEVELOPMENT. **Revenue statistics 1965-2001**, 2002.

UNIÃO EUROPÉIA. **Tratado que institui a União Européia.** Versão consolidada em português. Jornal Oficial da União Européia, 29/12/2006.

UNITED NATIONS ORGANIZATION. **The interaction of tax, trade and investment.** ST/SG/AC.8/2003/L.4. Genebra, 2003.

UNITED NATIONS ORGANIZATION. **Institutional framework for international tax cooperation.** ST/SG/AC.8/2003/L.6. Genebra, 2003.

EDITORA JusPODIVM
www.editorajuspodivm.com.br